Ulrich Quack
Dirk Kruse-Etzbach

101 Skandinavien

Geheimtipps und Top-Ziele

IWANOWSKI'S REISEBUCHVERLAG

Im Internet:

www.iwanowski.de

Hier finden Sie aktuelle Infos zu allen Titeln, interessante Links – und vieles mehr!

Einfach anklicken!

Schreiben Sie uns, wenn sich etwas verändert hat. Wir sind bei der Aktualisierung unserer Bücher auf Ihre Mithilfe angewiesen: **info@iwanowski.de**

101 Skandinavien
Geheimtipps und Top-Ziele
5. Auflage 2024

Salm-Reifferscheidt-Allee 37 • 41540 Dormagen
Telefon 0 21 33/26 03 11 • Fax 0 21 33/26 03 34
info@iwanowski.de
www.iwanowski.de

Titelfoto: Lofoten, Norwegen / © susnpics über pixabay
Alle anderen Farbabbildungen: siehe Bildnachweis S. 245
Lektorat & Layout: Mo Kreutzberg, Düsseldorf
Karten: Astrid Fischer-Leitl, München
Klaus-Peter Lawall, Unterensingen
Titelgestaltung: Point of Media, www.pom-online.de
Redaktionelles Copyright, Konzeption und deren ständige Überarbeitung:
Michael Iwanowski

Gesamtherstellung: Dimograf, Bielsko-Biała
Printed in Poland

ISBN: 978-3-86197-265-5

Inhalt

Einleitung

Skandinavien ...

... damit verbinden wir schnell bestimmte Begriffe und Vorstellungen: Da sind die langen Sommer an einsamen Seen, da ist das markante Nordkap am Ende Europas, man denkt an Stabkirchen, an Blumenkränze zu Mittsommer, Möbel aus Kiefernholz, an Skiurlaub, an Rentiere und Husky-Schlitten. All das zeigt: Skandinavien ist äußerst vielseitig und mehr als nur der „kalte Norden".

Die Römer nannten „Scadinauia" alle Gebiete, die nördlich von Germanien lagen – und das tun wir noch heute. Skandinavien erfreut sich seit Jahrzehnten wachsender Beliebtheit bei Reisenden, und das nicht nur im Sommer, sondern auch in der kalten Jahreszeit. Die Infrastruktur für die Anreise ist hervorragend: Schnelle Fernstraßen über teils faszinierende Brücken, gute Fährverbindungen und ein dichtes Flugnetz lassen den nordischen Traum in erreichbare Nähe rücken.

Mit **101 Skandinavien** wollen wir Ihnen einen ganzen Fächer an Urlaubsmöglichkeiten vorlegen und Appetit auf die Entdeckung neuer Reiseziele im Norden Europas machen!

Norwegen bietet Outdoor-Fans mehr als nur majestätische Fjorde. Wanderungen zu Gletscherzungen, Skiurlaub in der Telemark, die spektakuläre Hurtigrute oder kulturelle Highlights wie das Jazzfestival in Molde oder das oder das Munch-Museum in Oslo zeigen typisch Skandinavisches.

Schweden setzt die Vielfalt fort. Ob der Wintermarkt der Samen in Jokkmokk oder der berühmte Wasa-Lauf, moderne Kunst oder skandinavisches Design und Architektur in Malmö – Schweden bietet fraglos mehr als Möbelproduktion oder die alljährlich verliehenen Nobel-Preise!

In **Finnland** finden wir auch neben klassischer Sauna und unberührter Natur Erstaunliches; sei es die Altstadt von Rauma (UNESCO-Welterbe), die größte Holzkirche der Welt oder die Inselfestung von Suomenlinna. Sportlich aktive Urlauber machen sich vielleicht zu Hundeschlittenfahrten in Lappland auf oder bevorzugen Bootstouren auf einem der vielen Seen.

Dänemark – das Sprungbrett nach Skandinavien – ist nicht nur für sein Bier und Smørrebrød bekannt. Der Urlaub im Ferienhaus gilt als geradezu typisch für das Land, doch ebenso reizvoll ist z. B. die dänische Riviera, wo wunderbare Radtouren möglich sind. Dänische Inselimpressionen bietet ein Aufenthalt auf Bornholm oder den Färöer-Inseln.

Island lockt vor allem durch seine urtümliche Natur mit Gletschern und Geysiren, mit Geländewagentouren in die Wildnis oder Ausritten auf Islandponys.

Lust auf mehr ... Das wollen wir Ihnen mit 101 Skandinavien machen. Auf Dänisch wünsche ich Ihnen: God rejse!

Ihr Michael Iwanowski

Norwegen

Der Name Norwegen bedeutet „Weg nach Norden“ und verweist auf ein Land in einem der nördlichsten Teile der Welt. Ein Land von beträchtlicher Länge und geringer Breite, das fast zur Hälfte oberhalb des Polarkreises liegt. Von Süd nach Nord sind es etwa 1.750 km Luftlinie. Rund 50.000 Inseln sind der Küste vorgelagert, deren Festland-Länge, Fjorde und Buchten eingerechnet, etwa 21.000 km ausmacht.

Das Land ruft ganz unterschiedliche Vorstellungen hervor: Steile Schluchten eines schmalen Fjords, riesige Gletscherflächen, tosende Wasserfälle, die schier unendlose Weite der Tundra mit ihrer arktischen Vegetation, vom Meer umspülte Inseln und Schären – und nicht zuletzt sicherlich das Phänomen der Mitternachtssonne. Dem Reisenden bieten sich überall Möglichkeiten zu Abstechern in unberührte Gegenden, es stellt sich ein Gefühl von Weite und Einsamkeit fernab der Zivilisation ein. Alle Outdoor-Interessierten finden hier ein breites Angebot.

Gemeinsame Grenzen hat Norwegen mit seinen Nachbarn Schweden, Finnland und Russland.

Steckbrief Norwegen

Name: Kongeriket Norge (Königreich Norwegen)
Flagge: blaues Kreuz weiß eingefasst auf rotem Grund
Fläche: 385.207 km² inkl. Svalbard (Spitzbergen) 61.022 km², Jan Mayen 373 km²
Klima: Aufgrund des Golfstroms feucht-mildes Klima an der Westküste, keine großen Temperaturunterschiede, im Winter eisfreie Küste. In der Landesmitte kontinentales Klima mit wärmeren Sommern und kälteren Wintern.
Nationalfeiertag: 17. Mai, Tag des Grundgesetzes
Bevölkerung: 5,49 Mio. (2024)
Sprache: Norwegisch (Bokmål) und Neunorwegisch (Nynorsk), in sechs Kommunen Samisch, in einer Kommune Finnisch
Hauptstadt: Oslo (709.000 Einwohner)
Staatsform: konstitutionelle Monarchie; König Harald V., Kronprinz Haakon
Ministerpräsident: Jonas Gahr Støre (Sozialdemokratische Arbeiterpartei)
Wirtschaft: Norwegen gilt als das Land mit dem höchsten Lebensstandard weltweit. Die Förderung großer Erdöl- und Erdgasvorkommen machen einen hohen Anteil des Bruttosozialprodukts aus. Stark ausgeprägt sind damit verwandte Industrien und Dienstleistungen für Energiegewinnung, Schiffbau, Seeschifffahrt und Fischfang. Wichtige Handelspartner sind Schweden, Dänemark, Deutschland, Großbritannien, USA.
Währung: 1 Norwegische Krone = 100 Øre, 1 Euro = 11,29 NOK
Telefonvorwahl: +47
Internet-TLD: no

1 Edvard Munch und der Oslofjord
2 Fjordbyen – Oslos moderne Skyline
3 Skulpturen im Vigeland-Park/Frogner-Park
4 Auf der Nordseestraße Norwegens Südküste entlang
5 Die Hardangervidda – Europas größte Hochebene
6 Wunderwerk der Natur: der Geirangerfjord
7 Hurtigrute – die „schönste Seereise der Welt"
8 Krimis made in Norway
9 Telemark – die Wiege des Skisports
10 Lillehammer – Olympisches Museum und Freilichtmuseum Maihaugen
11 Das mittelalterliche Bergen und Spuren der Hanse
12 Zwischen Gudvangen und Flåm
13 Wanderungen zu den Gletscherzungen Nigardsbreen, Bøyabreen und Supphellebreen
14 Abstecher zum norwegischen Westkap – mit Blick auf den Atlantik
15 Ålesund, die Jugendstilstadt
16 Molde – Internationales Jazzfestival
17 Malerisches Trondheim – Norwegens erste Hauptstadt
18 Traumstraße zur Mitternachtssonne – der Reichsweg 17
19 Ferien in urigen Rorbuer auf den Lofoten
20 Der Trollfjord auf den Vesterålen – die schönste Sackgasse der Welt
21 Tromsø – urbanes Leben nördlich des Polarkreises
22 Das Nordkap – nicht nur der Mitternachtssonne wegen

1 Edvard Munch und der Oslofjord

Der weltberühmte Maler und Grafiker Edvard Munch wurde 1863 in Løten, etwa 140 km nördlich von Oslo, geboren, verbrachte aber den Großteil seines Lebens in Ortschaften am Oslofjord, vor allem natürlich in Oslo selbst. Hier starb er auch 1944, kurz nach seinem 80. Geburtstag.

Der außerordentlich produktive Künstler hatte seinen Nachlass der Stadt Oslo geschenkt, darunter nicht weniger als 1.100 Gemälde, 4.500 Zeichnungen und Aquarelle sowie 18.000 Grafiken. Das 1963 eröffnete und etwas abseits gelegene Munch-Museum konnte immer nur einen Bruchteil dieses Schatzes präsentieren. Deshalb war es folgerichtig, dass die Stadt für ihren Lieblingsmaler ein Gebäude bauen ließ, das 2021 eingeweiht werden konnte. Im neuen Stadtteil Bjørvika, nahe der Oper (S. 14) gelegen und fünfmal so groß wie das alte Museum, ist das vom spanischen Architekten Juan Herreros entworfene **MUNCH** eine unübersehbare Landmarke: 13 Stockwerke und 60 m hoch strebt es nach oben, außen von einer lichtdurchlässigen, perforierten Aluminiumhülle umgeben, und im oberen Teil stark geneigt. Das MUNCH gilt als eines der weltweit größten Museen, das nur einem einzigen Künstler gewidmet ist. Besuchermagneten sind natürlich Werke wie „Der Schrei“ oder „Madonna“, doch auch das Bauwerk selbst zählt mit u. a. Lobby, Shop, Bibliothek, Auditorium und drei Restaurants als Highlight eines Oslo-Besuches.

Neben dem MUNCH zeigt das 2022 eingeweihte neue **Nationalmuseum** (S. 15) immerhin 18 der wichtigsten und bekanntesten Ölgemälde von Edvard Munch, so z. B. sehr frühe Versionen von „Der Schrei“ und „Mädchen auf der Brücke“.

Zwar sind das MUNCH und das Nationalmuseum die mit Abstand wichtigsten Adressen für Munch-Liebhaber weltweit, doch kann man in der Hauptstadt auch anderswo auf erstaunlich viele Werke des Expressionisten stoßen. Etwa an der Prachtstraße Karl Johan in der **Aula der Universität**. Munch gestaltete den Festsaal bis 1916 mit monumentalen Wandgemälden, die man am ersten Samstag im Monat oder während eines der hier stattfindenden Konzerte bewundern kann. Nicht weit entfernt ist im Osloer **Rathaus** das sogenannte Munchzimmer mit dem Gemälde Livet (= das Leben) zu den normalen Öffnungszeiten frei zugänglich. Kunstgenuss verspricht auch ein Besuch der **Bar Boman**, der Lobbybar im Hotel Continental (Stortingsgata 24/26), wo an den Wänden zwölf Lithografien und Holzschnitte hängen.

Im Osloer Stadtteil Ullern besaß Edvard Munch das Anwesen **Ekely**; hier lebte und arbeitete er die letzten 28 Jahre seines Lebens. Das Haus, das große Atelier und der schöne Garten werden vom MUNCH verwaltet und können zu ausgewählten Terminen mit Führungen besucht werden.

Munch wurde auf dem Ehrenfriedhof **Vår Frelsers Gravlund** im Stadtteil St. Hanshaugen (Akersbakken 32) beigesetzt. An seinem Grab erinnert eine Büste an ihn.

Eng mit Leben und Werk Munchs verknüpft sind außer der Hauptstadt selbst viele Schauplätze an beiden Ufern des **Oslofjordes** (die Selbstfahrer durch die Fährverbindung von Moss nach Horten zu einer großen Runde kombinieren könnten). Am Ostufer etwa hatte Munch in **Ramme**, zwischen Drøbak und Hvitsten gelegen, di-

Das MUNCH vor passendem Abendhimmel

rekt am Fjordufer ein Landhaus als Sommerwohnsitz und Atelier gekauft. Heute gibt es hier einen Kulturpfad, wo man auf seinen Spuren wandeln kann; die bedeutende Kunstgalerie, der Park Havlystparken und das herrliche Ramme Fjordhotell wären dort weitere Sehenswürdigkeiten (*https://ramme.no*). Etwas weiter südlich verbrachte Munch regelmäßig Zeit auf der Insel **Jeløya**, wo er zu einigen seiner berühmtesten Gemälde inspiriert wurde. In der bedeutenden Kunstsammlung des dortigen historischen Hotels Refsnes Gods finden sich einige originale Gemälde und Druckgrafiken des norwegischen Meisters.

Gegenüber am Westufer des Fjordes hatte Munch in der malerischen Küstenstadt **Åsgårdstrand** 1898 ein Haus gekauft, wo er viele seiner weltbekannten Werke schuf (z. B. „Mädchen in Åsgårdstrand" und „Tanz des Lebens"). Das **Munchs Hus** ist heute noch wie zu seinen Lebzeiten eingerichtet und fungiert als Museum. Und in **Kragerø**, 115 km weiter südöstlich, kann man sich in den Fußstapfen des Künstlers auf eine „Munch-Tour" zu jenen Stellen begeben, an denen Edvard Munch seine Motive fand.

(UQ)

MUNCH: Edvard Munchs plass 1, 0194 Oslo, Tel. 2349 3500, www.munchmuseet.no; So–Di 10–18, Mi–Sa 10–21 Uhr, Mi 18–21 Uhr freier Eintritt, sonst NOK 180, 18–25 Jahre NOK 100, unter 18 Jahre frei.

Nationalmuseum: Brynjulf Bulls plass 3, 0250 Oslo, Tel. 2198 2000, www.nasjonalmuseet.no; Di–Mi 10–20, Do–So 10–17 Uhr, NOK 200, 18–25 Jahre NOK 120, unter 18 Jahre freier Eintritt.

Munchs Hus: Edvard Munchs Tor 25, 3179 Åsgårdstrand, Tel. 9007 1450, https://vestfoldmuseene.no/munchs-hus; Juni–Aug. Di–So 11–17.30, Mai/Sept. So 11–16 Uhr, NOK 120.

2 Fjordbyen – Oslos moderne Skyline

Lange Zeit haftete der norwegischen Hauptstadt der Ruf an, zwar ganz nett zu sein, aber doch viel zu behäbig, zu unspektakulär und zu provinziell, um als Metropole gelten zu können. Das Schönste an Oslo, hieß es, seien seine Umgebung, der Fjord und die waldreichen Hügel der Nordmarka. Diese Einschätzung gehört inzwischen mit gutem Grund der Vergangenheit an. Denn Oslo hat sich im ambitionierten Fjordbyen-Projekt (= Fjordstadt) ein neues, hypermodernes Kleid zugelegt – mit dem Anspruch eines angemessenen architektonischen Schaufensters der Hauptstadt eines der reichsten Länder der Welt. Dafür wurden neue Stadtviertel hochgezogen, künstliche Inseln und Kanäle angelegt sowie Brücken gebaut, Straßen und Eisenbahngleise verschwanden unter der Erde und Hafenanlagen zogen um.

Schon 1986–1998 war direkt am Fjordufer ein altes Werftgelände nach dem Vorbild der Londoner Docklands zum In-Viertel **Aker Brygge** mit Apartments, Büros, Geschäften, Restaurants, Galerien und Theater umgestaltet worden. Der eigentliche Startschuss zum vollständigen Umbau des innerstädtischen Fjordufers, gleichzeitig auch dessen erster Höhepunkt, war dann aber die Eröffnung des **Opernhauses** im April 2008. Das schneeweiße Äußere, überwiegend aus Marmor, die riesigen Glasflächen und langen Rampen, die geradewegs aus dem Fjord zu entspringen scheinen, sowie die Aussichtsplattformen auf dem Dach geben der Oper ein unverwechselbares Gepräge und bescherten der Stadt ein neues Wahrzeichen. Nicht nur die enormen Dimensionen (38.500 m² Fläche und 100 verschiedene Räume), sondern auch die Klangqualität und künstlerische Ausgestaltung des Opernhauses sorgten weltweit für Aufsehen. Kein Wunder, dass der Komplex, ein Entwurf des norwegischen Architekturbüros Snøhetta, nun zu Oslos meistbesuchten Sehenswürdigkeiten zählt.

Inzwischen ist die Oper Mittelpunkt des neuen Stadtteils Bjørvika und umringt von vielen weiteren spannenden Bauwerken. Den hinteren Rahmen bildet eine Reihe

Das Barcode-Viertel mit der neuen Rad- und Fußgängerbrücke Akrobaten

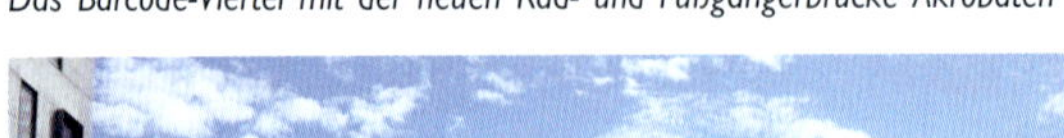

von zwölf multifunktionalen, schmalen und unterschiedlichen Hochhäusern, die insgesamt den Namen **Barcode** (engl. für Strichcode) tragen. Zwischen Barcode und Oper, von zwei Kanälen eingerahmt, wurde 2020 die neue **Bibliothek Deichman** fertiggestellt – nicht nur die größte Bibliothek der Hauptstadt und eine der modernsten Europas, sondern auch ein öffentlicher Raum u. a. mit Kino, Café und Restaurant. Seit 2021 reiht sich auch das jetzt schon ikonische Museum **MUNCH** (S. 12) in die Skyline des Viertels ein.

Nördlich davon entstand 2009–19 das Wohnviertel **Sørenga**, zu dem u. a. das Sørenga sjøbad gehört, ein frei zugängliches Seebad, dessen 50 m langes Becken mit gesäubertem Meerwasser gefüllt wird. Und gegenüber der Oper erheben sich seit einigen Jahren die Pyramidenkonstruktionen des Kunstprojektes **SALT** nach dem Vorbild traditioneller Holzgestelle für den Stockfisch. Das hölzerne Ensemble ist ganzjähriger Schauplatz aller möglichen kulturellen und kreativen Events, mit Theater, Konzerten, Freiluftkino, Debatten oder Ausstellungen. Clubs, Restaurants und häufige Festivals ziehen vor allem ein jüngeres Publikum an. Wichtiger Bestandteil von SALT sind die unterschiedlichen Saunas am Ufer, und deren Gäste hüpfen zur Abkühlung in Sichtweite zur Oper gerne in den Fjord.

Wenige Hundert Meter entfernt, nahe dem Rathaus, konnte 2022 das neue **Nationalmuseum** (Architekten: Jan Kleihues und Klaus Schuwerk, S. 12) eröffnet werden, mit 54.600 m² das größte Einzelgebäude des Landes und eines der größten Museen Europas. Die enorm lang gestreckten, horizontalen Baukörper, die versetzt übereinanderliegen und nachts illuminiert werden, sind ebenfalls ein wahrer Hingucker.

Gleiches gilt für das **Astrup Fearnley Museum**, eine der wichtigsten Adressen für Freunde moderner Kunst in Skandinavien und bereits 2012 eingeweiht. Der vom Star-Architekten Renzo Piano gezeichnete Bau besteht aus zwei Teilen, die durch einen Kanal getrennt sind, während der gesamte Komplex von einem kühnen Glasdach überdeckt ist, das sich zum Skulpturenpark mit Badestelle am Fjord hinabneigt. Das Museum befindet sich am Endpunkt des neuen, nahezu autofreien Viertels **Tjuvholmen**, das mit seinen Kanälen, Plätzen und Innenhöfen, mit seinen kühnen Fassaden, geschwungenen Brücken und Bootsanlegern das neue Osloer Gesicht besonders gelungen repräsentiert. Im benachbarten Quartier **Filipstad** wird derzeit noch eifrig gewerkelt, aber bis 2030 soll das Projekt Fjordbyen abgeschlossen sein.

Alle genannten Gebäude und Viertel sind durch eine aufwendig gestaltete 9 km lange Hafenpromenade (Havnepromenaden) miteinander verbunden. Diese bringt einen zu Parks, Plätzen und Stränden mit viel Kunst, Badeplattformen und Marinas.

(UQ)

Info

Den Norske Opera & Ballett: Kirsten Flagstads plass 1, 0150 Oslo, Tel. 2142 2121, www.operaen.no, 50-Minuten-Führungen auf auf Deutsch Sa 14, auf Englisch Mo–Sa 13, So 14 Uhr, NOK 130.

Astrup Fearnley Museet: Strandpromenaden 2, 0252 Oslo, Tel. 2293 6060, www.afmuseet.no, Di, Mi, Fr 12–17, Do 12–19, Sa/So 11–17 Uhr, NOK 100.

3 Skulpturen im Vigeland-Park/Frogner-Park

Ein großer Teil des Frogner-Parks wird vom **Vigeland-Park** eingenommen, einer der Osloer Hauptattraktionen, die in der Saison täglich viele Tausend Menschen besuchen. Nachdem man den monumentalen Eingang am Kirkeveien passiert hat, steht man vor der zentralen Achse der Anlage, die über eine Brücke hinauf zum Titanenbrunnen sowie dem Monolithen und von diesem wiederum hinab bis zum Lebensrad führt. Sie zeigt das Lebenswerk des norwegischen Bildhauers Gustav Vigeland (1869–1943), von dem 192 Skulpturen mit insgesamt 650 Figuren zu sehen sind. 1921 überließ er sein gesamtes Werk der Stadt Oslo, die ihm ein Atelier einrichtete und ihn finanziell absicherte.

Tipp

Picknick, Sport und Kultur im Grünen

Der weitläufige **Frogner-Park** schließt sich nördlich an das gleichnamige Wohn- und Botschaftsviertel an. Es ist die **größte Grünfläche der Innenstadt**, die nahtlos in den parkähnlichen Friedhof Vestre Gravlund und in den Englischen Garten übergeht. Das Flüsschen Frognerelva fließt durch das Terrain und wird innerhalb der Vigeland-Anlage zu kleinen Teichen aufgestaut. Auf dem Gelände gibt es zahlreiche Möglichkeiten zur sportlichen Betätigung. U. a. findet man hier das größte Osloer Freibad, Tennisplätze sowie Schlittschuh- und Eishockey-Sportstätten. Und so wird der Frogner-Park von den Hauptstädtern sommers wie winters eifrig genutzt: zum Picknick, Spazierengehen, Sonnenbaden und Joggen. Neben einem Sommerrestaurant gibt es ein Informationszentrum. Außerdem befinden sich im Herrenhaus Frogner das Theater- und das **Stadtmuseum**, in dem man sich über die Baugeschichte und Entstehung der Stadt sowie bürgerliche Wohnungseinrichtungen informieren kann.

Bymuseet:
Frognerveien 67, 0266 Oslo, Tel. 2328 4170, www.oslomuseum.no, Di–So 11–16, Do bis 18 Uhr, NOK 120, Do freier Eintritt.

Auch wenn der künstlerische Wert der Arbeiten Vigelands umstritten ist und die kraftvollen, nackten Menschendarstellungen nicht jeden ansprechen, so beeindrucken doch der gesamte Komplex und die ungeheure Schaffenskraft des Bildhauers. Blickfang des Gesamtkunstwerks ist ein 17 Meter hoher Obelisk aus Granit, der

Der Sonne entgegen: Skulptur von Gustav Vigeland im Vigeland-Park

Für Skulpturenfreunde und Spaziergänger ein lohnendes Ziel: der Vigeland-Park

121 ineinander verschlungene Menschen zeigt, umgeben von 36 Skulpturengruppen aus Granit. Der Lauf des Lebens ist das zentrale Motiv Vigelands, das auch die Fontäne mit über 60 Bronzereliefs unterhalb des Monolithen zeigt. Empfehlenswert ist ein Besuch der Anlage gegen Abend, wenn der Besucherstrom abebbt und man in Ruhe die Skulpturen auf sich wirken lassen kann. Weniger wuchtig sind einige der Bronzeskulpturen auf der Brücke, die beliebte Fotomotive sind. Vor allem vor dem kleinen „Trotzkopf" bilden sich stets Trauben fotografierender Besucher.

Möchte man sich nach dem Erlebnis des Vigeland-Parks noch näher mit seinem Erschaffer befassen, sollte man unbedingt zum **Vigeland-Museum** gehen, das jenseits der Halvdan Svartesgate liegt. In dem früheren Atelier und der Wohnung des Künstlers sind Zeichnungen, Skulpturen, Holzschnitte und Modelle zu bewundern.

(UQ)

Info

Der **Vigelandsparken** ist vom Bahnhofsplatz oder Nationaltheater aus einfach mit dem Bus 20, der Straßenbahn Nr. 12 oder der U-Bahn bis zur Station Majorstua zu erreichen. Mit der Straßenbahn fahren Sie bis zur Haltestelle Vigelandsparken, steigen Sie nicht schon vorher am Frogner Plass aus, auch wenn die Vigeland-Anlage im Frogner-Park liegt. Autofahrer, die vom Holmenkollen kommen, sollten am hinteren Eingang des Parks am Friedhof Vestre Gravlund (Monolitveien) parken, so spart man sich die City-Maut. Der Park ist ganzjährig geöffnet; Eintritt frei. **Vigeland-Museet:** Nobels gate 32, 0268 Oslo, Tel. 2349 3700, https://vigeland.museum.no, Mai–Aug. Di–So 10–17, sonst 12–16 Uhr, NOK 100.

4 Auf der Nordseestraße Norwegens Südküste entlang

Von Kristiansand im Süden bis Stavanger im Südwesten sind es knapp 300 km, die man am besten auf der wunderschönen Nordseestraße (Nordsjøvegen) zurücklegt, einer der ältesten norwegischen Touristenstraßen, die gleichzeitig zu deren attraktivsten gehört. Die Nordseestraße ist die küstennahe Alternative zur Europastraße 39 und bringt Auto- oder Fahrradreisende durch eine Region voller malerischer Halbinseln, Schären und Archipele, tiefer Buchten, Sandstrände und charmanter Küstenstädte.

Der Startpunkt zu dieser Route, **Kristiansand**, kann mit seinen 92.000 Einwohnern und seiner Funktion als wichtiges Handels-, Bildungs- und Wirtschaftszentrum als die Metropole des Südens bezeichnet werden. Außerdem stellt die Stadt mit Flughafen und zwei Fährlinien nach Dänemark einen wichtigen Verkehrsknotenpunkt dar, viele Reisende aus dem Ausland erreichen hier zum ersten Mal norwegischen Boden. Eine historische Festung, das Holzhausviertel Posebyen, die Renaissance-Altstadt Kvadraturen oder das hypermoderne Theater- und Konzerthaus setzen kulturelle Akzente, während sich Naturenthusiasten zum Sandstrand, den Kletterfelsen des Parks Baneheia oder per Boot zum Schärengarten aufmachen.

Gut 40 km weiter liegt **Mandal**, die südlichste Stadt Norwegens. Mit schmalen Kopfsteingassen, pittoresken, weißen Holzhäusern und der beeindruckenden Mandal-Kirche zieht sie im Sommer viele Touristen an. Straßencafés, nette Geschäfte und Blumenschmuck tragen zur Popularität des Ortes bei, vor allem aber der nahe gelegene, rund 1 km lange Sandstrand Sjøsanden.

Will man den südlichsten Festlandspunkt des Königreiches kennenlernen, muss man in Vigeland, 12 km westlich von Mandal, zum **Kap Lindesnes** abzweigen. Die Fahrt dorthin durch eine immer karger werdende Landschaft, an Bootshäusern, Felskuppen und Windgeneratoren vorbei, ist ein großartiges Erlebnis. Am End-

Der Anblick des Lysefjords macht glücklich, im Hintergrund die Kanzel

punkt macht ein Schild die Dimensionen Norwegens deutlich: 2.518 km sind es von hier bis zum Nordkap. Man selbst befindet sich am Kap Lindesnes auf 57° 58' 53' nördlicher Breite, das entspricht der Position von Südgrönland oder Nordschottland. Neben dem Infocenter des Südkaps zieht der historische Leuchtturm Lindesnes Fyr die Besucher an.

Auf kurvenreicher Strecke gelangt man anschließend nach **Flekkefjord**, einer hübschen Kleinstadt, die im 19. Jh. von den reichen Heringsvorkommen profitierte. Von seiner schönsten Seite zeigt sich Flekkefjord im Altstadtviertel Hollenderbyen. Hinter Flekkefjord wird die Nordseestraße z. T. recht schmal und verläuft manchmal in Serpentinen. Enge Fjorde, senkrechte Felshänge, fruchtbares Ackerland und lange Sandstrände wechseln einander ab. Deutlich ist zu sehen, wie die Schärenlandschaft in das Fjordland übergeht. 85 km vor Stavanger lädt **Egersund**, eine der größeren Siedlungen des Südlandes, zu einer Ruhepause ein. Dahinter treten die Felsen zurück und bis Stavanger dominiert die am intensivsten genutzte Agrarlandschaft des Landes. Hunderte von Grabhügeln und andere prähistorische Stätten erzählen von der jahrtausendealten Besiedlungsgeschichte dieser Region. Landschaftliche Highlights stellen die zahlreichen attraktiven Strände dar, insbesondere die weißen Traumstrände von Klepp.

Am Ende der Etappe wartet mit **Stavanger** (135.000 Einwohner) die viertgrößte Stadt des Königreichs. Seit den 1970er-Jahren erwarb sie sich einen internationalen Ruf als Ölmetropole Norwegens – allein schon deswegen würde sich auch ein Besuch des Ölmuseums (Norsk Oljemuseum) empfehlen. Trotz aller modernen Zweckbauten hat sich Stavanger jedoch auch viel vom Charme der Vergangenheit bewahrt. In der schönen Altstadt (Gamle Stavanger) etwa reiht sich entlang der gepflasterten und mit alten Gasleuchten ausgerüsteten Straßen ein kleines, weißes Holzhaus an das nächste. In diesem größten zusammenhängenden denkmalgeschützten Quartier des Landes stehen rund 170 Holzhäuser des 18. und 19. Jh. Doch Alt-Stavanger ist kein Freilichtmuseum, es ist der lebendige Stadtteil einer modernen, weltoffenen Stadt. Deren größte Sehenswürdigkeit ist der normannisch-gotische **Dom**, der erhöht über der Hafenbucht liegt.

Als Standort eignet sich Stavanger bestens für Exkursionen in die naturschöne Umgebung. So z. B. die reizvolle Insel Mosterøy, auf der man das Kloster Utstein besichtigen sollte, Norwegens einzig erhaltenes Kloster aus dem Mittelalter. Die mit Abstand meisten Ausflügler aber zieht es zum **Lysefjord**, wo der Preikestolen (= die Kanzel) die größte Natursehenswürdigkeit weit und breit darstellt. Dieses oben fast völlig ebene Felsplateau, Ziel zahlreicher (hoffentlich schwindelfreier!) Wanderer, fällt an drei Seiten über 600 m senkrecht zum Fjord ab.

(UQ)

Info

Informationen zur Nordseestraße: Nordsjøvegen, Grenseveien 21, 4313 Sandnes, Tel.: 4730 7075, www.nordsjovegen.no und www.nordseestrasse.eu

Stavanger Turistinformasjon: Strandkaien 61, 4005 Stavanger, Tel. 5185 9200, www.fjordnorway.com/de.
Kristiansand Turistinformasjon: Rådhusgata 18, 4611 Kristiansand, Tel. 3807 5000, www.visitsorlandet.com.

5 Die Hardangervidda – Europas größte Hochebene

Ob Dovrefjell, Jotunheimen oder Hardangervidda – es sind schon wahrhaft großartige Landschaften im Herzen Norwegens, deren Zauber sich kaum ein Reisender entziehen kann. Während der Begriff **Fjell** so viel wie „baumlose Hochfläche" bedeutet, drückt das Wort **Vidda** (= „Weite") die unermeßlichen Dimensionen dieser Hochplateaus aus. Ob Fjell oder Vidda: Immer ist in Norwegen damit eine vom Eis gestaltete Landschaft oberhalb der Baumgrenze gemeint – mit zahlreichen Seen, Flüssen, Wildwassern, Hochmooren und Wasserfällen. Die Höhenzüge sind meist abgeflacht oder Rundhöcker, vereinzelt gibt es aber auch Zinnen, die manchmal über ausgedehnte Gletscher hinausragen. Die genannten Regionen sind ein ideales Ziel für naturverbundene Familien, Wanderer, Trekker, Angler und sonstige Outdoor-Enthusiasten – und im Winter für Skilangläufer.

Von allen Hochebenen ist die **Hardangervidda** südöstlich von Bergen mit rund 8.000 km² nicht nur die größte im Königreich, sondern von ganz Europa. Davon wiederum bilden 3.422 km² den **größten Nationalpark Norwegens**. Seine durchschnittliche Höhe beträgt 1.200–1.400 m ü. d. M., jedoch gibt es mehrere Ausreißer nach oben: der **Hardangerjøkul**, Norwegens fünftgrößter Gletscher, erhebt sich bis über 1.863 m und auch der Tafelberg **Hårteigen**, mit seiner markanten Form eine Art Wahrzeichen des Nationalparks, erreicht knapp 1.700 m. So lebensabweisend der Naturraum auch erscheinen mag, so erstaunlich ist die Vielfalt von Flora und Fauna. Immerhin sind hier mehr als 450 Pflanzenarten registriert, darunter seltene arktische Blumen, Moose und Flechten, sowie besonders viele Moltebeeren. Unter den Tierarten finden sich neben Schneehühnern, -hasen und -eulen auch Vielfraße, Polarfüchse sowie Lemminge. Mit rund 15.000 Tieren lebt auch die größte Herde von Wildrenen auf der Hardangervidda.

Von all dem berichtet das sehenswerte **Hardanger Nationalparkzentrum**, das Touristen über die südliche Tangente des Parks, den Rv.37 erreichen. Ein höheres Verkehrsaufkommen durch Pkw, Busse und Lkw ist auf der **Straße 7** zu erwarten, die die Hardangervidda einmal quer durchschneidet und z. B. auch von Reisenden auf dem Weg von Oslo ins Fjordland genutzt wird. Diese Straße, eine der „Norwegischen Landschaftsrouten", ist zwischen Haugastøl im Osten und Eidfjord im Westen 67 km lang und hat ihren höchsten Punkt bei 1.250 m. Die Fahrt über das menschenleere und vegetationslose Plateau mit Blick auf den Hardangerjøkul ist eindrucksvoll genug. Geradezu dramatisch wird es aber am westlichen Ende, wenn sich die Straße in Kehren und durch Tunnel ins wilde **Måbødalen** hinabschraubt, während sich am **Vøringsfossen** enorme Wassermassen 182 m von der Hochebene hinabstürzen. An dem vielleicht bekanntesten Wasserfall sind in den letzten Jahren aufwendige Aussichtsplattformen und schwindelerregende Treppenbrücken errichtet worden. Knapp 10 km, bevor man in Eidfjord einen Nebenarm des Hardangerfjordes und damit Meeresspiegelniveau erreicht, lohnt das **Hardangervidda Naturcenter** einen Besuch.

Älter als die beiden Autostraßen ist die Zugstrecke, die über die Hardangervidda führt. 1909 wurde die **Bergensbahn** von Oslo nach Bergen für den Personenver-

Die Hardangervidda ist die größte Hochebene Europas

kehr freigegeben, ein technisches Meisterwerk der Ingenieure und immer noch als eine der schönsten Bahnstrecken weltweit bekannt. Ihre Station **Finse**, mit 1.222 m Nordeuropas höchstgelegener Bahnhof und mit Autos nicht zu erreichen, ist Ausgangspunkt für (Gletscher-)Wanderungen, Eiskletterkurse oder Touren mit Ski oder Schneescootern. Das Rallarmuseum in Finse (www.rallarmuseet.no) erzählt von der dramatischen Geschichte der Bergensbahn und ihren wagemutigen Bauarbeitern, den sogenannten Rallare.

Ihr alter Versorgungsweg verläuft weitgehend parallel zur Bergensbahn und wird im Sommer touristisch genutzt: Der **Rallarvegen** gilt als einer der anspruchsvollsten, sicher aber auch schönsten Mountainbike-**Radwanderwege** Europas.

Auch für **Wanderer** ist die Hardangervidda allein schon aufgrund ihrer Ausdehnung und wegen des wechselhaften, oft arktischen Wetters eine Herausforderung. Vielleicht werden gerade deshalb alljährlich mehr Wagemutige von diesem Abenteuer angezogen. Ihnen stehen ein Netz von ca. 1.200 km markierten Wegen sowie dutzende Wanderhütten zur Verfügung. Das Angebot umfasst etliche Routenvarianten, von Tages- bis zu mehrwöchigen Trekkingtouren, wobei die Nord-Süd-Durchquerung und die Umrundung des Hardangerjökull zu den Königsdisziplinen gehören. Klar, dass man dazu aber eine gute Vorbereitung sowie Kondition, Erfahrung, Selbstständigkeit und Navigationskenntnisse benötigt.

(UQ)

Info

Hardangervidda nasjonalparksenter: Møsvannsveien 1145, 3660 Rjukan, Tel. 9707 4300, www.hardangerviddanasjonalparksenter.no, Mitte Juni–Sept. tgl. 10–18, sonst Mo–Fr 10–16 Uhr.

Norsk Natursenter Hardanger: Sæbøtunet 11, 5784 Øvre Eidfjord, Tel. 5367 4000, https://norsknatursenter.no, Apr.–Okt. tgl. 10–18 Uhr.

6 Wunderwerk der Natur: der Geirangerfjord

Der Geiranger wird oft als das **größte Wunder im Fjordland** gerühmt und sein bei idealem Wetter fotografiertes Abbild steht weltweit und sinnbildlich für die Schönheit des gesamten Landes: ein tiefblauer Fjord inmitten einer fruchtbaren grünen Landschaft, umringt von majestätischen schneebedeckten Gipfeln und geschmückt mit spektakulären Wasserfällen. Kein Wunder, dass der Geirangerfjord seit 2005 zusammen mit dem Nærøyfjord (S. 34) auf der Liste des **UNESCO-Weltnaturerbes** steht, als Begründung wird deren „außergewöhnliche natürliche Schönheit" hervorgehoben. Bei dem Fjord handelt es sich um einen südlichen Arm des Storfjordes, der sich von seinem Ende in der Ortschaft Geiranger bis zur Mündung in den Synnylvsfjord nur über 16 km erstreckt. Aber durch seine Enge und die vielen Biegungen (altnorweg. geir angr = im Zickzack gehen) ist er unverwechselbar. Entsprechend früh wurde er vom internationalen Fremdenverkehr entdeckt: Schon Mitte des 19. Jh. kamen englische und deutsche Touristen auf Schiffen hierhin. Heute hat der Fjord seinen festen Platz auf den Routen der Kreuzfahrtschiffe – mehr als 150 Anläufe zählt man in der kurzen Saison.

Zu den größten Highlights des Geirangerfjords zählen markante Felsformationen wie die **Kanzel** (Preikestolen) und vor allem die imposanten Wasserfälle, allen voran die **Sieben Schwestern** (Sju Søstre), **Freier** (Friaren) und **Brautschleier** (Brudesløret). Um diese Naturwunder näher zu betrachten, muss man sich aufs Wasser begeben, da direkt am Fjordufer keine Straße und kein Weg entlangführt. In Geiranger gibt es dazu eine Vielzahl an touristischen Angeboten, von Fjordcruises über Speedboote bis hin zu Kajaks. Autotouristen, die auf dem Weg von/nach Hellesylt die Fähre nehmen, bekommen die Aussicht sozusagen frei Haus geliefert. Und natürlich sind da die Kreuzfahrtschiffe, die durch die „Sackgasse" des Fjordes bis zu ihrem Ankerplatz oder der Pontonbrücke navigieren. Es sind vor allem diese Ozeandampfer, die in der Saison den kleinen 250-Einwohner-Ort **Geiranger** in einen überlaufenen Hotspot des internationalen Fremdenverkehrs mit Souvenirläden, Imbiss-Cafés und Reiseagenturen verwandeln. Verschärfte Umweltschutzbestimmungen, die mit Diesel betriebene Schiffe ab 2026 im Fjord verbieten, könnten dafür sorgen, dass der Overtourism zumindest eingedämmt wird.

Wer nicht mit dem Kreuzfahrtschiff anreist, findet in der Ortschaft mehrere Hotels und Campingplätze. Die einzige nach Geiranger führende Straße ist der Fv63. Sie bringt einen zu beiden Seiten der Ortschaft auf Serpentinen zu Aussichtspunkten, an denen sich das Panorama der steilen Felswände und des tiefen Wassers unter einem ausbreitet. Die nach Norden führende Strecke ist der berühmte **Adlerweg** (Ørneveien). Er wurde 1954 fertiggestellt und windet sich in 11 Haarnadelkurven und mit 10 % Steigung am Fjordufer empor. Die letzte Kurve, gut 7 km hinter Geiranger, heißt Ørnesvingen und bietet von der modernen Aussichtsplattform einen fantastischen Blick auf den Fjord mit den „Sieben Schwestern", der „Kanzel" und den Bergbauernhof Knivsflå.

Zur anderen, südlichen Seite, bringt einen der **Geirangerweg** (Geirangervegen) zunächst zu den höher gelegenen Ortsteilen mit einigen Hotels, dann vorbei an der achtkantigen Holzkirche von 1842 und dem **Fjordcenter**, einem architektonisch

Aussichtspunkt über dem Geirangerfjord

anspruchsvollen und über einem Wasserfall errichteten Museum. Danach gelangt man zum Felsvorsprung **Flydalsjuvet** mit dem wohl bekanntesten und meistfrequentierten Aussichtspunkt oberhalb des Geirangerfjordes. Wen es noch weiter hinaufzieht, kann auf einer abenteuerlichen Straße mit 20 Haarnadelkurven auf das baumlose und auch im Sommer noch mit Schnee- und Firnfeldern besetzte Fjell. Am „tiefen See" Djupatn auf 1.040 m Höhe gibt es dann die Möglichkeit, auf einer weiteren schwindelerregenden, mautpflichtigen Gebirgsstraße mit 12,5 % Steigung bis zur Spitze des 1.465 m hohen **Dalsnibba** zu fahren, des höchsten auf einer Autostraße erreichbaren Punktes in Norwegen! Die Aussicht über die verschneite Fjelllandschaft und bis hinunter zum Fjord ist unbeschreiblich.

(UQ)

Geiranger Turistkontor: Geirangervegen 2 (am Fährhafen), 6216 Geiranger, Tel. 7026 3099, www.fjordnorway.com/de/touristeninformation/geiranger-touristinformation.

Geiranger Fjordsenter: Gjørvahaugen 35, 6216 Geiranger, Tel. 7026 3810, www.fjordsenter.com; Mai–Sept. tgl. 9–18, sonst 10–16 Uhr, NOK 145.

7 Hurtigrute – die „schönste Seereise der Welt“

Was für die Norweger die „Reichsstraße Nr. 1“ ist, ist für viele ausländische Touristen vor allem im Sommer eine der attraktivsten, wenn nicht die schönste Seereise der Welt. **Zwölf Tage dauert eine Fahrt mit den Postschiffen** entlang der faszinierenden Küste von Bergen im Westen über den höchsten Norden bis an die russische Grenze im Nordosten. Von Kirkenes geht es wieder zurück Richtung Bergen, insgesamt eine Strecke von **2.500 Seemeilen**, die nord- wie südwärts an 34 Städten und Häfen vorbeiführt, an unzähligen Inseln, Bergen und Fjorden. Jeden Tag legt eines der Schiffe abends in **Bergen** ab, während eines vormittags **Kirkenes** verlässt. Häfen, die in nördlicher Richtung am Tage angelaufen werden, sind auf der Rückfahrt nachts das Ziel und umgekehrt.

Einer der Häfen ist **Stokmarknes** auf den Vesterålen. Das dortige **Hurtigruten-Museum** dokumentiert multimedial und sehr interessant die Geschichte der Postschiffe und ihre Bedeutung für das Leben der Menschen an der Küste – auch Schiffsunglücke werden nicht ausgeklammert. Das Highlight ist das aufgebockte Postschiff „Finnmarken“, das in einem spektakulären riesigen Glasbau bewundert werden kann.

Für die Bewohner der Küste Nordnorwegens ist die Hurtigruten immer noch so etwas wie die **Lebensader**, denn die Schiffe transportieren die Post, Lebensmittel

Die Postschiffroute beschert unvergessliche Landschaftserlebnisse

und andere Fracht sowie Personen. Wer als Tourist reist, findet keine bessere Möglichkeit, den Alltag der Menschen im Küstenbereich mitzuerleben. Der Reiz der Hurtigrutenschiffe liegt darin, dass sie zwar komfortabel, aber keine riesigen Kreuzfahrtschiffe mit Massentourismus sind. Deswegen können sie auch auf einer Route fahren, die für die größeren Schiffe zu eng ist, etwa in den schmalen Trollfjord. Und empfindliche Naturen müssen kaum Seekrankheit befürchten, denn mit ganz wenigen Ausnahmen bewegt man sich immer in Sunden und hinter Inseln, gut geschützt vor den Brechern des Nordatlantiks.

Bereits 1893 legte der legendäre Kapitän Richard With mit der „Vesterålen" von Trondheim ab und traf nach 67 Stunden unter großem Jubel in Hammerfest ein. Die komplette **Route Bergen – Kirkenes – Bergen** wurde vor dem Ersten Weltkrieg eingerichtet und hat sich bis heute bewährt. Von den derzeit zwölf Schiffen der Hurtigruten werden neun auf der Postschiffroute eingesetzt, die anderen sind als Expeditions- und Kreuzfahrtschiffe hauptsächlich in arktischen und antarktischen Gewässern unterwegs. Seit 2020 wird die Postschiffroute zu ausgewählten Terminen im Sommer auch als 15-tägige Reise ab/bis Hamburg angeboten. Im Unterschied zur klassischen Route besucht das Schiff dabei auf der Hinfahrt zusätzlich Stavanger und den Lysefjord sowie auf der Rückfahrt Haugesund. Am höchsten sind die Preise im Sommer, am niedrigsten von November bis Mitte März, ausgenommen die Tage um Weihnachten und Neujahr. Landausflüge werden das ganze Jahr über angeboten, wobei bestimmte Ausflüge nur auf den südwärts und andere nur auf den nordwärts gehenden Schiffen gebucht werden können, wieder andere nur im Winter oder im Sommer. Seit einiger Zeit werden von Juni bis August auch der Storfjord/Geirangerfjord und im September und Oktober der selten besuchte Hjørundfjord angelaufen.

Um die Monopolstellung von Hurtigruten zu durchbrechen, hat der norwegische Staat Konkurrenz auf der Postschiffroute durch die Reederei **Havila Kystruten** erlaubt. Ihre vier Schiffe, die seit 2023 operieren, fahren auf identischer Strecke und sind ähnlich groß, haben aber eine noch komfortablere Ausstattung und gelten mit ihrem Elektro- und emissionsarmen LNG-Antrieb in ihrer Kategorie als die umweltfreundlichsten Schiffe der Welt.

(UQ)

Info

Information: **Hurtigruten GmbH**, Große Bleichen 23, 20354 Hamburg, Tel. 040-8740 9397, www.hurtigruten.de. Der Preis für die 12-tägige klassische Postschiff-Route schwankt erheblich je nach gewählter Kabinenkategorie, Schiff und Reisezeit. Es gibt Senioren-, Kinder-, Frühbucher- und weitere Ermäßigungen. Zu allen Reiseprogrammen werden zahlreiche An- und Abreisevarianten per Flug, Schiff und Bahn, im Sommer auch Charter-Direktflüge nach Bergen und nach Kirkenes, angeboten.

Museum: **Hurtigrutemuseet**, Richard Withs plass, 8450 Stokmarknes, Tel. 9099 6412, www.museumnord.no/vare-museer/hurtigrutemuseet, variierende Öffnungszeiten siehe Website.
Tipp: Im Winter, wenn es auch fast schon eine Nordlicht-Garantie gibt, ist die norwegische Landschaft besonders faszinierend. Außerdem sind dann die Schiffe nicht ausgebucht und die Preise liegen bis zu 40 % niedriger.

8 Krimis made in Norway

Wer denkt, das Leben in Norwegen sei sicherer als in den meisten anderen Ländern, kommt angesichts der Flut von Kriminalromanen aus dem hohen Norden sicher ein wenig ins Grübeln. Da werden mal subtil und perfide, mal brutal und sinnlos jede Menge Norweger erschossen, erdolcht, ertränkt und vergiftet, da wird gedealt, betrogen, unterschlagen und intrigiert. Und sollte die Zahl der Toten auch nur annähernd an die tatsächlichen Gegebenheiten heranreichen, so herrschte im Königreich akute Lebensgefahr. Offensichtlich verstehen sich die Norweger gut auf solche Dinge, denn ihre Krimis werden auch in Deutschland verschlungen. Der Boom skandinavischer Kriminalliteratur hängt sicher damit zusammen, dass deutsche Verlage gerne Stoffe aus dem Norden aufnehmen, seitdem der Schwede Henning Mankell mit seinem Kommissar Wallander für Furore sorgte.

Das Idyll kann trügen: Norwegische Landschaften bieten eine hervorragende Kulisse für Krimis

Schon Knut Hamsuns „Pan" (1894) war eigentlich ein Kriminalroman, und der norwegische Schriftsteller und Journalist **Jon Michelet** (1944-2018) veröffentlichte 1975 seinen ersten Krimi. Er verstand es, politisch brisante Stoffe in einen äußerst spannenden kriminalistischen Rahmen zu setzen. Dabei verleugnet Michelet seine linken Positionen nicht, schließlich war er einige Zeit Chefredakteur der Tageszeitung „Klassekampen" und Mitglied der kommunistischen Partei Rødt. Einige von Michelets Büchern wurden fürs Fernsehen verfilmt, sein „Gürtel des Orion" war sogar ein internationaler Kinoerfolg.

Ein absoluter Weltstar des Krimi-Genres ist der Ökonom, Journalist und Rockmusiker **Jo Nesbø**. Er schuf mit dem Polizisten Harry Hole die gebrochene Figur eines Draufgängers, der sich mit seinen Alkohol- und Beziehungsproblemen selbst im Weg steht. Auch andere seiner Thriller wie „Headhunter" wurden zu Bestsellern und lieferten die Vorlagen für erfolgreiche Verfilmungen.

Die Schriftstellerin **Anne Holt** hat ebenfalls etliche internationale Bestseller geschrieben und wurde mit zahlreichen Preisen bedacht. Ihre Krimis kreisen in zwei unabhängigen Romanzyklen einmal um den sympathischen, aber vom Schicksal schwer gebeutelten Hauptkommissar Yngvar Stubø, zum anderen um die Kommissarin Hanne Wilhelmsen. Zwischenzeitlich schrieb sie auch Krimis mit ihrem Bruder Even Holt, einem international anerkannten Herzspezialisten, in denen die Chefärztin Sara Zuckerman die wichtigste Rolle spielt. Zuletzt ist Holt mit Romanen auf den Bestsellerlisten aufgetaucht, die mit der Rechtsanwältin Selma Falck ebenfalls eine ungewöhnliche Heldin haben.

Dass Holts Kriminalromane den Leser oft erschrecken, liegt nicht nur an ihrem gekonnten Schreibstil, sondern auch an der Tatsache, dass man geneigt ist, selbst die furchtbarsten Missstände für möglich zu halten. Denn die Autorin kommt sozusagen vom Fach: Nach ihrem Jurastudium arbeitete sie als Journalistin, Polizistin und Anwältin und war 1996/1997 sogar norwegische Justizministerin.

Die zweite große Lady des Kriminalromans ist **Karin Fossum**, deren Geschichten um den Kommissar Sejer nicht nur spannend, sondern auch psychologisch fein austariert sind und lange nachwirken. Wie Anne Holts Romane sind viele von Fossums Büchern verfilmt worden und waren auch im deutschen Fernsehen zu sehen.

Nicht aus Oslo, sondern aus Bergen stammt **Gunnar Staalesen**, der mit seinem Privatdetektiv Varg Veum einen eigenbrötlerischen Helden schuf, der in zahlreichen seiner Krimis ermittelt. Die Kriminalfernsehreihe „Varg Veum“, im deutschen Fernsehen „Der Wolf“, basiert auf seinen Romanen.

Unni Lindell, eine bekannte Kinder- und Jugendbuchautorin aus Oslo, ist auch im Genre des Kriminalromans zu Hause. Ihre beliebten Bücher um Kommissar Cato Isaksen wurden ebenfalls verfilmt.

Ein gutes Dutzend weiterer norwegischer Schriftsteller konnte in den vergangenen Jahren auch auf dem deutschen Markt immer wieder für Überraschungserfolge sorgen oder hat sich mit einer treuen Fan-Gemeinde etabliert. **Samuel Bjørk** mit seiner Reihe um Kommissar Munch gehört ebenso dazu wie **Kjetil Try** mit seinem Kommissar Rolf Gordon Lykke. Inzwischen gibt es kaum einen Flecken auf der norwegischen Landkarte, der nicht kriminalistischer Schauplatz war – von der Hauptstadt Oslo, den Großstädten Bergen und Trondheim bis hin zum Fjordland, den Lofoten oder Tromsø hoch im Norden. Sogar Spitzbergen diente schon als arktischer Rahmen für Mord- und Totschlag-Geschichten (Anne B. Ragde, Monica Kristensen). Auch die Schriftsteller **Pål Gerhard Olsen**, **Fredrik Skagen, Kjell Ola Dahl, Thomas Enger, Jørn Lier Horst** und **Jan-Erik Fjell** stammen aus Norwegen.

(UQ)

Info

Das Portal **Krimi Couch** (www.krimicouch.de) informiert Leser über die neuesten Krimis, man kann sich über die Seite zu den Spannungsgraden der Bücher äußern sowie Kommentare abgeben.

9 Telemark – die Wiege des Skisports

Die Provinz **Telemark** gehört zu Südnorwegen, immerhin zählt auch der schmale Küstenstreifen am Skagerrak bei Kragerø dazu. Aber die Telemark vereint ganz unterschiedliche und nicht unbedingt „süd"-norwegische Landschaften: Die waldreichen Mittelgebirge und Täler erinnern an Ostnorwegen und im Norden liegt mit der **Hardangervidda** ein typisches Hochgebirgsplateau. Für den Tourismus spielt die schneesichere Telemark mit vielen Loipen, Liften und Pisten eine überragende Rolle: Hier liegt die „Wiege des Wintersports" und der „Telemark-Stil" ist in der ganzen Welt bekannt.

Wo im Winter Langlauf ausgeübt wird, hat man im Sommer allerbeste Wandermöglichkeiten, und die Besteigung des Gaustatoppen ist ein Erlebnis, das wohl keiner vergessen wird. Hinzu kommen Kanu- und Kajaktouren auf kristallklaren Seen, ausgeschilderte Fahrradwanderwege, Golfplätze und viele andere Möglichkeiten für einen **Aktiv-Urlaub**.

Auch Kultur hat die Provinz zu bieten: Allein drei Stabkirchen befinden sich in der Telemark. Die **Heddal-Stabkirche** (12./13. Jh.) ist die größte und sicher auch eine der schönsten. Der dreigeschossige Aufbau der Dachkonstruktion, getragen von zwölf großen und sechs kleinen Ständern, die Komplettverkleidung mit Holzschindeln, der umlaufende Svalgang, schöne Schnitzereien an den Portalen und im Inneren, der spitze Dachreiter und der alleinstehende Glockenturm – das ist die für Norwegens Mittelalter typische Architektur in Idealform! In mehreren Freilichtmuseen der Telemark wird hervorragend die reiche bäuerliche Kultur gezeigt. Und

Langlauf oder Skiwandern in herrlicher Schneelandschaft

Hölzerne Mittelalterarchitektur par excellence: die Heddal-Stabkirche

selbst Industriestädte wie Porsgrunn, Skien und Rjukan vermitteln mit ihren Museen spannende Einsichten in die norwegische Kultur. Ausländische Touristen nutzen die Telemark meist leider nur als Durchgangsstation zu den Fjorden Westnorwegens.

Besucher finden eine ausgezeichnete Infrastruktur: In fast jedem Ort gibt es Touristenbüros, und als bei den Norwegern beliebte Ferienregion bietet die Telemark eine große Bandbreite an Unterkünften, darunter zahlreiche Ferienwohnungen, Hütten und Campingplätze.

(UQ)

Info

Skien Tourist Office, Henrik Ibsensgate 2 (Skien Municipality, Servicesenter), Tel. 3590 5520, www.visittelemark.com, Mo–Fr 9–16 Uhr.
Unter derselben Webadresse firmiert das zentrale **Telemark-Reisebüro** mit Sitz in zwölf Orten in der Telemark, Buchungsmöglichkeit für Unterkünfte und Aktivitäten, u. a. Reservierungen auf den Schiffen im Telemark-Kanal.
Für Fahrradfahrer gibt es dort auch das komplette **Radwegenetz der Telemark** in einem 4-teiligen Kartensatz. Für Wanderer ist der **Panorama-Wanderweg** zwischen Lårdal und Dalen ideal. Golfern sei der **18-Loch-Golfpark bei Ulefoss** empfohlen, 20 Minuten von Bø entfernt (www.golfparken.no). Über die Touristeninformationen sind Adressen von Spezialreiseveranstaltern für Fahrrad- und Mountainbiketouren, Kanu- oder Jeepsafaris sowie außergewöhnliche Winteraktivitäten erhältlich.
Heddal-Stabkirche:
Heddalsvegen 412, 3676 Notodden, Tel. 9220 4435, www.heddalstavkirke.no, Mai–Mitte Sept. 10–16, Juli–Aug. bis 17 Uhr, NOK 100.

10 Lillehammer – Olympisches Museum und Freilichtmuseum Maihaugen

Oberhalb von Lillehammer liegen die wichtigsten Anlagen der Olympischen Winterspiele von 1994. Die Håkons-Halle wurde für die Eishockey-Spiele gebaut und dient heute u. a. für Konzerte, Messen und Kongresse. Die Halle liegt ebenso wie die benachbarte Kristins Hall im Olympiapark, der im Süden vom Olympischen Dorf und zum Osten hin von der Skisprunganlage Lysgårdsbakkene begrenzt wird. Vom recht kleinen und frei zugänglichen Stadion rings um den Auslauf hat man einen schönen Blick auf die **Großschanze** (120 m) und die **Normalschanze** (90 m). Links der Schanzen führt eine 954-Stufen-Treppe bis hinauf zum Turm, wer sich die Mühe des Aufstiegs ersparen möchte, kann auch den Sessellift benutzen (tgl. 11–16 Uhr). Skispringer sind auch zu beobachten, nicht nur im Winter: In der Sommersaison werden zwischen 10 und 20 Uhr von Absolventen der benachbarten Sporthochschule regelmäßig Sprünge auf der Kunststoffbahn durchgeführt. Oberhalb der Schanzen und vom Auslauf nicht einsehbar, liegt das Birkebeiner-Stadion, das für den Skilanglauf errichtet wurde. Die Loipen können im Sommer als herrliche **Wanderwege** oder **Mountainbike-Routen** mit vielfältigen Ausblicken auf Stadt und See genutzt werden.

Die Geschichte der Winterspiele von 1994, aber auch zahlreiche andere Sommer- und Winterspiele sowie deren Vorläufer in der Antike, werden im kleinen, aber feinen **Norwegischen Olympischen Museum** dokumentiert. Dieses ist auf dem

Die Skisprunganlage Lysgårdsbakkene hoch über der Stadt Lillehammer

Im Freilichtmuseum Maihaugen leben alte Zeiten wieder auf

Gelände des Maihaugen Museums untergebracht, einer der Hauptattraktionen von Lillehammer: Das **Maihaugen Museum** ist das größte Freilichtmuseum des Landes. Es würde 1904 gegründet und lässt die regionale Kultur des Gudbrandsdales der letzten 300 Jahre lebendig werden. Der Bestand umfasst heute 200 alte Gebäude und mehr als 40.000 Ausstellungstücke, wunderbar angeordnet in einem 40 ha großen, hügeligen und von Seerosenteichen durchsetzten Gelände. Alle Wohn- und Architekturformen des Gudbrandsdales sind hier repräsentiert – von der herrlichen **Stabkirche Garmo** (um 1200) über Großbauernhöfe, Almsiedlungen und Fischerhütten, einer Dorfkirche und einer Kapelle, der Dorfschule von 1860 bis hin zu städtischen Geschäften, Werkstätten und Bürgerwohnungen der Lillehammer Storgata sowie Fertighäusern und experimentellen Wohnformen der 1990er-Jahre. Im Sommer kann man lokalen Handwerkern über die Schulter schauen, an Folkloredarbietungen teilnehmen oder die wichtigsten Gebäude bei einer Führung kennenlernen.

(UQ)

Info

Maihaugen Museum & Norges Olympiske Museum, Maihaugvegen 1, 2609 Lillehammer, Tel. 6128 8900, https://maihaugen.no, variierende Öffnungszeiten siehe Website. Maihaugen & Olympisches Museum gemeinsames Ticket NOK 215 (Nebensaison NOK 165).

Lillehammer Turistinformasjon: Jernbanetorget 2, Tel. 6128 9800, www.lillehammer.com, variierende Öffnungszeiten siehe Website.

II Das mittelalterliche Bergen und Spuren der Hanse

Es ist rund 600 Jahre her, dass Bergen (von bjørg vin = Bergweide) bedeutender als Kopenhagen oder Stockholm war und als prächtige „Hauptstadt des Nordens“ galt. Noch immer sehen viele Bergenser ihren Wohnort als **„heimliche Hauptstadt Norwegens“**, auch wenn die Stadt mit rund 289.000 Einwohnern deutlich hinter Oslo rangiert. Die bereits in der Wikingerzeit bestehende Siedlung an einer lang gezogenen Bucht, die im 11. Jh. von Olav Kyrre als mittelalterliche Stadtanlage gegründet wurde, profitierte von ihrem Naturhafen, schützenden Inseln und der Nähe zum Meer, sodass Bergen bald an Bedeutung als überregionaler Marktplatz gewann.

Die verkehrsgünstige Lage führte schon im 12. Jh. deutsche Kaufleute hierher, die Stock- und Klippfisch als Fastenspeise des christlichen Europas einkauften. Damals war der Hafenort nicht nur der wichtigste Umschlagplatz des Landes, sondern auch dessen Hauptstadt, nachdem König Håkon Håkonsson diese Funktion 1217 von Trondheim nach Bergen übertragen hatte. Die Menschen in Norwegen verlangten vor allem nach Brotgetreide und Salz. Als Mitte des 13. Jh. eine Hungersnot drohte, stattete der norwegische König die **Lübecker Kaufleute** mit großzügigen Privilegien aus. Da für den Großteil der norwegischen Bevölkerung der deutsche Roggen wesentlich erschwinglicher war als englischer Weizen, verlor die Getreidezufuhr aus England zunehmend an Bedeutung. Bald darauf durften deutsche Kaufleute in Bergen auch Eigentum erwerben. So entstand die sogenannte „Deutsche Brücke“, weil die Häuser zum Be- und Entladen der Schiffe unmittelbar am Hafenbecken lagen.

Es entwickelte sich eine Stadt in der Stadt, nachdem die Hansekaufleute sich zu einer Gemeinschaft mit der Bezeichnung „Das Deutsche Kontor“ zusammengeschlossen hatten. Unter der Oberhoheit des Lübecker Rates wurden die Faktorei verwaltet und Recht gesprochen. Im 15. Jh. hatten die Deutschen den Außenhandel Bergens bzw. Norwegens fest im Griff und der Anteil der Deutschen erreichte rund ein Drittel bei einer Gesamteinwohnerzahl von ca. 6.000 Menschen.

Alte Speicher- und Kontorhäuser in Bergens Kaufmannsviertel Bryggen

Blick auf Bergen, die heimliche Hauptstadt Norwegens

Die „Deutsche Brücke" in Bergen war der einzige Stapelplatz für ganz Norwegen, in den nördlich gelegenen Orten durfte laut königlichem Erlass kein direkter Im- und Exporthandel getrieben werden. So mussten alle Fischer in die Hafenstadt kommen, um ihren Fang im Ausland abzusetzen und gegen überseeische Waren zu tauschen. 1702 fielen große Teile der „Deutschen Brücke" einem Brand zum Opfer. Als die Marienkirche 1766 in den Besitz des Königs überging, war die Zeit der Hanse in Bergen endgültig vorbei. Mitte der 1950er-Jahre fielen große Teile des Viertels einem Brand zum Opfer, die ab Mitte der 1960er-Jahre originalgetreu wieder aufgebaut wurden. Heute zählen die alten Kontore zum Weltkulturerbe der UNESCO.

(UQ)

Info

Bergen Turistinformasjon: Strandkaien 3, Torghallen, 5013 Bergen, Tel. 5555 2000, www.visitbergen.com, tgl. 9–16 Uhr, im Sommer z. T. länger. Nützliche Informationen enthält auch der kostenlose Bergen Guide (auch auf Deutsch), der jährlich erscheint und u. a. an der Touristeninformation ausliegt.

Die **Bergen Card** ermöglicht den preiswerten Besuch der Sehenswürdigkeiten und die Nutzung von Bussen und Standseilbahn Fløibanen. Infos: https://de.visitbergen.com/bergen-card. Preise für 24 Std. (Erw. 380/Kinder 100 NOK), 48 Std. (460/130 NOK) und 72 Std. (540/160 NOK) und 96 Std. (620/190 NOK).

Restaurants: Vor allem Liebhaber von fangfrischem Fisch kommen in Bergen auf ihre Kosten, entsprechende Gaststätten findet man am und um den Fischmarkt. Auch im Viertel zwischen Øvregaten und Bryggen gibt es viele Gaststätten mit norwegischer Küche, aber auch Steakhäuser und Sushi-Restaurants.

12 Zwischen Gudvangen und Flåm – Höhepunkte des Fjordlandes

Die Küste Westnorwegens wird durch die tief ins Land einschneidenden Fjorde bestimmt, für die Norwegen in der ganzen Welt bekannt ist. Obwohl es auch weiter nördlich und südlich eindrucksvolle und ausgedehnte Fjorde gibt, gilt als **Fjordland** im engeren Sinne der Küstenraum zwischen Stavanger und Molde. Hier befindet sich auch der **Sognefjord**, der „König der Fjorde", mit 204 km Länge und 1.308 m Tiefe weltweiter Rekordhalter. Der eigentliche Fjord ist im Schnitt 5–8 km breit und wird von Gipfeln gesäumt, die bis auf 1.300 m ansteigen. Anders sieht es bei einigen Fjordarmen aus, die alle eigene Namen tragen, und die oft schmaler, weniger tief und von höheren, steileren Bergflanken umringt sind. Dazu gehören vor allem der **Aurlandsfjord** und der **Nærøyfjord**. Letzterer misst an der schmalsten Stelle nur etwa 250 m und gilt als einer der engsten Fjorde der Welt. An einigen Stellen ragen hier die Felswände fast senkrecht aus dem Wasser auf. Genau wie der Geirangerfjord (S. 22) steht auch der Nærøyfjord seit 2005 auf der Liste des **UNESCO-Weltnaturerbes**.

Die Aussichtsplattform Stegastein bietet einen unvergesslichen Blick auf den Aurlandsfjord

Am Ende des Aurlandsfjordes liegt **Flåm**, am Ende des Nærøyfjordes **Gudvangen**. Beide Ortschaften auf einer Runde zu Wasser und zu Land miteinander zu verbinden, gehört zu den unbestreitbaren Höhepunkten einer jeden Norwegenreise. Außer den Fjordarmen selbst mit ihren schmalen Passagen und den fast senkrecht aufragenden Berghängen locken grandiose Aussichtspunkte oberhalb der Fjorde, verkehrstechnische Meisterwerke und kulturelle Sehenswürdigkeiten Besucher aus aller Welt an. Viele davon erleben den Sognefjord an Bord eines Kreuzfahrtschiffes und erkunden die Region auf Landgängen und Busausflügen. Andere Touristen nehmen beispielsweise die Autofähre zwischen Gudvangen und Kaupanger, nehmen am Fjordsightseeing mit futuristischen Elektro-Ausflugsschiffen teil, buchen Pakete mit Boot-/Shuttlebus-Kombinationen oder werden sportlich mit Kayak oder Leihfahrrad aktiv.

Aus dem kleinen Fährort **Gudvangen** ist längst schon ein quirliger Fremdenverkehrsort mit Hotel, Campingplatz, Hüttenverleih etc. geworden. Seit 2017 gibt es hier das Wikingerdorf Njardarheimr mit rekonstruierten Häusern, einer Häuptlingshalle sowie Handwerkern in historischen Kostümen und einem breit gefächerten Angebot an Aktivitäten. Zur Landseite hin führt eine der beliebtesten Touren durch das Nærøytal zum hoch gelegenen historischen Hotel Stalheim. Hier bietet die Terrasse **Stalheimskleiva** eine fantastische Aussicht auf das Tal mit dem „norwegischen Zuckerhut" Jordalsnuten.

Seit 1991 kann man auch mit dem Auto direkt von Gudvangen nach **Flåm** fahren, allerdings fast ausschließlich unterirdisch. Die Verbindung stellen dabei der 11,5 km lange Gudvangatunnel und der gut 5 km lange Flenjatunnel dar (hinter Flåm geht die Straße dann in den **Lærdalstunnel** über, mit 24,5 km der längste Straßentunnel der Welt). Das Dorf am Ende des Aurlandsfjords hat trotz seiner geringen Größe einen festen Platz auf der touristischen Landkarte. Gründe dafür sind die vielen Anläufe der Kreuzfahrtschiffe, das umfassende Angebot an sportlichen Aktivitäten, vor allem aber die weltberühmte **Flåmbahn**. Diese 1923–40 gebaute und 20 km lange Bahnstrecke ist eine der steilsten Normalspurstrecken der Welt. Vom Fjordufer geht es durch 20 Tunnel, vorbei an Wasserfällen und tiefen Schluchten bis hinauf zum Bahnhof Myrdal, der bereits auf der Hardangarvidda 867 m ü. d. M. liegt. Hier hat man Anschluss an die Bergenbahn, ebenfalls eine der ganz großen Ingenieursleistungen Norwegens.

Autotouristen sollten sich in Flåm nicht die Fahrt zur spektakulären Aussichtsplattform **Stegastein** entgehen lassen. Die moderne Konstruktion ragt in großer Höhe 30 m über den Aurlandsfjord hinaus und bietet einen Blick, der sich tief ins Gedächtnis einprägen wird.

(UQ)

Info

Flåm Tourist Information:
Feltvegen 11, 5742 Flåm, Tel. 5763 1400, www.norwaysbest.com (auch Infos zur bzw. Buchungsmöglichkeit der Flåmsbahn).

Informationen zum Sognefjord-Gebiet:
Visit Sognefjord, Trolladalen 30, 6856 Sogndal, https://de.sognefjord.no.

13 Wanderungen zu den Gletscherzungen Nigardsbreen, Bøyabreen und Supphellebreen

In einer Gletscherspalte am Nigardsbreen

Der besondere landschaftliche Reiz der westlichen Gegend des Lustrafjords liegt darin, dass bei Luster der Sognefjord, die Gebirgswelt Jotunheimen und zugleich die Gletscherzungen des Jostedalsbreen zusammentreffen.

Eine der eindrucksvollsten Gletscherzungen ist der **Nigardsbreen**, von Gaupne aus auf einer 17 km langen Stichstraße (Rv. 604) durch das Jostedal zu erreichen: Die letzten 4 km der Straße sind mautpflichtig und führen durch ein ausgedehntes Moränenfeld. An ihrem Endpunkt kann man sich im Gletscherzentrum über die Naturgeschichte des riesigen Gletschers informieren, hier starten auch geführte Wanderungen und Familientouren auf das Eis und Boote über den 1,5 km langen Gletscherstausee. Und wer nicht selbst fahren möchte, kann ab Gaupne, Flåm, Lærdal, Sogndal oder Fjærland den Gletscherbus *(brebuss)* nehmen.

Von Gaupne weiter in nördlicher Richtung hat man oft eine fantastische Sicht zum jenseitigen Fjordufer mit

Eindrucksvoll: Gletscherzunge Nigardsbreen

dem hohen Wasserfall Feigumfossen. Die Umgebung bietet sich zum Baden, Radfahren, Angeln, zu Kajaktouren und Bergwanderungen an, auch Helikopterflüge und Fjordsightseeing können gebucht werden. Der **Feigumfossen**, mit einem freien Fall von 218 m einer der höchsten Wasserfälle des Landes, ist ebenfalls ein beliebtes **Ziel für Wanderer**. Schon der Weg dorthin ist eine Attraktion. Autofahrer haben die Möglichkeit, über die Ostuferstraße von Skjolden nach Urnes (älteste Stabkirche Norwegens und UNESCO-Welterbe) zu fahren, dabei kommen sie ziemlich nah am Feigumfossen vorbei; von den Aussichtspunkten an der Straße geht man nur etwa 30 Minuten bis zum Gischt sprühenden mächtigen Wasserfall.

Tipp

Besuch im Norwegischen Gletschermuseum

In dem preisgekrönten Betonbau werden u. a. eine nachgebaute Gletscherspalte gezeigt sowie viele Experimente und Erkenntnisse der Glaziologen. In einem fantastischen Film, der auf mehreren Leinwänden läuft, wird der Zuschauer auf einen abenteuerlichen Hubschrauberrundflug über die Gletscher des Jostedalsbreen mitgenommen.

Norsk Bremuseum:
Fjærlandsfjorden 13, 6848 Fjærland, Tel. 5769 3288, www.bremuseum.no, Juni–Aug. tgl. 9–19, April/Mai u. Sept./Okt. tgl. 10–16 Uhr, NOK 160.

Nordwestlich von Sogndal am Sognefjord ist die eisige Wunderwelt in Natura zu erleben, vom Gletschermuseum aus kann man rund 7 km zu den Gletscherzungen **Bøyabreen** und **Supphellebreen** wandern. Dazu ist am besten der markierte Pfad durch das Supphelledalen hinauf zur Flatbre-Hütte geeignet, das Eingangstor für Berg- und Gletscherwanderer. Man kann aber auch den Gletscherbus nehmen, der einen schnell fast bis zur Gletscherzunge bringt.

Der unterste Teil des Supphellebreens, ein Teilgebiet des **Jostedalsbreen-Nationalparks**, liegt 60 Meter ü. d. M. und ist damit der am niedrigsten gelegene Gletscher Südnorwegens. Er speist sich aus dem Eis des über ihm gelegenen Flatbreen. Nicht nur die Gletscher sind naturgeschützt, sondern auch das Flussdelta **Bøyaøyri** am Ende des Fjærlandsfjords, vor allem wegen seiner Bedeutung für die Zugvögel im Herbst und Frühjahr. Über 100 verschiedene Vogelarten wurden hier registriert, und etwa 50 von ihnen brüten auch in diesem Gebiet.

(UQ)

Info

Reisemål Sogndal og Luster:
Pyramiden Kontorfellesskap, 6868 Gaupne, Tel. 9760 0443, www.sognefjord.no, Mo–Fr 10–15 Uhr.

Jostedal Tourist information:
(Jostedalen-Breheimsenteret, 6871 Jostedal): Tel. 5768 3250, www.jostedal.com/de, tgl. geöffnet Mai–Sept. 9/10–17/20 Uhr.
Infos zu **Gletscherwanderungen** auch www.bremuseum.no/aktivitetar/brevanding.

Verkehrsverbindungen:
In der Saison verkehren 9-mal tgl. **Personenfähren** zwischen Solvorn und Urnes. Infos unter www.lustrabaatane.no/solvornornes. Mehrmals tgl. gibt es eine **Expressbusverbindung** von Skjolden nach Bergen und nach Oslo. In der Sommersaison werden auch Touristenbusse ins Fjell und zu den Gletschern eingesetzt.

14 Abstecher zum norwegischen Westkap – mit Blick auf den Atlantik

Für diejenigen, die gern die äußersten Punkte eines Landes besuchen, ist das Westkap Norwegens ein attraktives Ziel.

In Nordfjordeid zweigt der Rv. 15 in westlicher Richtung ab und ist ein bequem zu fahrender Weg in die raue, sturmgepeitschte und **einzigartige Landschaft** des norwegischen Westens. Es ist der Weg, der dem Nordufer des Nordfjordes bis zu dessen Mündung in den Ozean folgt.

Die ersten, landschaftlich außerordentlich reizvollen 33 km führen nach **Bryggja**, wo der Rv. 61 nach Norden abzweigt. Auf dem Rv. 15 folgen noch gut 20 km, bis das Ende des Festlands, nicht aber das Ende der Straße erreicht ist. Denn seit 1974 führt hier eine 1,3 km lange Brücke zur Insel Vågsøy hinüber, auf der etwa 6.500 Menschen leben und deren größte Siedlung Måløy heißt. Als zweitgrößte Fischereigemeinde Norwegens lebt sie in erster Linie von Fischfang, -zucht und -verarbeitung sowie der Werftindustrie. Einige Fischer nehmen in der Saison Touristen auf ihrem Kutter zum **Meeresangeln** mit. Wer hier Station macht (Hotel, Camping, Pensionen), kann Wanderungen zu den vier Leuchttürmen unternehmen, tauchen oder Ausflüge zu den vorgelagerten Inseln buchen. Herrlich ist auch der 1,5 km lange Badestrand **Refviksanden** mit seinem kreideweißen Muschelsand, etwa 10 km vom Hauptort entfernt und einer der schönsten Norwegens!

Einige Kilometer vor der Brücke nach Vågsøy zweigt Richtung Norden die Landstraße Rv. 618 ab, die einen fast immer am Wasser entlang in rund 40 kurvigen Ki-

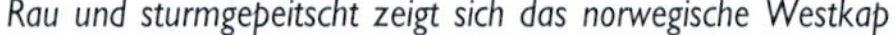

Rau und sturmgepeitscht zeigt sich das norwegische Westkap

Der Atlantik an Norwegens Westkap

lometern in die 3.000-Einwohner-Gemeinde **Stad** führt. Sie liegt auf der kompakten **Halbinsel Stadøya**, die sich geradezu in die weite Atlantik-Bucht Stadhavet hineinstemmt. Auch hier gibt es einen bescheidenen Fremdenverkehr mit Unterkünften, Touristenbüro und Ausflugsmöglichkeiten. Die größte kulturelle Sehenswürdigkeit sind die **Ruinen des Selja-Klosters** aus dem 12. Jh., ca. 15 Bootsminuten vom Hauptort entfernt. Und die größte natürliche Attraktion ist das Norwegische Westkap am Ende der Straße, traumhaft auf einer waagerechten, steil abfallenden Klippe 496 m ü. d. M. Bei guten Wetterverhältnissen hat man hier einen spektakulären Blick über das offene Meer mit grandiosen Sonnenuntergängen sowie hin zu den Gipfeln der Sunnmørsalpen und dem Gletscher Ålfotbreen.

Von Selje ist es nicht weit nach Åheim am Abzweig des Rv. 61. Man kann diesen als wenig befahrene und aussichtsreiche **Streckenalternative nach Ålesund** nutzen, die mit 90 km zudem erheblich kürzer ist als der Weg zurück, und über die Europastraße. Dabei erlebt man vier Fjorde und zwei Inseln, benutzt zwei Fähren und eine Brücke und ist dem Atlantik immer ziemlich nah.

(UQ)

Informationen zur Region:
www.nordfjord.no
www.fjordnorway.com
www.hjartestad.no
Nordfjordeid Turistinformasjon: Eidsgata 10, 6770 Nordfjordeid, Tel. 5786 4600.
Selje Turistinformasjon: Nabben 80, 6740 Selje, Tel. 4044 6011.
Alle nur in der Sommersaison geöffnet.
Für diejenigen, die sich am westlichsten Punkt Norwegens ein **Häuschen mieten** wollen: www.urlaub-norwegen.com.
Vestkapp Camping: 6750 Stadlandet, Tel. 5785 9950, www.vestkappcamping.com. Auch Vermietung von Hütten und Wohnungen.

15 Ålesund, die Jugendstilstadt

Die Stadt Ålesund (49.800 Einw.) verdankt ihren Namen dem Sund zwischen den Inseln Nørvøy und Aspøy und erlebte vom 14. bis zum frühen 16. Jh. als bedeutender Handelsplatz bereits ihre Blütezeit. Nach einem verheerenden Brand 1904 musste Ålesund wieder aufgebaut werden. Innerhalb weniger Jahre entstand eine neue Stadt, die dem Stilideal der damaligen Zeit entsprach. Ålesund erhielt den Beinamen **Jugendstilstadt**. Kaiser Wilhelm II., der eine Vorliebe für Norwegen hegte und sich mit seiner Jacht „Hohenzollern" im Sommer häufig in norwegischen Gewässern aufhielt, unterstützte den Wiederaufbau Ålesunds tatkräftig. In den folgenden Jahren florierte der Handel, die Stadt stieg gar zum bedeutendsten norwegischen Fischereihafen auf. Heute ist sie einer der führenden Fisch verarbeitenden Standorte und ein modernes Dienstleistungszentrum, das ein weites Umland versorgt.

Die **Bilderbuchstadt** liegt auf den Inseln Hessa, Nørvøy und Aspøy und ist durch Brücken- und Tunnelbauten untereinander und mit dem Festland verbunden. Die ehemaligen Bootshäuser und Speicher werden heute als Büros, Hotels, Wohnungen und Geschäfte genutzt.

Beginnen sollte man einen **Rundgang** am Pier Skateflukaia an der Skansegata. Der Blick vom Skateflukaia auf die Jugendstilfassaden der Nachbarinsel ist traumhaft. Nur wenige Schritte entfernt liegt das alte Zollhaus. Wieder am Wasser entlang oder über die parallele Fußgängerzone **Kongensgate** mit vielen hübschen Archi-

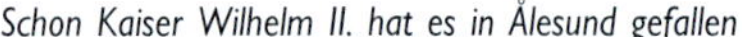
Schon Kaiser Wilhelm II. hat es in Ålesund gefallen

tekturdetails sollte man bis zur **Lihauggata** gehen und dort zum **Stadtpark**. Hier erinnert ein Gedenkstein an die Hilfeleistungen Kaiser Wilhelms II. Eine Statue ist dem Wikingerhäuptling Hrolfr Gangi gewidmet, der unter dem Namen „Rollo" das Herzogtum Normandie gründete und als Stammvater Wilhelms des Eroberers in die Geschichte einging.

An den Häuserfassaden sind überraschende Details zu entdecken

Hinter dem Park erhebt sich der **Stadtberg Aksla**, bei klarem Wetter und mit guter Kondition ein „Muss"! Man bezwingt ihn am besten vom Stadtpark aus über 418 Stufen. Auf dem Aussichtsberg liegt das **Restaurant Fjellstua** mit Aussichtsplattform (www.fjellstua.com), von der man einen fantastischen Blick auf die Stadtanlage, die zahlreichen Inseln und die Gipfel der Sunnmøre-Alpen hat.

Zurück in der Innenstadt lohnt ein Besuch des **Aalesunds Museums** nahe am St. Olavs Plass, das einen guten Überblick über die **Stadtgeschichte** gibt. Am Rathaus vorbei spaziert man zum engen Sund Brosundet, über den die einzige Autobrücke zur Nachbarinsel führt. Dort befindet sich das **Jugendstilzentrum** in der alten Schwanenapotheke, einem der schönsten Gebäude der Stadt. Ein Multimediaprogramm informiert über den internationalen Jugendstil und seine verschiedenen Varianten. Eine Ausstellung zeigt Arbeiten norwegischer und anderer europäischer Jugendstilkünstler.

Hinter dem Museum findet man einige der besterhaltenen Beispiele der Jugendstilarchitektur. Einen guten Eindruck bekommt, wer einen kleinen Spaziergang über die Straßen Apotekergate, Øvregate oder Kirkegate unternimmt.

(UQ)

Info

Ålesund Turistinformasjon: Skateflukaja, 6002 Ålesund, Tel. 7030 9800, www.fjordnorway.com, Juni–Aug. tgl. 9–18, sonst Mo–Fr 9–16 Uhr. Dort sind u.a. Stadtpläne und eine Broschüre „Zu Fuß in Ålesund" erhältlich.

Aalesunds Museum: Rasmus Rønnebergsgate 16, 6002 Ålesund, Tel. 9057 1260, www.aalesunds.museum.no, Mo–Fr 11–15 Uhr, Mai–Sept. auch Sa 12–15, Juni/Aug. auch So 12–16 Uhr, NOK 75.

Jugendstil Senteret: Apotekergata 16, Tel. 7023 9000, www.vitimusea.no, Di–Fr 11–17,Sa/So11–16 Uhr, NOK 120 inkl. KUBE Museum, Do Eintritt frei.

16 Molde – Internationales Jazzfestival

Alljährlich im Juli findet im Küstenort **Molde** (ca. 27.000 Einw.) das **Internationale Jazzfestival** statt, das bereits 1961 gegründet wurde und damit das älteste Europas ist. Alljährlich lockt es bis zu 100.000 Fans aus dem In- und Ausland zu über hundert Konzerten auf verschiedenen Bühnen an; die ganze Stadt ist dabei im Festivalfieber.

Für eine Woche begeistern **internationale und skandinavische Künstler** das Auditorium. Die Stadt steht anlässlich des Festivals ganz im Zeichen des Jazz, die Straßen sind gesperrt, gespielt wird von früh morgens bis spät in die Nacht an mehreren verschiedenen Orten. Das offizielle Programm einer Woche bietet 70 verschiedene Veranstaltungen. Das Begleitprogramm umfasst Musikrichtungen von World Music über Folk bis zu traditionellem Jazz. So fällt die Auswahl nicht weiter schwer, um rund um die Uhr auf den Beinen zu sein. Zur Tradition gehört auch die tägliche Parade der Musiker durch die Straßen.

Im Kulturhaus **Plassen** (2012) hat das Festival einen architektonisch ambitionierten Schauplatz. Nicht weit entfernt werden im ebenfalls modernen **Bjørnsonhuset** Konzerte gegeben. Zusammen mit dem benachbarten Hotelturm Seilet, dem Fußballstadion und dem Moldebad präsentiert sich hier Molde am Ufer des Fjordes hypermodern. Über eine Promenade gelangen Besucher zum Hafen, an den sich der Markt anschließt, auf dem wochentags Obst, Früchte, Fisch, Käse und Blumen verkauft werden. Von hier aus schlendert man bei einem **Stadtspaziergang** durch die Fußgängerzone. Vis-à-vis erhebt sich der moderne, mit Bronzeglas verspiegelte Bau des Rathauses, von dessen Terrasse sich ein hübscher Blick bietet.

Im Juli steht die Stadt ganz im Zeichen des Jazz – hier bei der traditionellen Parade

Hier wie auf dem Vorplatz sind etliche Arten von Rosen angepflanzt, die aufgrund des günstigen Lokalklimas besonders üppig wachsen, worauf auch die Bronzefigur des Rosenmädchens hinweist. Unmittelbar hinter dem Rathaus lohnt die moderne **Kathedrale** von 1957 einen Besuch. Auffällig ist der 50 m hohe frei stehende, weiße Glockenturm.

Tipp

Routentipp

Molde ist ein guter Ausgangspunkt, um zwei der berühmtesten Straßen Norwegens zu fahren: die sogenannte **Atlantikstraße** (Atlanterhavsvegen) zwischen Vevang und Kårvåg, die auf ihren rund 8 km über acht Brücken führt und Norwegens „Bauwerk des Jahrhunderts" genannt wird. Besonders die hoch geschwungene Storseisundet-Brücke ist ein beliebtes Fotomotiv.
Etwas weiter im Inland liegt der **Trollstigen**, eine 106 km lange Landschaftsroute, deren enge und steile Serpentinen vor allem zwischen Geiranger und Eidsdal Touristenscharen anziehen, die die grandiose Aussicht vom Ørnesvingen genießen.

Ein Besuch in Molde ist unvollständig ohne einen Besuch des 407 m hohen **Hausberges Varden**. Eine Wanderung hinauf dauert etwa eine Stunde, es führt aber auch ein schmaler kurvenreicher, asphaltierter Fahrweg nach oben (ca. 10 Min., ausgeschildert). Dort bietet sich bei guter Sicht das bekannte Moldepanorama: Weit schweift der Blick hinunter auf die Stadt, den Fjord mit seinen Schären und Inseln, das gegenüberliegende Åndalsnes und auf angeblich 222 Gipfel, von denen 87 schneebedeckt sind.

Jährlich kommen bis zu 100.000 Fans zu über hundert Konzerten

An klaren Tagen kann man bis zur Fischerinsel Ona oder zur berüchtigten Meeresstrecke Hustadvika blicken. Wer Zeit und Lust hat, kann von hier aus auf markierten Wegen die Seen, Wälder und Hügel im **Hinterland von Molde** kennenlernen.

Ebenfalls sehenswert: Das **Romsdalsmuseum**, eines der interessantesten Regionalmuseen Norwegens. Etwas nördlich des Stadtzentrums sind hier in einem schönen Park 35 Bauernhäuser aus der Zeit des 17.–20. Jh. sowie eine pittoreske Stadtstraße mit wilden Rosen versammelt. Überragt wird das Freilichtmuseum von der modernen, eigenwilligen Holzkonstruktion der „Krone" (Krona).

(UQ)

Info

Infos zum Jazzfestival, zum Programm und Tickets: www.moldejazz.no, Tickets als Einzelkonzerttickets, Tages- und Zwei-Tages-Pässe erhältlich.

Romsdalsmuseet:
Per Amdams veg 4, 6413 Molde, Tel. 7120 2460, www.romsdalsmuseet.no, Mitte Juni–Mitte Aug. und sonst Di–Fr 11–16, Sa/So 12–16 Uhr, NOK 160.

17 Malerisches Trondheim – Norwegens alte Hauptstadt

Nach einer Reise von nur 30 km erreicht der Fluss Nidelva das Südufer des breiten Trondheimsfjords, macht aber kurz vorher noch eine Schleife, die eine Halbinsel bildet. Auf dieser gründete der Wikingerkönig Olav Tryggvason im Jahr 997 die Stadt Trondheim, die sich bald zu einem blühenden Handelszentrum in Mittelnorwegen entwickelte und zur ersten Hauptstadt des Landes aufstieg. Mit 213.000 Einwohnern ist sie heute die drittgrößte Stadt des Landes – hinter Bergen und Oslo, die nacheinander die Hauptstadtfunktion übernahmen.

Besuchern hat Trondheim viel zu bieten. Der Fjord und die waldreichen Hügel laden sommers wie winters zu **Outdoor-Aktivitäten** ein, die gut 30.000 Studenten sorgen für ein quirliges Kneipen- und Nachtleben, eine Reihe vorzüglicher **Museen** setzt starke kulturelle Akzente und das Stadtbild mit seiner Vielzahl an **Holzgebäuden** ist überaus malerisch. Vor allem die auf Stelzen stehenden Packhäuser am Flussufer, die pittoreske alte Stadtbrücke, das Viertel Bakklandet und der Stiftsgården, das größte Holzpalais Skandinaviens, ziehen Besucher in ihren Bann.

Das Highlight einer Stadtbesichtigung ist aber zweifellos der **Nidaros-Dom**, nach Ansicht vieler die wohl großartigste Kirche des Nordens. Wo heute der Dom

Trondheimer Packhäuser an der Nidelva-Mündung

Westfassade des Nidaros-Doms mit Fensterrose

steht, wurde im 11. Jh. über dem Grab des hl. Olav – des norwegischen Nationalheiligen – eine kleine Holz-, dann eine Steinkirche errichtet. Die Baugeschichte des heutigen Doms beginnt 1152, wobei man sich zunächst an dem durch England vermittelten romanisch-normannischen Baustil orientierte, der innen wie außen das Querschiff bestimmt. Beim Bau des Chores setzte sich dann ab 1183 die englische Gotik durch. Innerhalb weniger Jahre entstand dabei ebenfalls die fantastisch ausgeschmückte, oktogonale Grabkapelle hinter dem Chor, die in der abendländischen Baugeschichte einmalig ist. Auf der anderen, westlichen Seite wendet sich eine (rekonstruierte) monumentale Front Besuchern zu, die mit etlichen Skulpturen und einer herrlichen Fensterrose geschmückt ist. Betritt man das in mystisches Dunkel gehüllte Innere, stößt man auf mehrere Gedenksteine, die daran erinnern, dass in der Kathedrale sieben norwegische Könige gekrönt und zehn begraben wurden.

Neben der engen Verbundenheit mit dem Königshaus ist die Kathedrale samt ihrem Bischofssitz bis heute die wichtigste der lutherischen Norwegischen Kirche. Auch das stützt die Behauptung, dass nicht in Oslo, sondern hier das „Herz Norwegens“ schlägt.

Unmittelbar südlich des Doms gelangt man durch ein gotisches Portal zum **Erzbischöflichen Palast**. In der zweiten Hälfte des 12. Jh. erbaut, gehört er zu den ältesten Profanbauten des Nordens. Die dreiflügelige Anlage diente den Erzbischöfen als Residenz, nach der Reformation ließen sich hier die dänischen Statthalter nieder. Heute befinden sich in den einzelnen Flügeln mehrere Museen; u.a. sind dort Kronen und andere königliche Reichsinsignien zu bewundern.

(UQ)

Info

Visit Trondheim: Nordre gate 11, 7011 Trondheim https://visittrondheim.no, Mo–Sa 10–18 Uhr.
Nidarosdomen: Kongsgårdsgata 2, 7013 Trondheim, Tel. 9943 6000, www.nidarosdomen.no, variierende Öffnungszeiten, siehe Website, NOK 120.
Erkebispegården: Kongsgårdsgata 1E, 7013 Trondheim, Tel. 7389 0800, variierende Öffnungszeiten, siehe Website, NOK 120.

18 Traumstraße zur Mitternachtssonne – der Reichsweg 17

Heißt das Sehnsuchtsziel Polarkreis, Lofoten oder Nordkap, wählt die überwiegende Mehrheit der Reisenden in Norwegen den schnellsten Weg, nämlich die Europastraße 6. Zugegeben: Auch diese Strecke ist beeindruckend, vor allem die Tour über das Saltfjell, wo auch der Polarkreis überquert wird.

Eine noch schönere Alternative, zudem mit deutlich weniger Auto-, Bus- und Schwerlastverkehr, ist jedoch die **Küstenstraße „Kystriksveien"**, die in den Landkarten als Rv.17 verzeichnet ist. Nicht umsonst zählt das Magazin National Geographic den Reichsweg 17 zu den „landschaftlich schönsten Strecken der Welt". Die Tour folgt von Steinkjer am nördlichen Ende des Trondheimsfjordes der Küste und über den Polarkreis bis hinauf nach Bodø. Ein 650 km langer atemberaubender Roadtrip durch eine großartige Natur, wo Nordmeer und Gebirge aufeinandertreffen – vorbei an kleinen Fischerdörfchen und weißen Sandbuchten, an Fjorden und Sunden, an Gletscherzungen und Gezeitenströmen, an wunderschönen Inseln, Schären und Archipelen. Lange Tunnel, kühne Brücken sowie mindestens sechs Fähren verbinden die einzelnen Abschnitte der Küstenstraße und ermöglichen die Reise durch eine Region, in der lange Zeit Fischerei und Handel die Lebensgrundlage der Menschen bildeten. Um zahlreiche markante Bergformationen ranken sich bekannte Sagenstoffe.

Am Reichsweg 17 – Blick auf den Svartisen-Gletscher

Das Eingangstor zur Küstenstraße ist die sympathische Kleinstadt **Steinkjer**, wo man sich im „Kystriksveien Infosenter" über das bevorstehende Abenteuer informieren kann. Der nächste größere Ort ist **Namsos** am Namsenfjord, weiter nordwestlich ist ein Abstecher zur Küstengemeinde **Rørvik** möglich, die inmitten eines ausgedehnten Schärengartens liegt. Der ehemalige Fischerort wirkt mit seinen weißen Holzhäusern herausgeputzt und adrett, doch ist es vor allem das futuristische Küstenmuseum Norveg, das Besucher in seinen Bann zieht. Weiter nördlich erreichen Reisende den Ort **Brønnøysund**, wo der bekannte Felsen Torghatten, zu dessen Füßen sich weiße Sandstrände ausbreiten, die Besucher anzieht. Sein Wahrzeichen ist das 166 m lange und bis zu 75 m hohe Loch, das einst durch die Meeresbrandung ausgespült wurde.

Ein anderes populäres Reiseziel nahe der Stadt ist die Inselgruppe **Vega**, die zum UNESCO-Weltnaturerbe gehört. Ausgrabungen belegen, dass der Archipel seit 10.000 Jahren bewohnt ist. Ein weiteres landschaftliches Highlight ist dann die Gebirgskette der **Sieben Schwestern** (De syv søstre), die sich nebeneinander und rund 1.000 m hoch aus dem Nordmeer erhebt, während die größte kulturelle Attraktion im Weiler Alstahaug wartet: Hier sind nahe beieinander eine romanische Kirche von ca. 1200, ein 8 m hohes Hügelgrab, ein roter Pfarrhof aus dem 18 Jh. und das moderne Petter-Dass-Museum des renommierten Architekturbüros Snøhetta zu bewundern.

Circa 50 km südlich des Polarkreises bringt einen die Küstenstraße zur Kleinstadt **Sandnessjøen**. Sie liegt auf einer Insel, die mit dem Festland durch die Helgelandsbrücke (Helgelandsbrua) verbunden ist, eine der elegantesten Brücken Skandinaviens. Den **Polarkreis** überquert man allerdings an Bord einer Fähre, während die Märchenlandschaft an einem vorüberzieht; diese magische Linie von 66°33° nördlicher Breite ist auf den kleinen Inseln entlang der Fahrtrinne als Globus markiert. Kurze Zeit später fährt man auf dem Rv. 17 am Ufer des **Holandsfjords** entlang und geradewegs auf die Eiskappe des **Svartisen** zu. Den besten Blick auf Norwegens zweitgrößten Gletscher und die fast bis auf Meeresniveau hinabreichende Zunge des **Engabreen** hat man am Aussichtspunkt Brasetvik.

Fast am Ende der Küstenstraße wartet noch ein letztes Highlight: der **Saltstraumen**. Er gilt als der weltweit stärkste Gezeitenstrom, denn hier werden durch einen 3 km langen und 150 m breiten Sund innerhalb von 6 Stunden rund 400 Mio. m^3 Wasser gepresst, ein Vorgang, der sich im Wechsel der Gezeiten wiederholt. 35 km hinter dem Saltstraumen hat man die Provinzhauptstadt **Bodø** erreicht, mit 43.000 Einwohnern die zweitgrößte des Hohen Nordens. Die ehemals etwas gesichtslose „Stadt der Seeadler" hat sich enorm entwickelt und wurde im Königreich 2016 sogar zur „attraktivsten Stadt Norwegens" gekürt. Anlässlich der Wahl zur Europäischen Kulturhauptstadt im Jahr 2024 hat sich Bodø nochmals richtig aufgehübscht und eine Vielzahl kultureller Events und Projekte auf den Weg gebracht.

(UQ)

Info

Kystriksveien Info-Center: Sjøfartsgata 2A (E6), 7714 Steinkjer, Tel. 7440 1717, https://kystriksveien.no; Mo-Fr 9–16 Uhr.
Kystmuseet Norveg: Strandgata 7, 7900 Rørvik, Tel. 4888 0024, https://kystmuseetnorveg.no; Juni–Aug. Mo–Sa 10–16, sonst Di–Fr 11–15, Sa 11–14 Uhr, NOK 100 (im Sommer NOK 200).
Tourist Information Bodø: Dronningens gate 15, 8006 Bodø, Tel. 7554 8000, https://visitbodo.com; Mo–Fr 8–15.30 Uhr.

19 Ferien in urigen Rorbuer auf den Lofoten

Die **Rorbuer**, in denen einst die Fischer der Lofoten während der Fangsaison wohnten, dienen heute überwiegend Touristen als gediegene und **typische Lofoten-Unterkunft**. Sie können recht einfach, aber auch sehr komfortabel sein. Aus der Vielzahl der Rorbuer-Anlagen sind unten vier genannt, die wegen ihrer idyllischen Lage, ihrer authentischen Atmosphäre und ihres hohen Komforts besonders empfehlenswert sind.

Über fast 200 km Länge erstreckt sich die Inselgruppe der **Lofoten** in südwest-nordöstlicher Richtung oberhalb des Polarkreises. Nähert man sich dem Inselreich von Süden her, sieht man ein bis zu 1.000 m aus dem Meer aufragendes Gebirge. Viele der durch schmale Sunde getrennten Inseln sind unbewohnt, manche spärlich besiedelt und doch leben insgesamt etwa 25.000 Menschen auf einer Fläche von rund 1.220 km^2.

Die Lofoten sind ein Paradies für Naturliebhaber und Wanderer

Das **Wetter** kann sehr wechselhaft sein. Bei Ostwind sind die Wetterlagen stabil, dann sind die Sommer warm und die Winter relativ kalt. Dank des Golfstroms sinkt die Temperatur selbst in den Wintermonaten nur selten unter null. Das **maritime Klima** beschert den Lofoten im Januar um mehr als 20 °C höhere Temperaturen als anderen Orten auf demselben Breitenkreis. Im Januar und Februar liegt die Durchschnittstemperatur bei -1 °C, im Juli und August erreichen die mittleren Temperaturen um die 12 °C; die höchste bisher gemessene Temperatur betrug 31 °C. Die Niederschläge sind mit rund 600 mm im Jahr verhältnismäßig gering. Gute Chancen also, die **Mitternachtssonne** erleben zu können, die hier vom 27. Mai bis zum 17. Juli auftritt.

Charakteristisch für den faszinierenden Naturraum sind neben dem sehr schroffen und zerklüfteten Gebirgsrelief die flachen Inseln und Säume der Strandflate am Fuß der Berge. Auf den Inseln prägen **klare Seen, weiße Sandstrände** und grüne Wiesen die Landschaft ebenso wie die Fischerdörfer. Geologisch sind die Lofoten überaus interessant, da der Untergrund zum **Urgestein der Erde** gehört und über 600 Millionen Jahre alt ist. An manchen Stellen wurde sogar das älteste Gestein der Welt gefunden, produziert vor 2,7 Milliarden Jahren durch vulkanische Aktivitäten.

Die Lofoten bieten Unterkunft in den typischen Rorbuer, etwa im schönen Fischerdorf Reine

Das Fischerdorf **Reine** gilt als das „**schönste Dorf Norwegens**" und befindet sich auf der Insel Moskenesøy. Die herrliche, bizarre Landschaft hat schon immer viele Maler angezogen. Wer möchte, kann in Reine mit einem Berufsfischer für einen Tag hinausfahren oder eine Bootsfahrt auf dem Reinefjord unternehmen. Auch für Wanderungen und zum Bergsteigen ist die Gegend ideal. Ein beliebter Ausflug führt mit dem Linienschiff über den **Reinefjord** nach Vindstad.

(UQ)

Info

Allgemeine Infos zu den Lofoten unter https://visitlofoten.com, www.lofoten-info.no, zu Bootsausflügen unter www.reinefjord.no. Die hier genannten **Anlagen** haben Rorbuer mit Küche, ein Restaurant, sind ganzjährig geöffnet und bieten verschiedene Aktivitäten wie Bootsverleih und Angeln.
Henningsvær Rorbuer: Banhammaren 53, 8312 Henningsvær, Tel. 7606 6000, www.henningsvar-rorbuer.no. Charmante Anlage, Vorreiter des Rorbuer-Tourismus mit 25 renovierten Rorbuer, Kiosk, Angelladen, Pub, Sauna, Booten.
Nusfjord Arctic Resort: Nusfjord, 8380 Ramberg, Tel. 7609 3020, https://nusfjordarcticresort.com. Wunderbare Dorfanlage mit 46 Rorbuer in vier Kategorien, tagsüber viel Trubel wegen der Touristengruppen.
Statles Rorbusenter: Mortsundveien 399, 8370 Leknes, Tel. 7605 5060, www.statles-rorbusenter.no. Anlage mitten auf den Lofoten, mit 70 Rorbuer; gutes Restaurant, bei Interesse Führung durch die Stockfisch-Lagerhäuser.
Reine Rorbuer: Reineveien 165, 8390 Reine, Tel. 7609 2222, https://reinerorbuer.no. Im Westen der Lofoten, 32 sehr komfortable Rorbuer in drei Kategorien.

20 Der Trollfjord auf den Vesterålen – die schönste Sackgasse der Welt

Aus Wasserkraft wird Strom

Am Ende des Trollfjords am Rand einer Wiese sieht man ein kleineres Turbinenhaus, in dem Strom aus einem umgeleiteten Wasserfall erzeugt wird. Dieser hatte sich in den Fjord ergossen, bis man sich die Kraft des Falls zunutze machte und das Wasser umleitete. Seitdem bezieht die Stadt Svolvaer einen Teil ihrer Energie aus dem Trollfjord.

Landschaftlich ein besonders **eindrückliches Erlebnis** ist eine Schifffahrt zum berühmten Trollfjord, dessen Name sich aus der nordischen Mythologie ableitet. Von der Insel Austvågøya bzw. dem Ort **Svolvær** geht es in den 2 km langen und nur 100 m breiten Fjord. Dieser geht vom Raftsund ab und zählt eigentlich schon zu den Vesterålen. Mit fast senkrecht aufsteigenden Felswänden und den schneebedeckten, zerfurchten Bergspitzen Higravszinnen (1.161 m) und Trollzinnen (1.045 m) wird er gerne als „schönste Sackgasse der Welt" bezeichnet. Das Wasser ist tief genug, dass Hurtigruten- und kleinere Kreuzfahrtschiffe in den Trollfjord einfahren und an seinem Ende ein waghalsiges Wendemanöver vollführen können.

Ausflüge in den Trollfjord werden in Svolvær von verschiedenen Gesellschaften angeboten, auch mit Schlauchbooten oder mit Kanus. Die Touren mit etwas grö-

Besondere Landschaftserlebnisse bietet eine Schiffstour in den Trollfjord

ßeren Sightseeingbooten dauern etwa drei Stunden.

Die schönste Sackgasse der Welt

Wer einen ganzen Tag zur Verfügung hat, könnte folgenden schönen Ausflug unternehmen: Mit dem Linienbus fährt man von Svolvær nach **Stokmarknes** und besucht dort das **Hurtigruten-Museum**. Die Geschichte der Postschiffe und ihre Bedeutung für das Leben der Menschen an der Küste wird multimedial erlebbar gemacht. Besichtigt werden kann auch das Postschiff „Finnmarken" aus den 1950er-Jahren, das lange vor sich hin rostete, inzwischen aber renoviert wurde und in neuem Glanz erstrahlt. Das Museum liegt ganz nah am Hurtigruten-Anleger. Ab dort nimmt man ein Schiff der Hurtigrute oder Havila (S. 24), was auf Teilstrecken ohne jede Vorbuchung möglich ist, und fährt die attraktive Strecke durch Raftsund und Trollfjord wieder nach Svolvær zurück (vorher über die Abfahrtszeiten informieren).

Das legendäre Gewässer war 1880 Schauplatz der **„Schlacht im Trollfjord"**; damals kam es zu blutigen Auseinandersetzungen, als Fischer auf ihren modernen Dampfschiffen einem in den Fjord gewanderten Dorschschwarm mit Netzen den Ausweg versperrten und die in den traditionellen offenen Booten agierenden Fischer vom Fang ausschlossen.

(UQ)

Info

Infos zu Schifffahrten unter www.hurtigruten.no /destinasjoner/ norge und www.havilavoyages.com. In Svolvær kann man bei der **Touristeninformation** (Torget 18) Fahrten mit einem ehemaligen Fischkutter buchen. Vom Schiff aus kann man auch angeln. Weitere Infos unter Tel. 7607 0575, https://visitlofoten.com.

Hurtigrutemuseet: Richard Withs plass, 8455 Stokmarknes, 9099 6412, https:// hurtigrutemuseet.no, Juni–Aug. tgl. 10–17, sonst Mo–Fr 11–15.30, Sa/So 11–17 Uhr, NOK 180 (Hauptsaison: NOK 195).

21 Tromsø – urbanes Leben nördlich des Polarkreises

Weit über dem Polarkreis, auf fast 70 ° nördlicher Breite, liegt eine der faszinierendsten Städte des hohen Nordens. Allein schon die Natur ist beeindruckend: Durch große vorgelagerte Inseln gegen das offene Meer geschützt, liegt **Tromsø** selbst auf der **Insel Tromsøya**, durch zwei imposante Brücken mit dem Festland verbunden. Die Kulisse aus schneebedeckten Bergen ist zu jeder Jahreszeit atemberaubend – im Sommer, wenn vom 21. Mai bis zum 23. Juli die Mitternachtssonne scheint und die Temperaturen durchaus um die 25 °C erreichen. Und im Winter, wenn das Nordlicht über den tief verschneiten Bergen tanzt. Trotz der geografischen Lage ist die Vegetation auf der Insel geradezu üppig. Tatsächlich ist es in Tromsø vergleichsweise warm. In den Vorgärten der schmucken Holzhäuser fallen Blütenpflanzen auf, häufig sieht man die 2 m und höher werdende „Tromsø-Palme", eine Art des Herkuleskrautes, Stauden mit großen gefiederten Blättern und weißen Blüten. Nicht nur die Vegetation ist außergewöhnlich, sondern auch die Tatsache, dass sich überhaupt so weit im Norden ein solches urbanes Zentrum etablieren konnte. Um 1900 trug die Stadt jenseits des Polarkreises sogar den schmückenden Beinamen „Paris des Nordens", und da sie im Zweiten Weltkrieg nicht zerstört wurde, ist immer noch ein wenig vom alten Charme zu spüren.

Heute ist Tromsø mit ca. 2.500 km² die flächenmäßig größte Stadt Norwegens, etwa so groß wie das Herzogtum Luxemburg, in der aber nur ein Bruchteil bebaut ist und ausgedehnte Rentierweiden zum Stadtgebiet gehören. Und mit rund 78.000 Einwohnern ist sie nicht nur die mit Abstand größte Stadt in Nordskandinavien, sondern spielt auch eine überragende Rolle als Handels- und Hafenstadt, als Verkehrsknotenpunkt, als kulturelles Zentrum des Nordens und als Standort vielfältiger Institutionen von Lehre, Bildung und Religion. Nahe beieinander liegen in Tromsø die nördlichste protestantische Kathedrale der Welt und die wichtigste Kirche der nördlichsten katholischen Bistümer der Welt, beides Holzgebäude. Und an der Universität Tromsø – der nördlichsten Hochschule der Welt – studieren ca. 15.500 Studenten aus dem In- und Ausland. Sie sorgen mit dafür, dass das Durchschnittsalter der Stadt weit unter dem Landesdurchschnitt liegt, dass es hier für norwegische Verhältnisse ungewöhnlich viele Restaurants, Pubs und Nachtklubs gibt. Nicht nur das akademische Umfeld mit seiner lebhaften intellektuellen Szene trägt zur kulturellen Vielfalt der Stadt bei, sondern genauso eine erstaunliche Fülle an Galerien, Museen und etablierten Kulturevents wie das internationale Filmfestival oder das Musikfestival „Insomnia".

Unter den Museen haben das Polarmuseum, das kulturgeschichtliche Museum Perspektivet, das Nordnorwegische Kunstmuseum und das Erlebniszentrum Polaria einen überregional guten Ruf. Vor allem aber das bereits 1872 gegründete Tromsø-Museum, das heute **Norwegisches Arktisches Universitätsmuseum** heißt.

Die Eismeerkathedrale in Tromsø – Stockfischgestell oder Bootshaus?

Nicht versäumen darf man bei einem Tromsø-Aufenthalt zwei Attraktionen, die auf dem Festland im Stadtteil Tromsdalen liegen. Dorthin fährt man mit dem Stadtbus oder geht zu Fuß über die Tromsøbrücke, von der man zu beiden Seiten eine herrliche Aussicht hat. Sofort hinter der Brücke erhebt sich dem Stadtzentrum gegenüber die berühmte **Eismeerkathedrale**, die 1965 eingeweiht wurde. Sie hat nur ein Dach, das auch die Wände bildet. Manche Betrachter sehen in dem eigenwilligen Betonbau ein Stockfischgestell oder ein Bootshaus, andere fühlen sich an aufgerichtete Eisblöcke erinnert.

Nicht weit von der Eismeerkathedrale entfernt gelangt man zur Talstation der Kabinenseilbahn **Fjellheisen**. Sie bringt einen in kurzer Zeit auf den 421 m hohen Aussichtsberg **Storsteinen** (= der große Fels), von dem man bei gutem Wetter einen fantastischen Blick auf die Stadt, die Fjorde und das Meer hat. Wer nicht die teure Seilbahn benutzen möchte und über die notwendige Kondition verfügt, kann den Aufstieg auch auf einem Treppenweg mit rund 1.300 Stufen bewältigen. Sein Name „Sherpatrappa" verweist auf die nepalesischen Sherpas, die diesen Weg anlegten.

(UQ)

Info

Visit Tromsø: Samuel Arnesensgata 5 (2. Stock), 9253 Tromsø, Tel. 7761 0000, https://visittromso.no; Juni–Aug. Mo–Sa 9–17, So 10–16, Juli tgl. 9–17, sonst Mo–Fr 9–17, Sa/So 10–16 Uhr.

Ishavskatedralen: Hans Nilsens vei 41, Tromsdalen, Tel. 4100 8470, www.ishavskatedralen.no; geöffnet im Sommer tgl. 9–18, So ab 13, sonst tgl. 13–17, Mi ab 14 Uhr, NOK 80. Im Sommer tgl. Orgelkonzerte 19.30–20 Uhr und internationale Konzerte 23.30–24 Uhr.

Fjellheisen: Solliveien 12, 9020 Tromsdalen, Tel. 7763 8737, www.fjellheisen.no; geöffnet: Mai–Aug. tgl. 10–1, April/Sept. 10–17, sonst Sa–So 10–17 Uhr, Hin- und Rückfahrtticket NOK 415.

22 Das Nordkap – nicht nur der Mitternachtssonne wegen

Das Nordkap ist das ersehnte Ziel fast aller Reisenden, die sich im Norden Norwegens aufhalten. Was macht die Faszination des Nordkap-Plateaus auf 71°10'21' nördlicher Breite aus, das zum Eismeer hin 307 m tief steil abfällt? Die Mitternachtssonne kann man auch weiter im Süden sehen. Und gerade hier oben ziehen oft dichte Nebelschwaden vorbei oder der Himmel ist wolkenverhangen. Zudem ist das landschaftlich beeindruckende Plateau gar nicht die Nordspitze Kontinentaleuropas, denn es befindet sich auf einer Insel. Tatsächlich ist **Kinnarodden** auf der Norskinn-Halbinsel weit östlich von Magerøya der nördlichste Festlandspunkt Europas. Außerdem liegt zwischen dem Nordkap und dem Nordpol auch noch der Spitzbergen-Archipel.

Seit 1999 ist die Insel Magerøya, auf der das Nordkap liegt, durch einen 7 km langen Unterwassertunnel mit dem Festland verbunden. Von **Honningsvåg**, dem Hauptort der Insel, sind 34 km bis zum berühmten Endpunkt zurückzulegen. Besonders bei gutem Wetter rollt eine Lawine von Fahrzeugen der Nordspitze entgegen. Die Straße E 69 ist gut befahrbar und etwa ab Anfang Mai geöffnet. Doch ist Schneefall danach nicht ausgeschlossen. Reisende, deren Fahrzeuge keine Winterreifen haben, dürfen die Straße dann nicht benutzen und müssen den Bus zum Kap nehmen, im Winter sind oft Kolonnenfahrten notwendig.

Für viele Norwegen-Reisende das erklärte Ziel: das Nordkap

Wie reich die Landschaft und die Küste von Magerøy gegliedert sind, zeigt sich schon kurz hinter Honningsvåg. Man verlässt die Bucht, fährt über einen kleinen Pass und gelangt kurz darauf zum **Skipsfjord**. An dessen nördlichem Ende zweigt rechts eine Straße zur Siedlung Kamøyvær ab. Die **Hauptroute** steigt in einigen Kehren stark an und führt zum Abzweig einer weiteren Nebenstraße, die quer durch das Fischerdorf Gjesvær im Nordwesten verläuft. Klippen und Schären schützen den schön gelegenen Ort zum rauen Eismeer hin.

Die fast 100 vorgelagerten Inseln des Naturreservats Gjesværstappan sind wegen ihrer **Vogelfelsen** mit Seeadlern, Trottellummen, Alken, Eiderenten, Skuas, Kormoranen und Papageientauchern bekannt – mit etwa drei Millionen Nistvögeln **eines der größten ornithologischen Paradiese des Landes**. Hinter dem Abzweig steigt die Straße zum kargen Fjell hinauf zu einem Plateau. Bei klarer Sicht hat man hier einen wunderbaren Blick auf das Nordkap, den Felsen von Hornvika und das Eismeer.

Stimmungsvoll: das Nordkap im Licht der Mitternachtssonne

In der nächsten Senke geht rechts eine Nebenstraße zu einer tiefen Bucht mit dem Fischerdorf **Skarsvåg** ab. Der östlich des Nordkaps gelegene Ort gilt als das **„nördlichste Fischerdorf der Welt“**. Ein markierter Fußweg führt in gut 20 Minuten vom Campingplatz und der kleinen hölzernen Skarsvåg kirke zu einer interessanten Felsformation. Durch die Kirkeporten (Kirchtor) genannte Naturbrücke hindurch kann man auf der anderen Seite der Bucht „Hornet“ (das Horn) sehen. Die schräg abstehende Felsnadel befindet sich knapp außerhalb der früheren Landebucht Hornvika etwa 1,5 km Küstenlinie östlich des Nordkaps. Die Ruhe und der fantastische Ausblick dieser alten samischen Stelle ist bei Mitternacht eine gute Alternative für all diejenigen, die dem Trubel auf dem Nordkap-Plateau aus dem Weg gehen möchten. Dort wartet hinter dem riesigen Parkplatz das Nordkapzentrum mit Shops, Restaurant, Cafeteria, Kino, einem in den Fels gesprengten Tunnel mit historischer Ausstellung und Panoramafenstern sowie dem berühmten Globus auf die Besucher aus aller Welt.

(UQ)

Info

Die **Nordkap-Halle** mit Kino, Restaurant, Shop, historischer Ausstellung und Lichterhöhle ist Jan.–Mitte Mai 11–16, Mitte Mai–Aug. 11–1, Anfang–Mitte Sept. 11–20, Mitte–Ende Sept. 11–17, Okt.–Dez. 11–15 Uhr geöffnet, Eintritt NOK 330 für 24 Std., Zugang zu den Außenbereichen mit u. a. Globus sowie Parkplatz ganzjährig kostenfrei. Informationen: Nordkapphallen, 9764 Nordkapp, Tel. 7847 6860, www.visitnordkapp.net.

Schweden

Schweden verfügt – wie seine skandinavischen Nachbarn – über abwechslungsreiche Natur: einen fruchtbaren Süden und Gebirgsregionen im Norden. Das weite Land mit seiner Lichtflut im Sommer ist Balsam für die Seele. Es gibt Wälder, natürliche Wiesen, unzählige Seen, sanfte Ebenen, reizvolle Mittelgebirgslandschaften, tosende Flüsse und hohe Gebirge, dazu faszinierende Schärenlandschaften an der Ost- und Westküste.

Flächenmäßig ist Schweden das viertgrößte Land Europas. Mehr als die Hälfte des Bodens ist von Wald bedeckt, 16 % entfallen auf Gebirgszüge. Das Land ist verhältnismäßig flach, seine Oberflächengestalt geht im Wesentlichen auf die letzte Eiszeit zurück. Der große Eisklotz hat alle alten Ablagerungen auf dem Urgestein abgetragen und weitgehend rundgeschliffene Felsbuckel zurückgelassen.

Das Land erstreckt sich über 1.700 Kilometer Luftlinie von Süden nach Norden und ist hauptsächlich im Süden und in der Mitte bewohnt. Im Norden ist die Besiedlung dünn. Wer also das Ursprüngliche und Unverfälschte sucht, ist im Norden richtig. Für Outdoor-Interessierte gibt es sommers wie winters reichlich Auswahl.

Steckbrief Schweden

Name: Konungariket Sverige (Königreich Schweden)
Flagge: gelbes Kreuz auf blauem Grund
Fläche: 447.435 km²
Klima: In weiten Teilen des Landes aufgrund des Golfstroms feucht mit reichlich Niederschlag bei gemäßigten Temperaturen im Sommer und Winter. In der Landesmitte kontinentales Klima, geringe Niederschläge, größere Temperaturunterschiede in Sommer und Winter. Oberhalb des Polarkreises bzw. im nördlichen Hochgebirge polare Temperaturen.
Nationalfeiertag: 6. Juni
Bevölkerung: 10,6 Mio.
Sprache: Schwedisch, Finnisch, Meänkieli, Samisch
Hauptstadt: Stockholm
Staatsform: Parlamentarische Monarchie; König Carl XVI. Gustaf
Ministerpräsident: Ulf Kristersson (Moderate Sammlungspartei)
Wirtschaft: Exportorientiertes, industriell hoch entwickeltes Land: Bodenschätze, Holz-, Zellstoff- und Papierindustrie, Maschinen- und Fahrzeugbau, medizinische und pharmazeutische Erzeugnisse, Elektroindustrie, Energiewirtschaft. Die wichtigen Handelspartner sind die USA, Großbritannien, Deutschland.
Währung: 1 Schwedische Krone = 100 Öre, 1 Euro = 11,76 SEK
Telefonvorwahl: +46
Internet-TLD: se

23 Auf den Spuren von Alfred Nobel
24 Stockholm mit Gamla Stan, Königlichem Schloss und Storkyrkan
25 Svea, Wikinger und jede Menge Gold: das Historische Museum
26 Schärengarten und Schärenboote
27 Göteborg – die pulsierende Westküstenmetropole
28 Mit dem Schiff von Göteborg nach Stockholm
29 Ein Land für Angler
30 Mittsommer – das Volksfest des Jahres
31 Schloss Gripsholm
32 Krebsessen – feierlich zelebriert
33 Modernes Schweden in Malmö
34 Durch Schwedens Mitte: Von Kristinehamn nach Gällivare und weiter auf der Erzstrecke
35 Idylle pur an Schwedens südlichstem Punkt
36 Das Streichholzmuseum in Jönköping
37 Das mittelalterliche Visby auf Gotland
38 Der Wasa-Lauf in Dalarna
39 Luleå und Gammelstad – am nördlichen Ende der Ostsee
40 Der Wintermarkt der Samen in Jokkmokk
41 Für Spezialisten: der Fernwanderweg Kungsleden
42 Kiruna: Eine Stadt zieht um

23 Auf den Spuren von Alfred Nobel

Alfred Nobel zählt wohl zu den Stockholmer Persönlichkeiten mit dem weltweit größten Bekanntheitsgrad. Schon in seiner Jugend interessierte sich Nobel für Chemie und Physik. In Paris lernte er Ascanio Sobrero kennen, den Erfinder des Nitroglyzerins. Fortan widmete Nobel sich der Aufgabe, die enorme Sprengkraft des Stoffes zu zügeln und nutzbar zu machen. Er erfand die Initialzündung, eines seiner mehr als 350 Patente, und schließlich, durch die Beimengung von Kieselgur, das Dynamit. Damit beschleunigte er die industrielle Entwicklung der Welt erheblich, z. B. durch den schnelleren Abbau von Bodenschätzen oder den Bau von Eisenbahntrassen und Kanälen quer über die Kontinente. Mit seinem Produkt wurde Nobel ein erfolgreicher Unternehmer, der Fabriken in vielen Ländern gründete.

Einer der berühmtesten Stockholmer aller Zeiten: Alfred Nobel

Die ausführlichsten Informationen über Nobel und den von ihm gestifteten Preis erhält man im **Nobel**preis-**Museum**, das in den wunderschönen Räumen der Stockholmer Börse untergebracht ist. Es war von Anfang an aber lediglich als Vorstufe eines größeren Museums gedacht. Die Pläne für dieses neue Nobel Center, das bis 2022 auf Blasieholmen hinter dem Nationalmuseum entstehen sollte, wurden mittlerweile verworfen. Nun soll der Standort des Nobel Center der Stadsgårdskajen auf Södermalm werden, als Teil des aufwendigen Slussen-Umbaus. Der Baubeginn wird für 2026, die Einweihung für 2029 erwartet. Auch an anderen Orten erinnern Plaketten an Nobel. Auf Södermalm steht nahe der Västerbron das Herrenhaus **Heleneborg**. Hier führte Nobel Sprengstoffexperimente durch, bei denen es 1864 zu einer Explosion kam, die sechs Menschen das Leben kostete, auch sein Bruder zählte zu den Todesopfern.

Nur 2 km westlich von Heleneborg ist in **Vinterviken** Nobels alte Fabrik zu sehen, in die er ab 1865 seine Aktivitäten verlagerte. Das ca. 2.000 m² große Backsteingebäude beherbergt heute das Café und Event-Restaurant Winterviken von Star-Koch Markus Aujalay. Nobels Grab ist in Form eines Obelisken auf dem **Nordfriedhof** (Norra Begravningsplatsen) zu sehen, einer sehr schönen Anlage, auf der u. a. auch August Strindberg beigesetzt ist.

(UQ)

Der Nobelpreis

Der 1901 zum ersten Mal verliehene Nobelpreis gilt weltweit als die **höchste zivile Auszeichnung**. Der kinderlose Nobel hatte testamentarisch verfügt, dass sein immenses Vermögen in eine Stiftung fließen und von den Zinsen jährlich ein Preis an diejenigen verliehen werden sollte, „die im vergangenen Jahr der Menschheit den größten Nutzen erbracht haben". Nobel bestimmte auch, in welchen Disziplinen und von welchen Institutionen die Preise zu vergeben seien: Die Königliche Schwedische Akademie der Wissenschaften vergibt die **Nobelpreise für Physik und Chemie**, das Karolinska-Institut den **Nobelpreis für Physiologie oder Medizin**, die Schwedische Akademie den **Nobelpreis für Literatur**. Erst 1969 kam der von der Schwedischen Reichsbank gestiftete **Alfred-Nobel-Gedächtnispreis für Wirtschaftswissenschaften** hinzu.

Die in Nobels Augen wichtigste Auszeichnung sollte vom norwegischen Nobelkomitee verliehen werden: der **Friedensnobelpreis**. Nobel befasste sich zeit seines Lebens intensiv mit der Frage des Weltfriedens. Die oft zu lesende Behauptung, Nobel habe den Friedensnobelpreis angesichts der verheerenden Wirkung des Dynamits in Kriegen aus schlechtem Gewissen gestiftet, lässt sich nicht belegen.

Bankett anlässlich der Verleihung der Nobelpreise

Info

Nobel Prize Museum: Stortorget 2, 11129 Stockholm, Tel. 08-5348 1800, https://nobelprizemuseum.se, Di–Do 11–17, Fr 11–21, Sa/So 11–17 Uhr, SEK 140, bis 18 Jahre frei, Eintritt frei Sept.–Mai Fr 17–20 Uhr.

Essen & Trinken: Winterviken, Vinterviksvägen 60, 11765 Stockholm, Tel. 08-4002 6480, https://winterviken.se. Gutes Café in Nobels alter Fabrik, etwas außerhalb, aber schön am Wasser und in Südlage gelegen, große Außenterrasse. Tgl. 11–16 Uhr, Dagens Lunch bis 14 Uhr.

24 Stockholm mit Gamla Stan, Königlichem Schloss und Storkyrkan

Beinamen wie „Die Schöne am Wasser“ oder „**Venedig des Nordens**“ verdeutlichen Besuchern die Attraktivität Stockholms. Es ist die topografische Lage, die der Stadt auf 14 Inseln ihren besonderen Reiz verleiht. Ein Drittel der Fläche ist Wasser, sauberes Wasser, denn am Fuße des königlichen Schlosses kann man Lachse angeln, unweit des Zentrums ist es möglich zu baden. Ein weiteres Drittel nehmen die Parks und Grünanlagen ein. Das Herz- und Prunkstück ist die geschichtsträchtige, lebendige **Altstadt**, Gamla Stan, mit ihren meist ockergelben Gebäuden aus verschiedensten Zeiten und den Kopfsteinpflastergassen.

Das im italienischen Renaissance- und Barockstil ausgeführte Königliche Schloss mit seinen über 600 Zimmern ist als Stadtschloss angelegt. Die Fassaden sind unterschiedlich gestaltet, verschiedenartige Giebelstücke zu den hohen Fenstern sorgen für Belebung und Abwechslung. Dem Brauch der Zeit entsprechend, lagen an der Ostseite die Gemächer der Königin und Prinzessinnen sowie Kirche und Theater, an der Westseite waren König, Prinzen sowie Ministerien und Behörden untergebracht. Die Mittelpartie der südlichen Fassade gleicht einem römischen Triumphbogen, eine Huldigung an Karl XII.

König Carl XVI. Gustaf hat im Schloss sein Arbeitszimmer sowie Repräsentationsräume. Weite Teile des Gebäudes sind der Öffentlichkeit zugänglich. Im Inneren des Schlosses kann der Besucher z. B. die Bernadottewohnung mit der schönen Säulenhalle besichtigen, die Festwohnung mit dem Sitzungssaal und Prachtsaal

Die Altstadt von Stockholm liegt auf drei Inseln

Karl XI., in dem die feierlichen Bankette stattfinden, die gegenwärtig noch genutzte Gästewohnung und den Reichssaal, bis 1866 Tagungsort der Reichsstände (Adel, Kirche, Bürger, Bauern) und einstiger Schauplatz mehrerer Krönungen mit dem ungewöhnlichen Silberthron Christinas aus dem 17. Jh.

Südländische Atmosphäre unterhalb der Domkirche

Neben den königlichen Gemächern befinden sich als eigenständige **Museen** innerhalb des Schlosses das Antikenmuseum, die Schatzkammer und die Leibrüstkammer. Während früher im inneren Schlosshof die Paraden stattfanden, erfolgt die **Wachablösung** heute im äußeren Schlosshof. Die schwedische Königsfamilie wohnt schon seit vielen Jahren im landschaftlich herrlich gelegenen Schloss **Drottningholm** auf der Insel Lovön außerhalb der Stadt.

Die in der Altstadt direkt neben dem Schloss gelegene königliche **Krönungs- und Hochzeitskirche** lohnt einen Besuch. Schon vor der Gründung Stockholms durch Birger Jarl gab es an dieser Stelle eine Kirche für die Fischer und Seeleute, sodass sie dem hl. Nikolaus, dem Schutzpatron der Seeleute, geweiht wurde. Ihren heutigen Namen **Storkyrka** („Große Kirche") erhielt das Gebäude im 17. Jh., als weitere Gemeindekirchen im wachsenden Stockholm errichtet wurden. Der Besucher findet eine fünfschiffige spätgotische Hallenkirche mit Pfeilern aus rotem Backstein vor. Die Innenausstattung steht ganz im Zeichen barocker Prachtentfaltung.

(UQ)

Info

Information: **Kungliga Slottet**, Slottsbacken, 10770 Stockholm, Tel. 08-402 6100 (wochentags 9–12 Uhr), www.kungligaslotten.se, 1. Mai–30. Sept. tgl. 10–17, 1. Okt.–30. April tgl. 10–16 Uhr, SEK 180 (Mai–Sept. SEK 200) inkl. Eintritt zum Antikmuseum, zur Schatzkammer und zum Museum Tre Kronor.
Die beliebte **Wachablösung** findet tgl. 12.15 Uhr (So 13.15 Uhr) im äußeren Schlosshof an der Westseite statt.
Livrustkammaren, Tel. 08-402 3030, https://livrustkammaren.se, Jan.–April, Sept.–Dez. Di–So 11–17 (Do bis 20), Mai–Juni tgl. 11–17, Juli/Aug. tgl. 10–18 Uhr, SEK 150. **Toiletten** gibt es im äußeren, ein Café im inneren Schlosshof.
Domkirche: **Storkyrkan**, Slottsbacken 2, www.svenskakyrkan.se, tgl. 9.30–17, im Sommer bis 18 Uhr (außer bei Gottesdiensten etc.), SEK 85 inkl. Audioguide, bis 18 Jahre frei. Im Sommer jeden Do und Fr um 19 Uhr Kirchenkonzert.
Auf dem Weg dorthin kommt man an zahlreichen Restaurants und Cafés vorbei, so z. B. am **Café Chokladkoppen**, Stortorget 18/20, wo man im Sommer nett draußen sitzen, Kaffee trinken und Schokoladenkuchen essen kann.

25 Svea, Wikinger und jede Menge Gold: das Historische Museum

Wer sich für die nordische Vorgeschichte interessiert, für das sagenhafte Svea-Reich und die Wikinger, für Gotland und das Mittelalter, für den ist ein Besuch im **Historischen Museum** Pflicht. Die Sammlung geht zurück auf Gustav Wasa, der im 16. Jh. begann, Relikte der schwedischen Vergangenheit aufzuspüren und sie im Schloss Gripsholm auszustellen. Spätere Könige fügten dem Bestand immer mehr Objekte hinzu, bis die Sammlung nach dem Tod GustavsIII. (gest. 1792) in den Besitz des Staates überging. Von den heute mehr als zehn Millionen Artefakten sind allerdings „nur“ 6.200 dauerhaft ausgestellt, viele weitere (derzeit ca. 500.000) können online in der ständig erweiterten Datenbank des Museums betrachtet werden. 1939 zog das Museum in die heutigen Gebäude, neoklassizistische **Kasernen und Ställe** aus dem 19. Jh., die in den 1930er-Jahren komplett umgebaut und mit einer modernistischen Fassade versehen wurden. Die vier Gebäude umschließen einen rechteckigen Innenhof und wirken zusammen mit dem Nordturm ein wenig wie eine Burg.

Runenstein mit rekonstruierter Farbgebung

Die Skulpturen an der Außenfassade stammen ebenso wie die tonnenschweren, 4,5 m hohen Bronzetüren von Bror Marklund. Die Sammlungen sind chronologisch geordnet. Im Erdgeschoss gelangt man zuerst durch die Abteilungen der Ur- und Frühgeschichte, dann zu Funden aus der Bronze- und Eisenzeit. Besonders wertvoll sind die **Artefakte aus dem Svea-Reich** (3.–7. Jh. n. Chr.), von dem das heutige Schweden seinen Namen hat. Es folgen Exponate aus der **Wikingerzeit** (800–1050

In der Goldkammer: Schätze aus schwedischer Vorgeschichte

n. Chr.), darunter Waffen, Münzen und gotländische Bildsteine. Im ersten Stock gibt es die Abteilung der mittelalterlichen Kirchenkunst und die Textilkammer zu sehen. Letztere enthält u. a. den berühmten **Bildteppich** aus der Kirche von Skog aus dem 12. Jh.

Die größte Attraktion ist aber wohl die **Goldkammer** (Goldrummet). Der 1994 in den Fels gesprengte, 700 m² große Raum ist mit allen denkbaren Sicherheitsvorkehrungen ausgestattet. Denn hierhin sollten all die Kleinode gebracht werden, die bisher in den Sammlungen verstreut waren oder die man sonst nicht auszustellen wagte. In der aus zwei Kreisen bestehenden Kammer sind Gold- und Silberfunde von der Bronzezeit bis zum Ausgang des Mittelalters zu sehen, zusammen etwa 3.000 Objekte. Im Mittelraum befinden sich die goldenen (insgesamt etwa 52 kg), in der umgebenden Galerie die silbernen Gegenstände (insgesamt über 200 kg). Alles ist wirkungsvoll in Szene gesetzt durch geschickte Ausleuchtung und Umrahmung aus schwarzem Granit, grauem Kalkstein sowie Ziegeln und Putz in Rot und Lila.

Ebenfalls im Historischen Museum: die weltberühmten gotländischen Bildsteine

Zum Schönsten, was die Ausstellung zu bieten hat, gehören die Goldkragen aus dem 5. Jh., die mit einem Filigrandekor und Darstellungen winziger Tiere sowie mythologischer Gestalten geschmückt sind. Die meisten der Schätze wurden im 19. Jh. entdeckt, als die Pflüge tiefer in den Boden drangen. Schwedens **größter Goldschatz** von gut 7 kg wurde 1905 beim Straßenbau gefunden. Ein 1960 in Südschweden auf einem Acker entdeckter goldener Halsring kam nur durch Zufall ins Museum: Ein Bauernsohn hatte ihn zunächst benutzt, um sein Moped zu reparieren.

(UQ)

Info

Hinkommen: U-Bahnstationen Karlaplan oder Östermalmstorg, Buslinien 67 (Historiska museet) sowie 69 und 76 (Djurgardsbron), Tram 7 (Djurgardsbron).

Museum: Historiska Museet, Naravägen 13–17, 11484 Stockholm, Tel. 08-5195 5600, www.historiska.se, Juni–Aug. Di–So 11–18, sonst Di–So 11–17, Mi bis 20 Uhr, SEK 150. Für die Abteilungen Frühgeschichte, Wikinger, Mittelalter und Goldkammer sind Audioguides erhältlich (SEK 20).

26 Schärengarten und Schärenboote

Die hellen Sommernächte, die Nähe zum Meer, der Reichtum der Vegetation und der Vogelarten machen den Aufenthalt in den Schären zu einem besonderen Erlebnis. Und weil das so ist, gehört bei einem mehrtägigen Stockholm-Aufenthalt ein Schärenausflug einfach dazu!

Tipp

Mini-Archipel vor Stockholm

Für ein authentisches Schärenerlebnis muss man weder mit dem Auto noch mit dem Schärenboot stundenlang unterwegs sein. Es geht auch sozusagen vor der Haustür von Stockholm: Unmittelbar östlich von Djurgården liegt mitten in der Einfahrt zu den Stockholmer Häfen der aus vier Inselchen bestehende Mini-Archipel **Fjäderholmarna**. Vom Zentrum Stockholms braucht man mit dem Boot hierher keine halbe Stunde (https://visitsweden.de/regionen/mittelschweden/stockholm/fjaderholmarna, www.fjaderholmslinjen.se).

Die Schären sind Inseln aus Urgestein, die einst durch das Inlandeis überformt und abgeschliffen wurden. Sie bilden eine vom Meer überflutete Rundhöckerlandschaft, deren längliche Felshügel teilweise aus dem Wasser herausragen. Seit der letzten Eiszeit steigen die Inseln langsam empor, rund 0,5 Meter im Jahrhundert. Die größte Nord-Süd-Ausdehnung des Stockholmer Schärengartens beträgt rund 150 km, von Stockholm bis zu den äußersten Inseln im Osten sind es rund 60 km Luftlinie. Dabei bilden die rund **24.000 Inseln und Inselchen** alles andere als eine homogene Landschaft. Auf einer Fläche von rund 6.000 km² – davon ein Fünftel Land – sind sehr verschiedene Natur- und Kulturräume entstanden.

Den **inneren Schären** mit ihren großen, bewaldeten Inseln nahe dem Festland und den gut erhaltenen Häusern aus der Jahrhundertwende schließen sich die **mittleren Schären** mit ihren kleineren Inseln, größeren Buchten und geschützten Fahrwassern an. In den **äußeren Schären** geht der Schärengarten schließlich in eine karge Landschaft mit flachen, meist in Gruppen liegenden Felsinseln über.

Seit dem Mittelalter lebten die Menschen der Schären von Ackerbau, Fischfang und Jagd. Ihr wichtigstes Handelsprodukt war der gesalzene Hering. Im 19. Jh. ließen

Mit dem Kajak kann man die Schären wunderbar erkunden

Auf die kleinsten Inseln passen Häuser

wohlhabende Stockholmer Bürger „Großhändlervillen“ in den inneren Schären längs der Dampfschifflinien errichten, um dem Stadtklima des industrialisierten Stockholm zu entkommen. Nach einem starken Bevölkerungsrückgang im 20. Jh. ist es in den letzten Jahren wieder populärer geworden, ganzjährig in den Schären zu leben. Heute wohnen auf den Inseln etwa 10.000 Menschen.

Der **Tourismus** ist in den letzten Jahren zu einem wichtigen Faktor geworden. Wochenweise vermietete Ferienhäuser, jeweils ein Dutzend Hotels und Gästehäuser sowie (meist einfache) Campingplätze stehen Schärenbesuchern zur Verfügung. Hinzu kommt, dass die Verkehrsinfrastruktur in der zerrissenen Schärenlandschaft erstaunlich gut ist. Viele der größeren Inseln sind leicht über Brücken oder (meist kostenlose) Autofähren erreichbar, vor allem aber gibt es einen hervorragend ausgebauten, ganzjährigen Linienschiffsverkehr. Besonders hübsch (aber auch relativ langsam) sind die **alten Dampfschiffe**, die mit Edelholz und Messing maritimen Charme versprühen. Weniger nostalgisch, aber bequemer und schneller, sind die sogenannte Cindarellabåtarna, die **Cinderellaschiffe**.

(UQ)

Information: Die wichtigste Reederei für den Linienverkehr zu den Schären ist **Waxholmsbolaget**, Tel. 08-600 1000, https://waxholmsbolaget.se. Wer sich länger in Stockholm aufhält und die Schären erkunden möchte, dem sei die **Fünf-Tages-Karte** (Båtluffarkortet oder Island Hopping Pass) der Reederei empfohlen. Sie ist für beliebig viele Fahrten mit den Schärenbooten von Waxholmsbolaget gültig und kostet SEK 545. Man kann die Karte an den Waxholm-Terminals in Stockholm, Vaxholm und Stavsnas, in einigen Touristeninformationen oder online kaufen. Den Stockholm-Terminal am Strömkajen (Södra Blasieholmshamnen 9) erreicht man unter Tel. 08-686 2465.

Über das größte Angebot an geführten Bootstouren (Halbtages-/Tagestouren) verfügt **Strömma**, Tel. 08-1200 4000, www.stromma.com.

27 Göteborg – die pulsierende Westküstenmetropole

Unübersehbar ragt Göteborgs neues Wahrzeichen 245 m hoch in den Himmel: der 2024 eingeweihte **Karlatornet**, mit 73 Etagen der höchste Wolkenkratzer Skandinaviens. Seine Fertigstellung zum 400. Geburtstag Göteborgs hat er im Jahr 2021 verpasst. Die großen Feierlichkeiten zum Stadtjubiläum mussten wegen Corona ohnehin um zwei Jahre verschoben werden, und da sah man den Karla-Turm bereits in fast voller Höhe. Viele Projekte, mit denen sich Göteborg zur Geburtstagsparty richtig aufhübschen wollte, sind inzwischen vollendet, nachdem die Stadt zwölf Jahre lang einer Großbaustelle geglichen hatte. Zur Flussseite hin verschwanden Straßenschneisen und Bahngleise im Untergrund, eine neue Brücke wurde gebaut, Promenaden und Parkanlagen angelegt. Hinter dem Bahnhof entsteht ein neues Hochhausviertel, ebenso in der neuen Karlastaden rund um den Wolkenkratzer.

Der hohe Turm kann auch als Ausrufezeichen in Richtung Stockholm gesehen werden. Die Göteborger nehmen ihre Heimatstadt immer selbstbewusster als Metropole wahr, die sich von der Hauptstadt an der Ostsee unterscheidet und die sich vor dieser nicht verstecken muss. Immerhin ist Göteborg mit ca. 580.000 Einwohnern (im Großraum ca. 1 Mio.) **Schwedens zweitgrößte Stadt**. Wie Stockholm die Ost-, so dominiert Göteborg die Westküste. Göteborgs **Seehafen**, heute der größte Nordeuropas, ist Schwedens „Tor zur Welt" und war immer schon Motor der **wirtschaftlichen Entwicklung** des Königreichs. Mit der Ostindischen Handelskompanie gelangten Tee, Porzellan, Seide und Gewürze in die Stadt, von hier aus wurden Eisen, Holz, Fisch und Tran nach Übersee exportiert. Göteborgs Werften und Firmen wie Volvo, SKF oder Hasselblad hatten oder haben einen international guten Ruf.

Auch die **kulturelle Szene** der Stadt braucht keinen Vergleich zu scheuen. Göteborgs Museen genießen Weltruf, und bei Musikliebhabern gilt Göteborg mit den Symphonikern des „Schwedischen Nationalorchesters" sowie Bühnen für Opern, Musicals oder Pop- und Rockkonzerte als Mekka.

Für Gourmets ist die Großstadt schon längst kein Geheimtipp mehr, vor allem **Fisch und Meeresfrüchte** bekommt man selten so frisch und wohlschmeckend wie hier. Die Profis zieht es dabei zur Fischauktion im Hafen, eine der größten im Norden, wo jeden Tag gut 20 t Fisch und Meeresfrüchte über die Theke gehen. Die bessere Adresse für Einwohner und Touristen stellt aber die 1874 eingeweihte Fischhalle **Feskekörka** dar. Sie ist eins der Göteborger Wahrzeichen und wurde 2024 nach vierjähriger Renovierung wiedereröffnet. Ansonsten ist die kulinarische Szene so abwechslungsreich wie die Stadt selbst, und an der Spitze der Gastronomie sind immerhin sechs Restaurants mit einem Michelin-Stern geschmückt.

Auch als Hort von **Forschung und Lehre** spielt Göteborg eine enorm wichtige Rolle. Seine Universitäten und Fachhochschulen, die wiederum eng

Modernes Göteborg: Science Park Lindholmen

mit innovativen Unternehmen der IT-Branche verzahnt sind, machen die Stadt auf diesem Gebiet zu einer der führenden Skandinaviens.

All das bedeutet, dass Touristen in der Westküstenmetropole eine dynamische, zukunftsorientierte, kreative, junge und kulturell vielseitige Szene mit einem fantastischen Umland erwarten können. Dementsprechend stark war in den letzten Jahren der Anstieg der Besucherzahlen. Nicht entgehen lassen sollte man sich eine Bootsfahrt entlang der Kanäle, vorbei an historischen Lagerhäusern und beeindruckenden Brücken, einen Besuch der Hafenpromenade mit ihren Museumsschiffen und der Göteborger Oper, einen Bummel über die Prachtmeile Kungsportsavenyn oder einen Spaziergang durch den Slottsskogen, den größten Park der Stadt. Mit etwas mehr Zeit lohnt sich unbedingt eine Exkursion in den vorgelagerten **Schärengarten**, eines der ganz großen Naturwunder Skandinaviens. Mit rund 3 Millionen Gästen jährlich ist freilich der 1923 eröffnete **Vergüngungspark Liseberg** Göteborgs größter Besuchermagnet. Und das nicht nur während der touristischen Hochsaison in den Sommermonaten mit ihren hellen Nächten, sondern auch in der Weihnachtszeit, wenn die gesamte Innenstadt spektakulär illuminiert ist und in Liseberg der berühmte Weihnachtsmarkt lockt.

(UQ)

Gothenburg Visitor Centre:
Kungsportsplatsen 2, 41110 Göteborg, Tel. 031-368 4200, www.goteborg.com, im Sommer Mo–Fr 10–18, Sa 10–17, So 11–16, sonst Mo–Fr 10–17, Sa 10–15, So 11–15 Uhr.

Info

28 Der Charme der Entschleunigung: mit dem Oldtimer-Schiff von Göteborg nach Stockholm

Zu den unvergesslichsten Touren durch Schweden gehört, so paradox es klingen mag, eine Seereise durchs Land. Auf Schwedens schönster Wasserstraße, dem **Göta-Kanal**, der Göteborg mit Stockholm und somit das Meer an der Westküste mit der Ostsee verbindet, verkehren von Mai bis September die drei weißen nostalgischen Dampfer M/S Juno, M/S Wilhelm Tham und M/S Diana. Von diesen wurde die „Juno" erstmalig 1874 eingesetzt und gilt damit als ältestes Schiff mit Übernachtungsmöglichkeiten auf der Welt. Der eigentliche Götakanal ist nur 87,3 km lang, die Gesamtstrecke führt allerdings auch durch fünf Seen, über den Trollhättan-Kanal und über den Fluss Göta älv, sodass sie insgesamt 390 km beträgt.

Alle drei Kanalschiffe stehen unter Denkmalschutz und wurden genauso sorgfältig wie authentisch restauriert, mit viel Messing und Edelhölzern. Ob Kabinen, Speisesaal oder Salon – alles versprüht historische Atmosphäre und Gemütlichkeit. Um die engen Schleusen bzw. Schleusentreppen passieren zu können, sind die Abmessungen sehr bescheiden: Die Schiffe sind maximal 31 m lang und 7 m breit, haben nur drei Decks und 29 Kabinen. Auch diese sind zwar fein, aber sehr klein – Gäste müssen mit Etagenbetten vorliebnehmen, Duschen und WC finden sich auf dem Gang.

Genau das aber macht den besonderen Reiz dieser Reise über die schönste Wasserstraße des Landes aus. Sehr schnell findet man Kontakt zu den anderen Gästen ebenso wie zu den nur zwölf Besatzungsmitgliedern, es herrscht ein ungezwungener, familiärer Ton. Mit einer Geschwindigkeit von fünf bis maximal neun Knoten entdeckt der Reisende den **Charme der Entschleunigung**, erlebt behagliche Ruhe und

Ganz geruhsam: mit dem Schiff den Göta-Kanal entlang

Schloss Vadstena am Göta-Kanal

kann mit all seinen Sinnen die weiten Ebenen Östergötlands genießen, verträumte Kleinstädte, Ruinen, Schlösser, Herrensitze und Kirchen an sich vorbeiziehen lassen. Von allen Kabinen, dem Speisesaal und der Lounge ergeben sich ungehinderte Blicke auf die vorbeiziehende Landschaft. Hinzu kommt eine vorzügliche Küche, die typisch schwedische Köstlichkeiten serviert.

Auf der „klassischen Kanalreise" gleiten die kleinen Schiffe drei geruhsame Tage und Nächte lang durch die herrliche Natur- und Kulturlandschaft, überwinden 66 Schleusen und erreichen am vierten Tag Stockholm bzw. in Gegenrichtung Göteborg. Als historisch interessante Sehenswürdigkeiten besuchen die Reisenden u. a. das Schleusensystem und das Kanalmuseum in Trollhättan, die Festung Karlsborg, die Klosterruine Vreta sowie die pittoreske Kleinstadt Trosa. In Motala bleibt das Schiff die Nacht über liegen.

Der Planer des Kanals, Baltzar von Platen, verwirklichte einen jahrhundertealten Traum, bei dem ihm 58.000 Mann mit Hacke und Spaten zur Seite standen. Dieser „Kaiserschnitt am Bauch der Mutter Svea" zwischen 1810 und 1832 sollte eine **Wasserstraße für Volk, Fracht und Vieh**, eine Pulsader des Handels sein, aber auch im Notfall der Ostseeflotte Rückzugsmöglichkeiten gegenüber Dänen und Russen ins Landesinnere bieten. Die militärische Funktion brauchte der Kanal zu keinem Zeitpunkt zu erfüllen, seine Bedeutung als Transportweg schwand in der zweiten Hälfte des 19. Jh. mit dem Ausbau des Eisenbahnnetzes und dem Bau von Straßen wenig später. 1978 ging der Kanal in den Besitz des schwedischen Staates über, der seitdem für den Unterhalt der touristischen Wasserstraße aufkommt.

Neben den Kanalschiffen verkehren in der Saison jede Menge Freizeitboote auf dem Götakanal. An vielen Stellen gibt es auch Verleihstationen für Kanus bzw. Kayaks, die allerdings in den Schleusen nicht zulässig sind. Sehr beliebt sind daneben Radtouren entlang des Kanals (bzw. mit Fähren über die Seen).

(UQ)

Info

Kanalmuseum Trollhättan: Åkersbergsvägen 42, 46134 Trollhättan, Tel. 0520-525 098, Mitte Juni–Ende Aug. tgl. 10–18 Uhr. Weitere Ausstellungen zum Götakanal finden sich in **Sjötorp** (Slussvägen 112, Tel. 0141-202 050) und in **Motala** (Varvsgatan, Dockanområdet, Tel. 0141-202 050). Die Schleusenpforten-Ausstellung bei den Schleusen in **Berg** ist jederzeit frei zugänglich.
Nähere Informationen zu den Touren und Buchungsmöglichkeit: www.gotakanal.se/de, Tel. 31-806 315.

29 Ein Land für Angler

Das Angeln ist der Schweden liebstes Freizeitvergnügen. Zahlreiche Flüsse und intakte Seen und eine fast 8.000 km lange Küstenlinie bieten ideale Bedingungen. Es gibt kaum einen Urlaubsort, Campingplatz oder Ferienhaus, in deren Nähe nicht **lohnende Fischgewässer** liegen. Etwa ein Viertel aller Schweden geht zuweilen diesem erholsamen Hobby nach.

An der Küste sowie in den fünf großen Seen Vänern, Vättern, Mälaren, Hjälmaren und Storsjön ist das **Angeln mit der Handangel** kostenlos, ansonsten benötigt man für andere Gewässer, manchmal auch für eine Region, eine Angelkarte.

Angeln im Södra Wixen Lake in Småland

Grob lassen sich in Schweden **fünf Angel-Regionen** unterscheiden. An der **Westküste** finden sich vor allem Dorsch, Hecht, Barsch und Meerforelle oder auch Leng und Wolfsfisch, an der **Ostküste** dominieren Felche, Äsche, Meerforelle und Dorsch. In den Flüssen und Seen **Südschwedens** trifft der Angler vorwiegend auf Bach- und Regenbogenforelle, Lachs, Barsch, Bachsaibling, Renke, Aal und Meerforelle. In **Mittelschweden**, in den großen Seen und Flüs-

Der Atlantische Lachs (salmo salar)

Einer der beliebtesten Fische ist der Lachs. Mit seiner weichen Konsistenz und seinem hohen Fettgehalt unterscheidet sich der Atlantische Lachs vom in den Gewässern Alaskas und Kanadas heimischen Pazifiklachs, der einen sehr niedrigen Fettgehalt aufweist und dessen Fleisch fest ist. Als die Flüsse in Mitteleuropa noch nicht verschmutzt waren, zählte der Atlantische Lachs zu den am häufigsten vorkommenden Fischen. Frei lebend findet man ihn im nördlichen Atlantik, im Eismeer, in der Ostsee sowie in den Flüssen Skandinaviens und Schottlands. In Schweden ist der Wildlachs noch in einigen Flüssen anzutreffen, einzelne Populationen gibt es in großen Seen, wie z.B. dem Vänern.

Geboren wird der Wildlachs in den oberen Flussläufen, wo sich die kleinen Fischchen zunächst von ihrem Dottersack ernähren. Nach etwa zwei bis zu fünf Jahren je nach Wassertemperatur wandern die zunächst nur 20 cm großen Edelfische ins Meer, wo sie kräftig an Gewicht zulegen. Nach dem bis zu dreijährigen Aufenthalt im Meer kehrt der Lachs geschlechtsreif in den Fluss zurück, aus dem er ursprünglich aufgebrochen ist – ein bisher ungeklärtes Phänomen. Dabei legen die Lachse große Distanzen zurück, können Wasserfälle und Stromschnellen überwinden und dabei bis zu 3 m hoch und 5 m weit springen.

Angeln bietet ein besonderes Naturerlebnis

sen, fängt man Lachs, Forelle, Saibling, Äsche, Barsch, Hecht und Regenbogenforelle, während der **Norden** ein ideales Fanggebiet für Lachs, Forelle, Renke, Saibling, Äsche, Hecht, Barsch, Regenbogenforelle und Zander ist.

Angler aus dem In- und Ausland zieht es zwischen April und September zu den bekanntesten Lachsrevieren wie Mörrum im südlichen Blekinge, zum Ätran bei Falkenberg im Südwesten oder zum Fluss Örkilsälv bei Munkedal. Die besten Gewässer, um Lachse zu fangen, sind Göta älv, Ätran, Lagan, Morrumsån, Ångermanälven, Skellefteälven und Luleälven. Die Lachse, die man hier fangen kann, wiegen teils bis zu 30 kg.

(UQ)

Info

Angelkarten (fiskekort) gibt es als Tages-, Wochen- oder Saisonkarten und kosten je nach Gebiet 20–35 €. Lokale Angelkarten beziehen sich auf bestimmte Seen oder Flussabschnitte in einer Region. Am einfachsten erwirbt man eine Fiskekort im Vorfeld unter www.ifiske.se online; dort findet man für das entsprechende Gewässer auch weiterführende Infos, etwa zu Schonzeiten, erlaubten Angeltechniken oder Mindestfangmaßen. Ansonsten sind Angelkarten erhältlich in Touristenbüros, Sportgeschäften, manchmal in Lebensmittelläden, an Tankstellen oder Automaten.

Infos rund um das Thema Angeln in Schweden unter www.ifiske.se, Schwedens führendem Portal für Angelerlaubnisse, unter www.fiskekort.se oder unter https://schweden-angler.de.

30 Mittsommer – das Volksfest des Jahres

In einem Land, in dem die Menschen dem kurzen, sehr intensiv erlebten Sommer entgegenfiebern, gehört das **Mittsommerfest** zu den großen Festtagen des Jahres. Gefeiert wird das große Sommer-Volksfest an dem Wochenende, das dem 24. Juni am nächsten liegt.

Tänze beim Mittsommerfest

Die **Ursprünge** gehen möglicherweise auf Feiern und kultische Handlungen zur Sommersonnenwende in vorgeschichtlicher Zeit zurück. Überall im Land sieht der Reisende in Dörfern und Städten die mit Blumen und Grün geschmückte Stange stehen, den Mittsommer- oder Maibaum (von *maja* = schmücken), Sinnbild und Mittelpunkt der ausgelassenen Feiern in der hellsten Nacht des Jahres. Alt und Jung tanzen altüberlieferte **Ringtänze um den Mittsommerbaum**, begleitet von den traditionellen Klängen der Volksmusik, bis der Jugend mit ihren Tänzen und den jüngsten Hits die Nacht gehört. Früher glaubte man an die magische Kraft der Mittsommernacht. So legte man jungen Mädchen nahe, sieben verschiedene Blumen zu pflücken und unter das Kopfkissen zu legen, weil sich dann im Traum der zukünftige Mann zeige.

Der Mittsommerbaum ist keineswegs urschwedisches Brauchtum, das der Bauernkultur Dalarnas entstammt, auch wenn der Maler Anders Zorn mit seinem bekannten Bild „Mittsommertanz in Dalarna", das die traditionelle Art, das Volksfest zu feiern, darstellt, möglicherweise zu dieser Vorstellung beigetragen hat.

Der **schwedische Mittsommerbaum** ist nämlich ein kontinentaler Maibaum, der über den Einfluss der Deutschen nach Schweden gelangt ist. Doch da am 1. Mai die Natur vielerorts noch nicht so weit ist, einen Maibaum zu schmücken, musste man bis Mittsommer warten. Dass Mittsommer vor allem ein **Fest der Jugend und der Lebensfreude** ist, zeigt sich jedes Jahr von Neuem, wenn sich Tausende junger Leute zu den Brennpunkten des Geschehens schon Tage vorher auf den Weg machen, um auf Öland, in den Stockholmer Schären, an der Westküste oder vor allem in der Traditionslandschaft Dalarna das Volksfest feucht und fröhlich zu begehen.

(UQ)

Ein traditionelles Vergnügen: der Ringtanz um den Mittsommerbaum

31 Schloss Gripsholm

Kurt Tucholsky

In Deutschland verbindet man Gripsholm mit Kurt Tucholsky, der mit seiner Sommergeschichte „Schloss Gripsholm“ (1931) die Anlage einem breiteren Publikum bekannt gemacht hat. So schrieb er: *„Das Schloss, aus roten Ziegeln erbaut, stand leuchtend da, seine runden Kuppeln knallten in den blauen Himmel (...). Ich weiß nichts vom Stil dieses Schlosses – ich weiß nur: Wenn ich mir eins baute, so eins baute ich mir.“*

Tucholsky hielt sich seit 1929 ständig in Schweden auf, wurde 1933 aus Deutschland ausgebürgert und setzte seinem Leben 1935 ein Ende. Viele Bewunderer des Journalisten und Schriftstellers kommen nach Mariefred, um sein Grab zu besuchen. Dazu geht man auf einem herrlichen Spazierweg am Wasser entlang zum idyllischen Kern des Städtchens, in dessen Mitte der weiße Kirchturm hoch aufragt. Auch das putzige Rathaus, gut erhaltene Holzhäuser und Stadthöfe sowie manch nettes Geschäft an der Storgatan lohnen den Spaziergang. Tucholskys Grab findet man auf dem Friedhof Mariefred-Gripsholm, 15 Gehminuten von der Kirche entfernt (Hinweisschild am Friedhofseingang).

Das etwa 65 km westlich von Stockholm gelegene idyllische Kleinstädtchen **Mariefred**, dessen Schloss bekannter ist als der Ort selbst, zählt zu den lohnendsten Ausflugszielen im Großraum Stockholms. Der Name Mariefred geht auf eine Klostergründung (Pax Marie) 1493 zurück. Die Geschichte des Ortes ist eng mit der des Schlosses **Gripsholm** verknüpft. 1380 ließ der Reichsfürst Bo Jonsson Grip auf der Insel eine Burganlage errichten, doch die Grundmauern des jetzigen Schlosses wurden um 1540 unter Gustav Wasa teilweise mit dem Material der zuvor zerstörten Klosteranlage gebaut.

Ab diesem Zeitpunkt wurde Schweden von der „Vasa-Burg“ aus regiert, die ein entsprechend repräsentatives und eines Renaissancefürsten würdiges Aussehen bekam. Weitere bauliche Verän-

Schloss Gripsholm ist vielen durch die Sommergeschichte von Kurt Tucholsky bekannt

Bahnhof von Mariefred

derungen erfolgten dann in der zweiten Hälfte des 18. Jh. unter Gustav III. Im Schloss können Einrichtungsgegenstände verschiedener Epochen von der Vasa-Zeit bis hin zum Theater im gustavianischen Stil besichtigt werden. In der „Galerie der Unsterblichen" findet sich die umfangreichste Porträtsammlung schwedischer Größen. Das Schloss mit seinen mächtigen Rundtürmen liegt am Ortseingang (großer Parkplatz). Neben dem Weg zum Portal der Vorburg sind eine Reihe interessanter Runensteine aufgestellt. Hinter der Zugbrücke betritt man den äußeren Burghof mit den mächtigen Kanonen „Eber" und „Sau", die in Russland erbeutet wurden. Dahinter führt ein Gewölbegang zum inneren Burghof mit einem hübschen Renaissance-Brunnen. Auch wer das Schloss nicht von innen besichtigen möchte, kann einen Blick in den Innenhof werfen oder einen empfehlenswerten Spaziergang einmal um die Burg herum durch den Schlosspark machen, der mit seinem Pavillon, dem Kräutergarten, Skulpturen und vor allem dem Blick auf den See zauberhaft ist.

Zwischen Ortszentrum und dem Schloss liegt der **Bahnhof**, der mit seinem historischen Warteraum, alten Blechschildern und anderen musealen Stücken aussieht wie aus einer Puppenstube. Er ist Endstation der **Museumsdampfeisenbahn**, die in der Sommersaison in 40 Minuten bis nach Läggesta schnauft.

(UQ)

Info

Hinkommen: Zug ab Stockholm nach Laggesta, ab dort mit Anschlussbus (ca. 4 km) nach Mariefred. Am schönsten ist die Reise mit dem historischen **Dampfer „S/S Mariefred"** (1903) ab/bis Stockholm, im Sommerhalbjahr tgl. außer Mo (Tel. 08-669 8850, www.mariefred.info). Zusammen mit der Schnauferl-Bahn Mariefred–Laggesta lässt sich eine Rundreise zusammenstellen: mit dem Boot nach Mariefred, Besichtigung von Schloss und Stadt, dann mit der Dampflok nach Laggesta, ab da mit dem Schnellzug zurück nach Stockholm.

Information: Mariefreds Turistbyra, Kyrkogatan 13, 64730 Mariefred, Tel. 015-929 790, www.strangnas.se, Juni-Aug. Mo–Fr 10–18, Sa/So 11–15 Uhr.

Schloss: Gripsholms Slott, 64730 Mariefred, Tel. 015-910 194, www.kungligaslotten.se, Mai–Sept. tgl. 10–16, April & Okt.–Nov. Sa/So 12–15 Uhr, SEK 160, 7–17 Jahre SEK 80.

Essen & Trinken: Gripsholms Värdshus, Kyrkogatan 1, 64730 Mariefred, Tel. 015-934 750, www.gripsholms-vardshus.se. Das historische Wirtshaus (17. Jh.), Schauplatz von Inga-Lindström-Filmen, hat einen guten Ruf als Hotel (45 Zimmer). Das vorzügliche Restaurant (Matsalen) ist Mo–Sa 12–21 Uhr geöffnet, der Pub (Skänken) mit einfacheren Gerichten Fr 11.30–21, Sa/So 12–21 Uhr.

32 Krebsessen – feierlich zelebriert

Kommt der Reisende im **August** nach Schweden, bemerkt er bald, dass dieser Monat ganz **im Zeichen des Krebses** steht. Es ist die Zeit der Krebsessen (**Kräftskiva**), die anlässlich des nahenden Endes des Sommers in noch lauen Nächten möglichst unter freiem Himmel und unter der Beleuchtung von Lampions gefeiert werden. Es sind überwiegend Familienfeste, es gibt aber auch Krebsessen mit Volksfestcharakter.

Die Tiefkühltruhen der Supermärkte sind randvoll mit Flusskrebsen aufgefüllt, zum **Kult um die Krebsfestessen** gehören zudem mit Krebsen bedruckte Pappteller, Servietten, Schürzen sowie spezielle Schalen, Gläser, ferner bunte Papierlaternen, witzige Mondgesichter etc. Gekocht werden die Krebse in Salzwasser und mit Dillblüten. Man isst sie kalt und mit den Fingern, dazu werden Brot und Käse mit Kümmel gereicht. Die Kinder bekommen dazu Fruchtlimonade (Sockerdricka), die Erwachsenen trinken Bier (öl) und Schnaps (Aqvavit oder brännvin). Wird die Stimmung so richtig ausgelassen, werden gern **Trinklieder** zum Besten geben – pro Schnaps ein Lied.

Die **Tradition der Krebsfestessen** ist nicht sehr alt. Als vor rund hundert Jahren die auch in europäischen Metropolen begehrten schwedischen Flusskrebse von der Ausrottung bedroht waren, erließen die Behörden ein Fangverbot, das nur für einige Wochen im Herbst außer Kraft gesetzt wurde, sodass das schwedische Bürgertum das Krebsessen in jenen Tagen als etwas Besonderes zelebrierte.

Wer die Möglichkeit (und eine Lizenz) hat, fängt sich die Krebse für das Abendessen selbst. Der Krebs ist ein Nachttier und der Fang muss nach Einbruch der Dunkelheit stattfinden. Gefischt wird üblicherweise mit Reusen und Köder.

Stattliche Flusskrebse …

… fürs gemeinsame Festessen

Als 1907 eine tödliche Krebspest die schwedischen Flusskrebse weitgehend vernichtete, blieb nur noch der **Import der Schalentiere**, um das ritualisierte Krebsfestessen bis zum heutigen Tag aufrechtzuerhalten. Die Ende der 1970er- und Anfang der 1980er-Jahre von den Behörden und Privatpersonen ausgesetzten Signalkrebse aus den USA haben sich reichlich vermehrt. Sie sind im Gegensatz zu den schwedischen Edelkrebsen besser gegen die Krankheit gefeit, den Flusskrebsen aber ansonsten ähnlich – und daher ebenso beliebt für das Krebsessen.

Eine kleine Gruppe von Berufsfischern in den Seen Vättern und Hjälmaren lebt inzwischen gut vom Verkauf der „signalkräftor“. Ein Kilo in Schweden gefangener Krebse kostet etwa SEK 450–550.

Die meisten der in Schweden verzehrten Krebse stammen jedoch aus den USA, China und der Türkei. Zu den jährlich 2.500 Tonnen Krebsen aus dem Ausland kommen etwa 1.500 Tonnen in Schweden gefangene Krebse.

(UQ)

Info

Auch viele Restaurants in Schweden haben jedes Jahr im August besondere **Krebswochen**, während dieser Zeit stehen Rezepte mit den begehrten Krustentieren auf der Karte.

Über Restaurants und Wirtshäuser in Schweden informiert die Website **https://restaurangguiden.com**.

33 Modernes Schweden in Malmö

Malmö, die drittgrößte Stadt Schwedens mit rund 360.000 Einwohnern, hat eine lange Tradition als Handelsplatz, Werft- und Industriestandort. Lange gehörte die Stadt zu Dänemark und dank der Øresund-Brücke ist die Verbindung zu Kopenhagen wieder etwas enger geworden (S. 158). Mit ihrem Altstadtkern, einem beachtlichen Kunst- und Theaterleben, zahlreichen Restaurants und schönen Strandpromenaden sowie der spannenden modernen Architektur ist die Stadt am Øresund einen Aufenthalt wert. Sie gilt zudem als Schwedens Operetten- und Musicalmetropole und erste Adresse für Interessenten moderner Kunst.

Das **alte Malmö** – der kompakte Kern – liegt innerhalb des Ringkanals mit dem Stortoget als Zentrum. Als der große Marktplatz bei wachsender Handelstätigkeit nicht mehr ausreichte, erhielt er mit Lilla Torget, dem kleinen Platz, seine Ergänzung. Die hübschen Fachwerkhäuser aus dem 17. und 18. Jh. um den kopfsteingepflasterten Platz bilden eine Oase innerhalb der Stadt. Hervorzuheben aus dem Gebäudekomplex des **Hedmanska Gård**, einem alten Kaufmannshof, ist das Haus, in dem die Design- und Kunstgewerbeausstellung **Form Design Center** untergebracht ist. Gezeigt wird schwedisches Design aus Vergangenheit und Gegenwart. Das Zentrum dokumentiert in wechselnden Ausstellungen schwedische Formgebung.

Im Osten der Altstadt, nahe am Kanal, bietet das in einem früheren Elektrizitätswerk untergebrachte **Moderna Museet** eine beachtenswerte Ausstellung moderner Kunst. Das Museum ist eines der führenden Häuser in Europa, der orange gefärbte Kubus mit seinen perforierten Platten hebt sich markant von der Umgebung ab. Für Freunde moderner Kunst ist die **Malmö Konsthall** mit internationa-

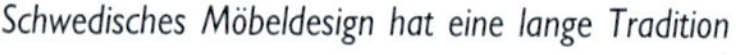
Schwedisches Möbeldesign hat eine lange Tradition

len Wanderausstellungen südlich der Altstadt, gegenüber dem Stadttheater, eine wichtige Adresse.

Besonders deutlich wird der Wandel der Stadt im neuen Quartier **Västra Hamnen** (Westhafen), das sich mittlerweile zum Trendviertel und architektonischen Highlight entwickelt hat. Es entstand auf einem alten Industrie-, Hafen- und Werftgebiet. Verschiedene Architekturbüros haben hier unter der Vorgabe der Nachhaltigkeit, Ästhetik, Umweltfreundlichkeit und Energieeffizienz einen spannenden Stadtteil geschaffen, mit Parks und Häfen, Wohn- und Bürogebäuden, Freilichtbühnen und Fußgängerzonen, öffentlichen Plätzen, Fahrradwegen und Sportanlagen, mit künstlichen Bächen, Springbrunnen und Teichen. Und natürlich haben Fußgänger und Radfahrer Priorität vor dem Autoverkehr.

Schönste Glasarbeiten in der Kunsthalle

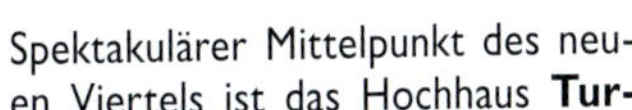

Spektakulärer Mittelpunkt des neuen Viertels ist das Hochhaus **Turning Torso** des spanischen Architekten Santiago Calatrava. Der 190 m hohe Büro- und Wohnturm war bis 2023 der höchste Skandinaviens und das dritthöchste Wohngebäude Europas. Mehr noch als durch seine Höhe beeindruckt der 2005 eingeweihte 54-Etagen-Komplex aber durch seine Gestalt, die eher an eine riesige Skulptur erinnert. Jede der fünf Etagen der neun würfelähnlichen Segmente des Wolkenkratzers ist um jeweils ca. 1,6 Grad zum darunter liegenden Geschoss verdreht, sodass es scheint, als würde sich der Turning Torso um seine eigene Achse drehen. In den beiden unteren Segmenten des Gebäudes befinden sich Büros, in den oberen insgesamt 147 Miet- und Eigentumswohnungen.

(UQ)

Info

Information: Visit Malmö InfoPoint, August Palms plats 1, 21154 Malmö (im Rathaus, einer von 14 Info Points in der Stadt), https://malmo.se.

Museen und Ausstellungen:

Form Design Center, Lilla Torg 9, 21134 Malmö, Tel. 040-664 5150, https://formdesigncenter.com, Mi–Sa 11–17, So 12–16 Uhr, Eintritt frei.

Moderna Museet, Ola Billgrens plats 2–4, 21129 Malmö, Tel. 040-685 7937, www.modernamuseet.se/malmo, Di–Mi 11–17, Do 11–19 Uhr Uhr, Eintritt SEK 50, unter 18 J. frei.

Malmö Konsthall, St. Johannesgatan 7, 21146 Malmö, Tel. 040-346 000, https://malmokonsthall.se, Di-So 11–17, Mi bis 19 Uhr, Eintritt frei.

34 Durch Schwedens Mitte: Von Kristinehamn nach Gällivare und weiter auf der Erzstrecke

Zündende Ideen, wie eine Eisenbahn attraktiver gemacht werden könnte, sind von einer staatlichen Eisenbahngesellschaft und von einer Regierung nicht zu erwarten. Und die Ideen fehlten, als 1990 die schwedische **Inlandsbanan** als „zu kostspielig" eingestuft wurde und deshalb stillgelegt werden sollte. Im fernen Stockholm fiel den Politikern nur eins ein: dichtmachen und Busse einsetzen.

„Unsere Bahnen sind kein altes Eisen. Ihr habt falsch gerechnet!", so reagierten die Gemeinden entlang der Strecke auf die Stilllegungspläne. Von Kristinehamn – etwa auf der geografischen Höhe Stockholms – nach Gällivare jenseits des Polarkreises liegen **1.288 Kilometer Schienen**. Die Strecke ist mehr als zweimal so lang wie die von Paris nach Stuttgart! „Damit muss doch etwas zu machen sein", davon waren die Eisenbahner überzeugt und übernahmen selbst die Regie.

Daran, dass es sich hier um die **abwechslungsreichste Strecke Schwedens** handelt, gab es ohnehin keinen Zweifel. Der Zug fährt stundenlang durch dichte Wälder, an vielen Seen vorbei, durch Tundra, Felsengebiete, über satte Wiesen und durch das Sameland – den schwedischen Teil Lapplands – bis zu seiner Endstation. Auch wenn entlang der Strecke unterschiedlich viele Menschen leben, die für Skandinavien typischen, falunrot gestrichenen Häuser sind allenthalben zu sehen. Der Zug hält überall, wo an einem Haltepunkt die gelbe Scheibe in Richtung des Zuges gedreht wird. Das funktioniert auch vom Zug aus. Der Schaffner merkt sich, wo seine Fahrgäste aussteigen wollen, und sorgt dafür, dass die Bahn anhält. Berühmte Kehren, seltene Lokomotiven oder Eisenbahnwaggons gibt es auf der Stre-

Schweden wie aus dem Bilderbuch

cke nicht. Große Steigungen müssen die Züge auch nicht bewältigen, und während der gesamten Fahrt geht es nur einmal durch einen Tunnel. Dabei handelt es sich um den Nyborgtunnel bei Jokkmokk kurz hinter dem Polarkreis – und der ist gerade einmal 50 m lang.

Zur weiteren Entschleunigung der Züge, die oft **nur 40km/h** fahren und bei Tempo 80 als schnell gelten, tragen die Brücken bei Sveg – das ist in etwa die Mitte der Strecke – und auf dem nördlichen Streckenabschnitt bei Mokosel bei. Diese sind sowohl Eisenbahn- wie auch Fernstraßenbrücken und werden für den Autoverkehr gesperrt, wenn eine Bahn darüberfahren soll. Hinter Dorotea führt der Schienenweg längs über eine Insel des Flusses Lågön. Und den Bahnhof von Buddnakk in Nordschweden würde kaum jemand beachten, wenn nicht das Zugpersonal auf ihn aufmerksam machen würde. Er ist nicht viel größer als eine Telefonzelle und damit die kleinste Station im gesamten Norden. Aber genau das alles macht den Charme ihrer Eisenbahn aus, sagen die Repräsentanten der 15 Eignergemeinden der Eisenbahngesellschaft „Inlandsbanan AB". Diese bietet Touren mit der Bahn an, organisiert Pauschalreisen und offeriert jede Menge Zeittickets und Schiff-Bahn-Reisen. Und auf Nebengleisen, die nicht mehr gebraucht werden, fahren Fahrraddraisinen. Ideen muss man eben haben!

An der Endstation Gällivare – mitten im schwedischen Erzabbaugebiet – hat man die Wahl. Hier fährt die **Erzbahn** als „Malmbanan" („Malm" = Eisenerz) in Richtung der schwedischen Hafenstadt Luleå am Bottnischen Meerbusen oder als „Ofotbanen" nach Narvik in Nordnorwegen, wo man den nördlichsten Personenbahnhof Europas betritt. Über die berühmteste Brücke des norwegischen Streckenteils fährt die Bahn allerdings seit 1988 nicht mehr. Die 180 m lange und 40 m hohe Norddalbrücke ist nur noch ein Baudenkmal. Sie wurde aus militärischen Gründen gebaut, um sie im Kriegsfall in die Luft sprengen zu können. Die Erzbahn fährt jetzt über eine einfachere Trasse, die militärischen Überlegungen von früher spielen heute keine Rolle mehr.

Für schwedische und norwegische Fahrgäste, die häufiger zwischen dem Bottnischen Meerbusen und dem Nordmeer unterwegs sind, gibt es in der Erzbahn sogar einen Filmwagen. Doch was ist ein Film gegen die Landschaften, die es hier zu sehen gibt? Es geht durch wildes, kaum bewohntes Gebiet, an Erzgruben vorbei, hoch ins Gebirge und wieder hinunter an den Ofotfjord. Mehr unterschiedlichen Norden hat keine andere Bahn zu bieten.

(UQ)

Info

Strecke: 1.288 km von Kristinehamn nach Gällivare mit der Inlandsbanan. Die Strecke der Erzbahn von Luleå nach Narvik ist 473 km lang, Gällivare liegt ungefähr in der Mitte.

Information: Der Sommerfahrplan der **Inlandsbanan** gilt von ca. Anfang Juni bis Ende August. Die Streckenabschnitte haben in diesem Zeitraum unterschiedliche Verkehrsperioden. Tgl. eine Abfahrt Kristinehamn–Mora (Dauer ca. 3,5 Std.), Mora–Östersund (ca. 6,5 Std.) und Östersund–Gällivare (ca. 14,5 Std.). Infos über Preise und Pauschalangebote unter https://res.inlandsbanan.se. Informationen zu Fahrten entlang der **Erzbahn-Strecke** bei der Staatsbahn unter www.sj.se.

35 Idylle pur an Schwedens südlichstem Punkt

Viele, die sich auf den Weg nach Schweden machen, erreichen ihr Ziel nach einer Fährpassage in Göteborg (S. 68). Die meisten ausländischen Touristen kommen aber in der südlichsten Provinz im Königreich an: in **Schonen** (Skåne). Hierhin führt die Brücke aus Dänemark über den Öresund (S. 158), und in Malmö (S. 80), Trelleborg und Ystad gibt es ganzjährig gut frequentierte Fährstationen.

Trelleborg ist die südlichste Stadt Schwedens und hat große Bedeutung als Umschlagplatz für Waren und Touristen. Von der Hafenstadt gut 10 km weiter östlich auf der Küstenstraße 9 liegt mit **Smygehamn** Schwedens südlichster Ort, bessser gesagt: dessen westlicher Vorort **Smygehuk**. Einer von vielen schönen Orten in Schonen, könnte man meinen. Doch wer hier nicht anhält und vom Parkplatz kurz hinter dem Hinweisschild „Sveriges sydligaste udde“ die paar Schritte bis zum kleinen Hafen geht, würde etwas verpassen. Zunächst einmal einen wichtigen geografischen Punkt, auf den unübersehbar hingewiesen wird: Auf 55 ° und 20 Minuten nördlicher Breite befindet man sich hier am **Südkap des Landes**, das gleichzeitig das Südkap der skandinavischen Halbinsel ist. Welche Dimensionen das Königreich hat, zeigen Abstandstafeln am Pier: 1.581 km sind es bis Treriksröset, Schwedens nördlichstem Punkt im Dreiländereck mit Finnland und Norwegen. Selbst Moskau (1.524 km) liegt näher! 510 km ist Stockholm entfernt, Berlin nur 320 km.

Bei gutem Wetter macht es Spaß, sich hier aufzuhalten. Am schön gestalteten kleinen Hafen gibt es Sitzmöglichkeiten am Wasser, der Rasen eignet sich für ein Picknick und bei einem Spaziergang am Strand schweift der Blick in einem Halbkreis auf die Ostsee – allenfalls die dänische Insel Bornholm kann man am Horizont erahnen. Man kann den Eindruck haben, sich am Anfang oder Ende eines wunderschönen Landes zu befinden. Aus gutem Grund verabschiedet sich in Selma Lagerlöfs Geschichte Nils Holgersson hier von den Wildgänsen, die ihn von Schonen aus auf eine Reise bis hinauf nach Lappland mitgenommen hatten. Das **Bronzedenkmal** mit dem Titel „Akka von Kebnekaise“ erinnert daran, aber auch daran, dass für Zugvögel Smygehuk die letzte Raststation vor ihrem Flug über die Ostsee darstellt.

Eine andere Bronze mit dem Titel „Die Umarmung“ (Famntaget) ist ein beliebtes Motiv – wegen der dargestellten wohlproportionierten, nackten Dame, aber wohl auch, weil die Frau, die 1930 dem Künstler Axel Ebbe Modell gestanden hat, die Großmutter des Hollywood-Stars Uma Thurman gewesen sein soll.

Nur wenige Schritte entfernt finden Besucher einen Kiosk, ein Café, eine Fischräucherei und das alte Kaufmanns-Magazin, das heute als Galerie dient. Auffällig auch die Überreste mehrerer alter und großer Kalköfen sowie der 17 m hohe **Leuchtturm** von Smygehuk (Smygehuks fyr). Seit 1883 wirft er sein Licht auf die Ostsee. Das Leuchtturmwärterhaus zu seinen Füßen dient heute als Jugendherberge – beide sind natürlich die südlichsten des Landes. Und über allem flattert die schonische Fahne im Wind: das gelbe (schwedische) Kreuz vor dem roten (dänischen) Hintergrund verweist auf die lange dänische Tradition und Vergangenheit der Provinz.

Fährt man ab Smygehuk über die Küstenstraße rund 35 km nach Osten, vorbei an Sandstränden, Rapsfeldern, Gestüten, vorgeschichtlichen Grabdenkmälern und

Das beschauliche Ystad ist Schauplatz fiktiver Verbrechen

schmucken Bauernhöfen, gelangt man zum sympathischen Fachwerkstädtchen **Ystad**. Bei einem Stadtbummel stößt man am Stortorget (großer Markt) auf das schöne Rathaus im Empirestil, auf den Delfinbrunnen und auf die aus einer ursprünglich romanischen Kirche hervorgegangene Marienkirche. Setzt man den Rundgang über die Gassen Garvaregränd, Tvättorget, Lilla Östergatan und Kvarngränd fort, passiert man einige der schönsten Häuser wie etwa das Pilgrändshuset und den Kemnerska gården (16. Jh.), das Änglahuset (17. Jh.) und den Pär Hälsas gård, Schwedens größtes zusammenhängendes Fachwerkgebäude. Auf diesem Weg kommt man auch zur mittelalterlichen Petrikirche des Gråbrödraklostret (von Graubrüder = Franziskaner), einer der am besten bewahrten Klosteranlagen des Landes, die nach einer wechselvollen Geschichte heute als sehenswertes historisches Museum dient.

Seitdem 1991 mit „Mörder ohne Gesicht" der erste von neun Bänden um den Kommissar Kurt Wallander erschien (2009 der letzte, „Der Feind im Schatten"), wurde die Gegend zu einem Wallfahrtsort für Krimifans. Denn die weltweiten und mehrfach verfilmten Bestseller des Schriftstellers und Theaterregisseurs **Henning Mankell** sind zwar völlig fiktiv, aber die Schauplätze eben nicht. Ortschaften, Straßen, Plätze, Häfen, sogar einzelne Häuser, Hotels und Restaurants werden in den düster-spannenden Romanen so konkret genannt und beschrieben, dass man die Krimis fast schon als Reiseführer zur dunklen Seite Schonens nutzen kann. Aus diesem Grund bietet die örtliche Touristinformation auch **„Wallander"-Führungen** durch die Stadt an. *(UQ)*

Info

Ystads Turistbyrå:
St. Knuts Torg, 27142 Ystad, Tel. 0411-577 681, https://visitskane.com/de

Trelleborg Turistbyrå:
Smyge Strandväg 4, 23178 Smygehamn, Tel. 0410-733 320, https://visittrelleborg.se; Infos auf der Website oder an drei Infopoints in der Stadt. Im Sommer gibt es auch eine Touristeninformation im Hafen von Smygehuk.

36 Das Streichholzmuseum in Jönköping

Im Streichholzmuseum von Jönköping

Mitten in Schweden, im Grenzgebiet der Provinzen Västergötland, Östergötland, Närke und Småland, erstreckt sich der riesige Vätternsee, mit 135 km Länge der zweitgrößte Schwedens. Für Wohnmobilisten oder Fahrradfahrer ist die ca. 300 km lange Umrundung des Sees wegen der vielen landschaftlichen und kulturellen Höhepunkten unbedingt lohnend. Dies trifft auch auf einen Besuch der Stadt Jönköping zu, die das südliche Ende des Sees markiert. Zu ihren interessantesten Sehenswürdigkeiten gehört das **Streichholzmuseum/ Tändsticksmuseet**, das vor allem auch Kindern gefallen wird. Es ist in einem Holzgebäude der ersten **Streichholzfabrik** Jönköpings von 1848 untergebracht. Die Streichholzindustrie wurde von den Brüdern Johan und Carl Lindström begründet. Von 1860 bis 1930 war die Streichholzindustrie der wichtigste Arbeitgeber der Stadt.

Einst ein wichtiger Wirtschaftsfaktor: die Produktion von Streichhölzern

Aus eigener lithografischer Abteilung: die Streichholzschachteln

Gezeigt wird die Entwicklung der Streichholzindustrie anhand eindrucksvoller Sammlungen von Werkzeugen für die manuelle Herstellung bis hin zu ausgetüftelten Streichholzmaschinen.

Von zentraler Bedeutung war das **Amt des Schmelzmeisters**, der für die richtige Mischung am Zündholzkopf zu sorgen hatte. Es wird der Raum von Schmelzmeister Wahlbom gezeigt, dessen Arbeit nicht ganz ungefährlich war und daher gut dotiert wurde. Wer mit leicht entflammbaren Dingen zu tun hat, muss mit besonderer Umsicht handeln.

Eine eigene **grafische und lithografische Abteilung und Druckerei** sorgten für die farbige und ansprechende Verpackung der Streichhölzer. Die wiederum hatte einen lebhaften Absatz der Zündhölzer zur Folge. Veranschaulicht werden auch die sozialen Verhältnisse, in denen die Menschen zu der Zeit der frühen Industrialisierung lebten.

(UQ)

Info

Tändsticksmuseet: Tändsticksgränd 27, 55315 Jönköping, Tel. 036-105 543, https://matchmuseum.jonkoping.se, Juni–Aug. Mo–Fr 10–17, Sa/So 10–15, Sept.–Mai Di–So 11–15 Uhr; freier Eintritt Dez. und Jan., sonst SEK 100, bis 19 Jahre Eintritt frei.

37 Das mittelalterliche Visby auf Gotland

Visby (ca. 25.000 Einwohner) zählt zu den größten Sehenswürdigkeiten Skandinaviens und ist dessen **einzige Stadt mit weitgehend mittelalterlichem Erscheinungsbild**. Der Ort war einst ein heidnischer Kultplatz (vi = Heiligtum) und bedeutender Wikingerhafen. Ab dem 12. Jh. erlebte er einen enormen Aufschwung und wurde zum **Zentrum des Ostseehandels**, zur Regina Maris (Königin der Ostsee). Als solche war Visby direkte Vorläuferin von Lübeck.

Das immer reicher werdende Visby geriet bald in eine Konkurrenzsituation zur Insel Gotland, die sich 1288 in einem blutigen Bürgerkrieg entlud. Dieser war gleichzeitig Wendepunkt zwischen **Blütezeit und Fall der Stadt**. Im Jahr 1525 beendete Lübeck, selbst im Niedergang begriffen, mit der Invasion und Brandschatzung Visbys die Existenz seiner ehemaligen Vorgängerin. Die „Stadt der Rosen und Ruinen" fiel in einen Dornröschenschlaf, aus dem sie erst durch den Tourismus unserer Tage erweckt wurde.

Vor allem in der „**Mittelalterwoche**" (Medeltidsveckan, Anfang August), in der durch Schauspiele, Ritterturniere, Kunsthandwerker etc. die große Zeit Visbys wieder zum Leben erweckt wird, drängen sich die Zuschauer.

Die **Stadtbesichtigung** sollte zu Fuß erfolgen, da alle Sehenswürdigkeiten nahe beieinander liegen. Unverzichtbare Highlights sind die Stadtmauer, das Museum, die Marienkirche und einige der Kirchenruinen. Der hübsche Park **Almedalen**, der sich heute vor der seeseitigen Mauer erstreckt und einen herrlichen Blick auf

Die wehrhafte Stadtmauer von Visby

die Visbyer Altstadt freigibt, war einst der Hafen. Geschützt wurde er von zwei Verteidigungstürmen, von denen der Pulverturm (Kruttornet) am nordwestlichen Ende noch erhalten ist.

Für das **Historische Museum** (Gotlands Fornsal Museum) sollte man sich gut 1,5 Std. Zeit nehmen. Schwerpunkte der Sammlungen sind Frühgeschichte, Wikingerzeit und Mittelalter. Zu sehen sind hervorragende Beispiele der einzigartigen gotländischen Bildsteine, die zwischen 400 und 1100 nur auf der Ostseeinsel hergestellt wurden. Sie zeigen in ihrer frühen Phase abstrakte religiöse Symbole („Wirbelräder", „Ewigkeitsschleifen"), später große Wikingerschiffe sowie Szenen der nordischen Mythologie und Sagenwelt. Beim Übergang zum Christentum weicht die figürliche Darstellung längeren Runeninschriften und später dann dem (Ring-)Kreuz als Zeichen der neuen Religion. Die Bildsteine stellen die erste und einzige **germanische Monumentalkunst** dar.

In der Altstadt

Der Almedalen kann auch Ausgangspunkt für einen etwa 5 km langen Spaziergang entlang der **Stadtmauer** sein. Die Mauer wurde um 1270 angelegt, hauptsächlich als Schutz der Stadt vor der einheimischen Bauernbevölkerung. Nach dem Bürgerkrieg von 1288 wurde sie erhöht, auf ihre heutige Länge von 3,6 km erweitert und mit über 50 Türmen bestückt. 36 davon sind noch erhalten. Dieser Wehrmauer verdankt es Visby, dass es mehr als jede andere Stadt im Norden sein mittelalterliches Aussehen bewahren konnte.

(UQ)

Info

Information: Touristinfo, Donners Plats 1, 62157 Visby, Tel. 0498-201 700, https://gotland.com.
Gotlands Fornsal Museum: Strandgatan 14, 62156 Visby, Tel. 0498-292 700, www.gotlandsmuseum.se, Mai–Sept. tgl. 10–18, sonst tgl. 11–16 Uhr, SEK 170/120, unter 19 Jahren frei.
Fährverbindungen bestehen von Nynäshamn (südl. von Stockholm) und Oskarshamn (Småland), im Sommer auch ab/bis Västervik; die Fahrt dauert je rund 3 Std. In der Saison sollte im Voraus gebucht werden, www.destinationgotland.se.
Flüge: Flugverbindungen nach Visby unter www.swedavia.se/visby.
Programm Mittelalterwoche: www.medeltidsveckan.se.

38 Der Wasa-Lauf in Dalarna

Zwischen dem (für schwedische Verhältnisse) dicht besiedelten Süden und der unendlichen Weite des nahezu unbevölkerten Nordens liegt im Herzen des Königreichs die Traditionslandschaft **Dalarna** (die Täler). Sie ist nicht nur für ihre große Schönheit bekannt, sie hat auch das positive Schwedenbild im Ausland wesentlich geprägt: Mit der Landschaft um den Siljansee verbindet man das typisch Schwedische wie Folklore, Mittsommer, „dalahästar" (Dalapferde) und die falunrote Farbe der Schwedenhäuschen. Carl von Linné nannte die Gegend aus diesem Grund auch „Schweden en miniature". Viele Schweden verknüpfen mit Dalarna außerdem die schmackhafte „falukorv" (Falun-Wurst), Namen wie die der Maler Anders Zorn und Carl Larsson oder des Dichters Erik-Axel Karlfeldt und natürlich den berühmten **Vasaloppet** (Vasalauf bzw. Wasa-Lauf).

Seit 1922 findet jedes Jahr am ersten Wochenende im März dieser weltweit bekannte **Skilanglaufwettbewerb** über 90 km von Sälen bis nach Mora am Siljansee statt. Während 1922 noch 119 Teilnehmer starteten, nehmen inzwischen jährlich mehrere Zehntausend Menschen, vom Freizeitsportler bis zur internationalen Langlaufelite, an den verschiedenen Läufen während der Vasalaufwoche teil. Die eigentliche Geschichte des Vasalaufs nahm jedoch bereits rund 400 Jahre früher ihren Anfang, zur Zeit der Union Schwedens mit Dänemark, als der junge Adlige Gustav Eriksson 1521 auf der Flucht vor Getreuen des Dänenkönigs Kristian II., genannt der Tyrann, nach Dalarna gelangte. Dort wollte er die Bewohner Moras für den Aufstand gegen Kristian II. gewinnen. Da diese sich jedoch unschlüssig zeigten und Gustav verraten wurde, sah er sich gezwungen, westwärts Richtung Norwegen zu fliehen. Doch als kurz darauf weitere Gewalttaten des dänischen Königs in Mora bekannt wurden, bereuten die Bewohner ihr Zögern und schickten zwei ihrer besten Skiläufer los, die Gustav in Sälen einholten und mit ihm nach Mora zurückkehrten, um Pläne für den Kampf gegen den verhassten Dänenkönig zu schmieden. 1523 wurde Gustav unter dem Namen **Gustav I. Vasa** zu Schwedens erstem König gewählt.

Jeder darf beim Wasa-Lauf mitmachen

Sälen ist somit nicht nur der Startpunkt für eine der größten Skilanglaufveranstaltungen der Welt, sondern auch für die Geschichte ganz Schwedens.

Mittlerweile ist aus dem Vasalauf eine ganze **Vasawoche** geworden: Neben dem Hauptlauf (Vasaloppet) werden die Veranstaltungen Halbe Strecke (Halvvasan), Kurzlauf (Kortvasan), Staffellauf (Stafettvasan) und Frauenlauf (Tjejvasan) sowie Kinder- und Jugendläufe (Barnens Vasalopp, Ungdomsvasan) ausgetragen. Zudem besteht die Möglichkeit, eine Woche vor dem Großereignis in der Öppet spår, der **offenen Loipe**, zu laufen. 2017 kam zudem mit dem Nattvasan ein Paarlauf in der Nacht hinzu. Populär sind inzwischen auch die Mitte August stattfindenden Wettkämpfe Cykel Vasan mit dem **Mountainbike** und der **Marathonlauf** (Ultravasan). Und seit 2018 gibt es Vasaloppstrippeln, bei dem man je nach Kategorie innerhalb eines Jahres in Mora die 30, 45 oder 90 km jeweils mit Ski, dem Rad und zu Fuß zurücklegen muss.

Die Skilanglauf-Profis sind nach etwa vier Stunden am Ziel

Im Mittelpunkt des Interesses der sportbegeisterten Nation steht aber nach wie vor der Vasalauf, der morgens um 8 Uhr gestartet wird. Wer nicht am Ort des Geschehens ist, kann im Fernsehen oder am Radio mitverfolgen, wie die besten Läufer nach etwa vier Stunden die Ziellinie in Mora unter dem Motto „I fäderns spår för framtids segrar" („In der Spur der Vorfahren für zukünftige Siege") überqueren. Wer sich stark genug fühlt, am Vasalauf teilzunehmen, kann sich für den Hauptlauf im März oder für die gleiche Strecke – etwas geruhsamer – einige Tage vorher zu den Öppet-Spår-Veranstaltungen anmelden.

(UQ)

Info

Information: Vasaloppet Mora, Vasaloppet Hus, 79232 Mora, Tel. 0250-39 200, www.vasaloppet.se. Infos für Teilnehmer und Besucher, Tipps u.a. zum Trainingsprogramm, Links zur Unterkunftssuche und -buchung. Hier befindet sich auch das **Vasaloppet Museum**. Zum weiteren Angebot in der **Region Dalarna**: www.visitdalarna.se.

39 Luleå und Gammelstad – am nördlichen Ende der Ostsee

Auf dem Weg nach Norden sollte man keinesfalls an Luleå vorbeifahren, sondern mindestens einen Tag im Ort und in der Umgebung verweilen. Die Stadt liegt gut 100 km unterhalb des Polarkreises am nördlichen Ende der Ostsee und ist mit 80.000 Einwohnern innerhalb der Kommune das politische, ökonomische und administrative Zentrum Norrbottens. Der Tourismus profitiert von der guten Infrastruktur, der tollen Lage an der Mündung des breiten Luleälv in die Ostsee und einem oft wolkenlosen Himmel: Nirgendwo im Königreich werden so viele Sonnenscheinstunden gezählt wie hier! Im Sommer erreicht das Quecksilber oft die 25 °C-Marke – dann kann man an den Stränden baden, mit Ausflugsbooten den Schärengarten erkunden, auf ausgezeichneten Radwegen radeln oder auf der Uferpromenade die Innenstadt umrunden. Und der Winter lockt mit Schlittschuhfahrten auf der berühmten kilometerlangen Eisbahn oder Exkursionen mit dem Eisbrecher „Polar Explorer".

1621 wurde die Stadt bei der mittelalterlichen Kirche von Gammelstad gegründet, doch reichte der Hafen bald wegen der Landhebung nicht mehr aus, sodass die neue Stadt gegen den Willen der Bewohner auf Befehl des Königs 11 km weiter zum heutigen Standort verlegt wurde. Doch die Neugründung war lange Zeit mehr ein Dorf als eine lebendige Handelsstadt. Immer wieder verhinderten Brände und Verwüstungen russischer Kosaken eine kontinuierliche Entwicklung, bis mit der Fertigstellung der Eisenbahn zwischen Gällivare und Luleå 1888 und der Errichtung einer Schmelzhütte Stadt und Hafen an Bedeutung gewannen. Heute ist die Stadt das **technologische Zentrum des Nordens**. Das Stahlwerk SSAB Luleå, eines der modernsten Europas, gibt 9.700 Beschäftigten Arbeit. An der Hochschule sind rund 17.000 Studenten eingeschrieben.

Die 1893 errichtete neogotische Kreuzkirche ist bereits die dritte, die an ein und derselben Stelle gebaut wurde. 1904 zur **Domkirche** ernannt, ist sie sowohl die nördlichste als auch jüngste Domkirche Schwedens. Luleås kultureller Nabel ist das 2007 eröffnete **Haus der**

Die Kirche von Gammelstad ist die nördlichste Domkirche des Landes

Am Hafen von Luleå

Kultur. Im Erdgeschoss findet man das Fremdenverkehrsamt **Luleå Turistcenter** und die **Kunsthalle**, darüber hinaus befinden sich hier die Stadtbibliothek, zwei Konzertsäle, ein Restaurant und ein Café.

Lohnend ist ein Abstecher in das 10 km nordwestlich vom Zentrum liegende **Gammelstad**, wo um die sehenswerte Kirche mehr als 400 Häuschen („kyrkstugor") liegen, die früher den Kirchbesuchern von weither als Unterkunft dienten und auch heute an kirchlichen Feiertagen genutzt werden. Die Kirche Nederluleå kyrka aus rotem und grauem Granit, Ende des 15. Jh. fertiggestellt, gilt als eines der schönsten sakralen Gebäude nördlich von Uppsala. Reich sind Ausstattung und Ausschmückung mit Fresken im Chor, dem um 1500 in Antwerpen gebauten Altar, mittelalterlichem Triumphkreuz, Marmortaufbecken und Chorgestühl sowie der Barockkanzel. Gammelstad gehört zum **UNESCO-Weltkulturerbe** und ist Schwedens größte und am besten erhaltene Kirchstadt, davon gibt es heute nur noch 16 im Lande.

Von der Kirche führt die Gamla Hamngatan (die alte Hafenstraße) hinunter zum **Freilichtmuseum Hägnan**, das mit typischen Norrbottenhöfen ein authentisches Bild des Lebens vom 18. bis ins 20. Jh. vermittelt.

(UQ)

Info

Kulturens hus und Luleå Turistcenter: Skeppsbrogatan 17, 97231 Luleå, Tel. 0920-455 900, https://kulturenshus.com, Tel. 0920-457 000, https://visitlulea.se, Mo–Fr 10–17, Sa 10–16, So 11–15 Uhr.

Gammelstad Visitor Centre: Kyrktorget 1, 95433 Gammelstad, Tel. 0920-457 010, www.visitgammelstad.se, Juni–Aug. tgl. 10–18, sonst Mo–Fr 12–16, Sa/So 11–15 Uhr. **Die Nederluleå kyrka** ist Mo–Mi 11–15 Uhr geöffnet, das **Friluftsmuseet Hägnan** Mitte Juni–Mitte Aug. tgl. 11–17 Uhr.

40 Der Wintermarkt der Samen in Jokkmokk

Als Schwedens König Karl IX. zu Beginn des 17. Jh. verfügte, Marktplätze in Lappland zu errichten, um den Handel und die verstreut lebende samische Bevölkerung zu kontrollieren, wird er wohl kaum darauf gehofft haben, in der Wintersiedlung der Lule-Samen eine Tradition zu stiften, die sich auch **400 Jahre** danach größter Beliebtheit erfreut. Alle Jahre wieder treffen sich zahlreiche Bewohner der Nordkalotte und mit ihnen Touristen aus südlicheren Gegenden zum **traditionellen Wintermarkt Anfang Februar** im lappländischen Jokkmokk nahe dem Polarkreis.

Bis zu 45.000 Besucher fanden in den letzten Jahren den Weg in den 2.700-Einwohner-Ort. Angelockt von inzwischen rund 500 Marktständen, bringen die vielen Zugereisten für drei Tage siedendes Leben in die langen, dunklen Monate arktischer Kälte. Doch nicht nur Handel und Kommerz prägen den Höhepunkt des Jahres in Jokkmokk, die Tage des Wintermarktes sind auch die Tage der **Kultur der Samen**, die als rot-blau-gelber Faden – den Farben der Jokkmokk-Samen – das Festival am Polarkreis durchziehen. In und um Jokkmokk liegen die Dörfer der Wald- und Fjällsamen (fjäll = Gebirge), die von der Rentierzucht leben und vornehmlich Träger der alten Kultur sind.

Jokkmokks Markt fiel anfangs in die Zeit der Papstmesse um den 25. Januar und dauerte zwei bis drei Wochen. Getauscht wurden Rentierprodukte, Felle und Handwerksgerät gegen Salz, Mehl, Hanf, Häute, Kleidung, Kupferkessel, später auch Kaffee und Tabak sowie Branntwein. Wer sich heute auf dem Markt in Jokkmokk bewegt, trifft nur an vereinzelten Marktständen Samen, die vorzügliches samisches Kunsthandwerk (sameslöjd), Rentierfelle oder geräuchertes Rentierfleisch und -wurst anbieten. Viele Händler von nah und fern, ohne samische Abstammung, reisen von Markt zu Markt. Es liegt eine eigenartige Stimmung über Jokkmokk, wenn sich bei Temperaturen um -20 oder -30 °C viele offensichtlich alte Bekannte im klaren oder schneediesigen Licht des Nordens treffen. Man steht in Gruppen, lacht und scherzt. Von nordischer Zurückhaltung keine Spur. Hier macht es Sinn, dass man von Kopf bis Fuß Pelz trägt. Ausgesprochen groß ist deshalb auch das Angebot an ausgefallenen Pelzwaren.

Eindrucksvoll ist das **Veranstaltungsprogramm** im Ort während der Markttage, das vom örtlichen Touristenbüro arrangiert wird. Im Mittelpunkt stehen Malerei, Musik und Kunsthandwerk der Samen in deren Ausbildungszentrum und andernorts, alle Institutionen am Ort sind in das Gesamtprojekt Wintermarkt eingebunden. So auch das samische Zentrum **Ájtte** mit seiner hervorragenden Präsentation von Natur und Kultur Lapplands. Gezeigt werden neben zahlreichen Gegenständen Filme und Diashows, die eine Vorstellung vom Leben der Samen früher und heute vermitteln. Dazu gibt es Aktivitäten für Kinder, Verkauf von Literatur und Kunsthandwerk sowie ein Restaurant mit samischen Spezialitäten.

Südlich vom Markt kann man den Talvatissee aufsuchen und dem beliebten **Rentierschlittenrennen** beiwohnen. Wen es weiter hinaus in die Wildnis drängt, kann sich den Jokkmokksguider und ihren Schlittenhunden anvertrauen oder an einer **Elchsafari** – mit Elchgarantie – teilnehmen. Mit etwas Glück – ohne Garantie

Farbenfrohe Tracht von Kopf …

… bis Fuß

– wird man vielleicht Zeuge eines Phänomens, das schon immer die Fantasie der Menschen angeregt hat, wenn die flatternden Bänder, kunstvoll gefalteten Vorhänge oder Strahlenbündel des **Polarlichts** am Himmel erscheinen.

Für die Bewohner Jokkmokks gilt mit dem Ende des Wintermarktes dann wieder die neue alte Zeitrechnung, die Zeit nach („tiden efter") dem Großereignis Wintermarkt. 2021 und 2022 fand der Markt coronabedingt nur digital statt, seit 2023 können Besucher aus Nah und Fern dem Geschehen wieder beiwohnen.

(UQ)

Anreise: Ein Besuch des Wintermarktes ist inzwischen über mehrere Spezialreiseveranstalter als Paket inkl. Flug, Unterkunft und Transfers buchbar. Die Charterfluggesellschaften FlyCar (www.fly-car.de) oder ProSky (www.pro-sky.com) bedienen im Winter von vielen deutschen Flughäfen aus den Airport Arvidsjaur mit Direktflügen. Ansonsten gibt es Linienflüge via Stockholm nach Luleå. Weitere 170 km per Bus bis Jokkmokk. Alternativ bietet sich die Fahrt mit der Inlandsbanan an, die auch im Winter fährt (https://inlandsbanan.se, s. dazu auch S. 82).

Jokkmokks Turistinformation: Västra Torggatan 11, 96231 Jokkmokk, Tel. 0971-22 250, www.jokkmokk.se/turism, https://destinationjokkmokk.se.

Ájtte Svenskt Fjäll- och Samemuseum: Kyrkogatan 3, 96223 Jokkmokk, Tel. 0971-17 070, www.ajtte.com, Mitte Juni–Mitte Aug. tgl. 9–17, sonst Di–Fr 10–16, Sa 12–16 Uhr, SEK 100.

Jokkmokkguiderna: Skabram 201, 96299 Jokkmokk, Tel. 0971-12 220, www.jokkmokkguiderna.com.

41 Für Spezialisten: der Fernwanderweg Kungsleden

Sympathischer Schilderwald

Der **Kungsleden** (Königspfad) in Lappland ist ein berühmter und viel besuchter **Fernwanderweg**, der sich über rund 400 km von Abisko im Norden bis nach Hemavan im Süden erstreckt und dabei die Nationalparks Abisko, Stora Sjöfallet, Sarek und Pieljekaise durchquert. Der südliche Teil des Weges verläuft über etwa 350 km von Storlien nach Sälen. Der Schwedische Touristenverein (STF) unterhält an den Strecken Abisko-Kvikkjokk nördlich des Polarkreises und Ammarnäs-Hemavan in Südlappland 16 Hütten und Fjällstationen mit Übernachtungsmöglichkeiten. Die Entfernung zwischen den einzelnen Hütten und Fjällstationen beträgt etwa 15–20 km, sie entspricht also einer Tagesetappe.

Der Fernwanderweg Kungsleden führt durch Lappland

Rast inmitten der Natur

Der **Wanderpfad** ist für Touren im Winter und Sommer entsprechend markiert. Die Winterwege sind durch Pfähle mit einem roten Andreaskreuz, die Sommerwege durch rote Steinpyramiden gekennzeichnet. Sommer- und Winterwege haben oft die gleiche Routenführung.

Das **Gelände** ist im Allgemeinen leicht begehbar. An schwierigen Furten sind Brücken vorhanden. Wege, die durch morastige Gebiete führen, sind oft mit Bohlen versehen. Größere Seen überquert man entweder mithilfe eines Bootsführers oder man benutzt eines der am Ufer liegenden Ruderboote und rudert selbst.

Tipp

Der Fjällräven Classic

Jedes Jahr im August wird ein **Wanderwettbewerb** veranstaltet, der sieben Etappen umfasst und von Nikkaluokta nach Abisko führt. Rund 2.000 Leute nehmen daran teil, um die 110 km zu wandern, für die man nicht länger als sieben Tage brauchen darf. Der Weg führt durch unterschiedlichste und reizvolle Landschaftsabschnitte, die zum Teil schnell wechselnden Witterungsverhältnissen ausgesetzt sind. Eine entsprechende Ausrüstung ist wichtig.

Weitere Informationen zu Startbedingungen, Ausrüstung, An-/Abreise, Transfers, Unterkünften usw. unter https://classic.fjallraven.com.

Skitouren sind möglich von Anfang März bis Mitte Mai. Die **Sommersaison** beginnt Ende Juni und endet Mitte September.

Der nördliche Teil des Kungsleden verläuft von Abisko nach Kvikkjokk über 172 km. Der Weg führt durch landschaftlich abwechslungsreiches Gelände, überwiegend oberhalb der Baumgrenze, durch breite Bergtäler, über Hochplateaus und enthält einige starke Steigungen. Die Strecke zwischen Aktse und der Hütte in Pårte verläuft durch den Sarek-Nationalpark. In Kvikkjokk unterschreitet man wieder die Baumgrenze.

Die am stärksten frequentierte Strecke führt von **Abisko bis zum Kebnekaise**, Schwedens höchstem Berg. Sie eignet sich sehr gut für eine Wochentour. Von dort aus kann man das verlockende Nordlicht auch am besten sehen.

Allerdings kann es in den Hütten während der **Hochsaison** vom 10. Juli bis Mitte August eng werden. Alle Gäste sind gern gesehen, und selbst wenn die Hütten doch einmal voll belegt sein sollten, erhält jeder einen Schlafplatz und ein Dach über dem Kopf. Infos: www.svenskaturistforeningen.se/guider-tips/omraden/kungsleden.

(UQ)

42 Kiruna: Eine Stadt zieht um

Kiruna, die nördlichste Stadt Schwedens, ist umgeben von endlosen Weiten, Ödland, Tundrengebieten, mächtigen Gebirgszügen, Seen und Flüssen. Schon bei der Fahrt über die E10 bekommt man eine vage Vorstellung von der flächenmäßigen Größe der Gemeinde, wenn lange vor dem Erreichen der Stadt das Hinweisschild „Kiruna Kommun" erscheint. Ihr Areal entspricht mit 20.000 km^2 etwa dem des Bundeslandes Rheinland-Pfalz.

Anfangs lebten in dem Gebiet um Kiruna nur Samen und Finnen, im 17. Jh. kamen schwedische Siedler und Grubenarbeiter. Die Stadtgründung im Jahr 1900 ist mit dem Namen **Hjalmar Lundbohm** verknüpft: Der „König von Lappland" war damals Direktor des staatlichen schwedischen Bergbauunternehmens **LKAB**. Er entwarf den Stadtplan, kümmerte sich um soziale Einrichtungen und ließ die sehenswerte Kirche bauen. Das Bergbauunternehmen LKAB war 1890 gegründet worden, um die Erzvorkommen in den Bergen Luossavaara und Kiirunavaara zu erschließen.

Ohne die gigantischen Eisenerzvorkommen wäre es nicht zur Gründung der Stadt Kiruna gekommen. Die Förderung des qualitativ hochwertigen schwedischen Erzes – mit rund 27 Mio. t jährlich immerhin 90 % der gesamten europäischen Produktion – ist ein wichtiger Faktor für den Wohlstand Lapplands und des Königreichs. Die LKAB ist der mit Abstand größte Arbeitgeber der Region. Natürlich gibt es die Sorge um zurückgehende Fördermengen, allerdings wurde unlängst bekannt, dass die LKAB nahe der Grube das mit Abstand größte europäische Vorkommen Seltener Erden entdeckt hat. Kiruna kann sich also auf ein zweites stabiles Wirtschaftsstandbein freuen.

Um 1900 wurde das Erz noch im Tagebau aus dem Kiirunavaara gefördert. Erst im Laufe der Zeit folgte der Mensch den Erzadern in den Untergrund, inzwischen liegt das Abbaugebiet schon 1.365 m unter der ehemaligen Spitze des Kiirunavaara. Da sich der Erzkörper allerdings schräg in Richtung Kiruna erstreckt, breitete sich die Mine immer weiter in Richtung Stadtzentrum aus. Der Boden unter Kiruna wurde mehr und mehr ausgehöhlt, und schon um 2010 war die 18.000-Einwohner-Stadt akut einsturzgefährdet. 2011 entschied man sich, 5 km weiter östlich ein **neues Stadtzentrum** zu bauen. Für das Projekt musste die gesamte Infrastruktur geändert werden, die meisten alten Gebäude wurden abgerissen, einige wenige aber auch in die neue Stadt überführt. So z. B. das Haus des Stadtgründers: Den **Lundbohmgården** transportierte man 2017 an seinen neuen Standort am Fuße des Luossavaara. Die rote Holzkirche von 1912 soll an einem Stück und zusammen mit dem separaten Glockenturm 2025 in den neuen Stadtkern gebracht werden, immerhin eine der größten Holzkirchen des Landes! Das alte Rathaus dagegen wurde abgerissen, sein Uhrenturm aber steht jetzt neben dem neuen Rathaus: ein eindrucksvoller Rundbau mit dem schönen Namen „**Kristallen**". In ihm hat auch das **Kunstmuseum** (Konstmuseet i Norr) seinen Platz.

Kiruna ganz nah: die sogenannte Lappenpforte im Abisko-Nationalpark

2023 waren viele Bauprojekte vollendet und das kommerzielle Leben umgesiedelt. Außer dem „Kristall" geben der 13-stöckige Scandic-Hotelturm, das Kultur- und Kongress-Center Aurora, das Hallenbad Kiruna Badhuset sowie eine Einkaufsstraße samt Stadtpark dem Zentrum moderne Konturen.

Ist ein Bergbauort wie Kiruna auch nach seinem Umzug ein lohnendes touristisches Ziel? Sicher: Ein dreistündiger Besuch der **größten Unter-Tage-Erzmine der Welt** ist schon etwas Besonderes! Mit dem Bus geht es dabei 540 m tief in den Berg hinein, zum unterirdischen LKAB Visitor Center, dem Besucherstollen und dem Grubenmuseum. Außerdem bietet sich Kiruna als Sprungbrett für Exkursionen in die lappländische Wildnis an. Von hier aus ist es nicht weit zu Schwedens höchstem Berg, dem Kebnekaise, oder nach Abisko, dem ältesten Nationalpark des Landes. Im Sommer geht vom 29. Mai bis zum 11. Juli die Sonne nicht unter, im Winter tanzen die Polarlichter über dem tief verschneiten Wunderland. Das **Eishotel in Jukkasjärvi** in der Nähe, das jedes Jahr Ende Oktober aus Tausenden Tonnen Schnee und Eis errichtet wird, lockt seit 1989 jährlich Zehntausende Besucher an. Vor Ort findet man zudem eine Kunsthalle, eine Eissauna, eine Icebar und die Eiskirche. Selbst im Sommer gibt es ein Eislager und ein Eismuseum. *(UQ)*

Info

Kristallen: Stadshustorget 1, 98185 Kiruna, Tel. 0980-70 000, https://kiruna.se, tgl. 7.30–17 Uhr.
Konstmuseet i Norr: Stadshustorget 1, 98130 Kiruna, Tel. 0980-75 506, https://konstmuseetinorr.se, Di, Mi, Fr 10–18, Do 10–20, Sa/So 12–16 Uhr, freier Eintritt.
Kiruna Lappland Tourist Center: Malmvägen 9B, 98130 Kiruna, Tel. 0980-18 880, https://kirunalapland.se; Mo–Fr 9–16, Sa 9–15 Uhr. Geführte Grubenbesuche werden ganzjährig vom **LKAB Visitor Centre** (https://lkab.com) organisiert und können über das Tourist Center gebucht werden.
Icehotel: Marknadsvägen 63, 98191 Jukkasjärvi, Tel. 0980-66 800, www.icehotel.com.

Finnland

Finnland, in der Landessprache Suomi, ist bei vielen auch als das „Land der tausend Seen" bekannt. An den Seen kommt niemand vorbei und sie machen oft eines der Hauptmotive für eine Reise nach Finnland aus. Seen und Wälder sind zwar der bekannteste, aber natürlich nicht der einzige Bestandteil einer Landschaft, die sich (im Gegensatz etwa zur norwegischen) nie spektakulär in Szene setzt. Höchstens die lappländischen Nationalparks verdienen Attribute wie „grandios" oder „majestätisch". Die Wiesen und Felder des Südens, die Sandstrände am Bottnischen Meerbusen, die unzähligen Schären der Åland-Inseln, versprühen ihren eigenen Charme. Dabei ist klar, dass der Finnland-Reisende das Ursprüngliche und Unverfälschte sucht. Es versteht sich von selbst, dass dieser Naturraum eine Fülle von Outdoor-Möglichkeiten bietet. Finnland ist zudem ein traditionsreiches Wintersportland mit besten Schneeverhältnissen von Dezember bis April.

Neben der Natur werden oft auch die politische Stabilität sowie die vergleichsweise moderaten Preise als Motive für die zunehmende Beliebtheit Finnlands genannt. Vor Ort wird man dann feststellen, dass Suomi auch kulturell einiges zu bieten hat. Alte Feldstein- und Holzkirchen, eine Vielzahl ansprechender moderner Bauten, dazu eine äußerst lebhafte Musik- und Festivalszene sorgen für mehr als interessante Kontrapunkte zum Naturerlebnis. Und es lohnt sich, Bekanntschaft mit dem finnischen Volk zu machen, das eine ungewöhnliche Sprache spricht und auf eine ungewöhnliche Geschichte zurückblicken kann.

Steckbrief Finnland

Name: Suomi (Finnland); amtlich: Suomen tasavalta (Republik Finnland)
Flagge: blaues Kreuz auf weißem Grund
Fläche: 338.145 km²
Klima: gemäßigt bis kalt, kalte Winter und vergleichsweise heiße Sommer. Große Temperaturunterschiede in Süd-/ Nordrichtung. Sommer und Winter dauern im Süden des Landes etwa einen Monat länger als im Norden.
Nationalfeiertag: 6. Dez. (Unabhängigkeitstag)
Bevölkerung: 5,6 Mio., darunter etwa 9.000 Sámi (Lappen) mit eigener Sprache und Kultur.
Sprache: Finnisch (90 %) und Schwedisch (5,4 %), 292 Gemeinden sind finnischsprachig, 16 Gemeinden im Land sind schwedischsprachig, 33 sind zweisprachig.
Hauptstadt: Helsinki
Staatsform: Parlamentarische Republik
Staatsoberhaupt: Präsident Sauli Niinistö
Ministerpräsident: Petteri Orpo (Nationale Sammlungspartei)
Wirtschaft: Exportorientiertes, industriell hoch entwickeltes und wohlhabendes Land: Holz- und Papierindustrie, Metall- und Elektronikindustrie, Landwirtschaft und Tourismus. Wichtigste Handelspartner: Deutschland, Schweden, USA.
Währung: 1 Euro = 100 Cent
Telefonvorwahl: +358
Internet-TLD: fi

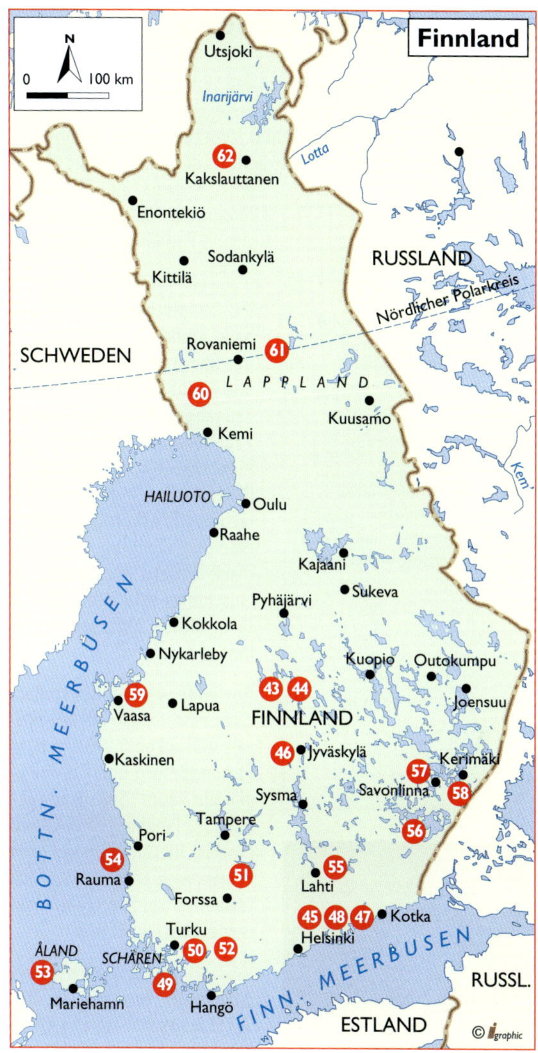

43 Der Klassiker – die finnische Sauna
44 Spezialitäten wie Aalquappen-Rogen, Malzbrei, Piroggen, Moltebeeren, Elchbraten oder Rentiergeschnetzeltes
45 Design und Architektur in Helsinki
46 Alvar Aalto – Großmeister der Moderne
47 Helsinkis Bibliotheken
48 Inselfestung Suomenlinna
49 Schärenidyll bei Tammisaari (Ekenäs)
50 Festivals in Turku
51 Ganz schön schräg – die Finnen und ihre skurrilen Sportevents
52 Auf der historischen Königsstraße
53 Åland-Inseln
54 Die Altstadt von Rauma
55 Lahti – nicht nur für Langläufer
56 Bootswandern auf vielen Seen
57 Die Opernfestspiele Savonlinna
58 Die größte Holzkirche der Welt
59 Vaasa – die schwedische Exklave
60 Mit dem Hundeschlitten durch Lappland (Nordkalotte)
61 Wo bitte wohnt der Weihnachtsmann?
62 Dem Polarlicht ganz nah – Kakslauttanen Arctic Resort

43 Der Klassiker – die finnische Sauna

Man muss schon lange nicht mehr nach Finnland reisen, um in den Genuss eines Saunabesuchs zu kommen – die Sauna hat ihren Siegeszug um die ganze Welt angetreten und ist so zu einem der wenigen finnischen Wörter im internationalen Wortschatz geworden. Zu einem Finnland-Urlaub gehört der Gang in die Sauna einfach dazu. Eine Sauna zu finden, dürfte leicht fallen, es gibt in Finnland rund 1,6 Millionen.

Ein finnisches Einfamilienhaus ohne Sauna-Häuschen ist unvorstellbar, auch hat fast jedes Mietshaus seinen Saunabereich. Und finnische Wanderer behelfen sich bei Mehrtagestouren mit einem Provisorium, indem sie einfach aus Stöcken und Planen eine Art Zelt in die Wildmark bauen, im Lagerfeuer Flusskiesel erhitzen und diese in einem Metalleimer ins Innere setzen …

Reisende werden feststellen, dass eine Sauna in den Hotels und Jugendherbergen, in Feriendörfern und Campingplätzen zum Standard gehört. Manche First-Class-Hotels bieten Zimmer mit Privatsauna an und viele Hotelsaunas sind auch für externe Gäste geöffnet.

Warum ist das Schwitzvergnügen in Finnland so beliebt? Zunächst ist es sicherlich die Entspannung, die man im „Schwitzkasten“ und danach erfährt. Dazu kommt die abhärtende Wirkung, Erkältungen wird vorbeugt,

Tipp

Kleine Sauna-Kunde

- Falls Sie als erste Sauna-Gäste die Temperatur einstellen müssen: **85 bis 100 °C sind ideal** (gemessen in Kopfhöhe). Untersuchungen belegen, dass eine hohe Luftfeuchtigkeit und die genannten Temperaturen gesünder sind als eine zu heiße und zu trockene Sauna.
- **Keine Angst vor einer Überhitzung** des Gewebes: Wegen des Schwitzens entsteht auf der Haut Verdunstungskälte.
- Neben dem Ofen, der die Sauna auf mindestens 85 °C erhitzen kann, müssen die **Luftzirkulation** und die Luftfeuchtigkeit stimmen. Sechsmal stündlich sollte die Luft in der Sauna ausgetauscht werden. Aufgüsse lassen die Luftfeuchtigkeit ansteigen.
- Nehmen Sie sich **genügend Zeit**, denn nur bei richtiger Abkühlung und Ruhepausen zwischen den einzelnen Saunagängen stellt sich die entspannende Wirkung ein.
- **Wie lange bleibt man in der Sauna?** Ihr Körper signalisiert Ihnen, wann es genug ist. Lassen Sie sich nicht von der Sanduhr irritieren, die absolut nicht maßgeblich für das eigene Wohlbefinden ist.

Ein Bündel frischer Birkenzweige gehört zum Saunagang dazu

Das Saunieren hat in Finnland Tradition

der Kreislauf stabilisiert, der Stoffwechsel aktiviert, der Körper entschlackt und die Haut verschönert.

Und **wie sauniert man am besten?** Bei den Finnen gehört zum richtigen Schwitzen neben der idealen Temperatur auch die Massage mit einem Bündel frischer Birkenzweige *(vihta)* dazu. Ein Aufguss, den man über die heißen Steine gießt, darf ebenso wenig fehlen wie etwas zu trinken oder Saunagerichte zwischendurch. Zur Abkühlung nach den einzelnen Saunagängen springt man am besten in den See – deshalb sind in ländlichen Regionen fast alle Saunas direkt am Wasser. Ist dieser im Winter zugefroren, schlägt man eben ein Loch in die Eisdecke. So eine Abkühlung sollte jedoch den wirklich Mutigen und Erfahrenen vorbehalten bleiben, während der Sprung bei minus 30 °C für Ungeübte riskant sein kann. In den städtischen und Hotelsaunas ersetzen natürlich Dusche und Tauchbecken den See.

In Finnland geht es in den Saunas vergleichsweise prüde zu. In Hotels etwa sind sie nach Damen und Herren getrennt bzw. Paaren vorbehalten, auch sonst schwitzt man meist im Kreis der Familie oder zusammen mit Geschlechtsgenossen. Und auf Campingplätzen oder in Jugendherbergen werden im Allgemeinen Saunazeiten reserviert.

(UQ)

44 Spezialitäten wie Aalquappen-Rogen, Malzbrei, Piroggen, Moltebeeren, Elchbraten oder Rentiergeschnetzeltes

Die finnische Küche wird in besonderem Maße vom Wechsel der Jahreszeiten bestimmt. Im **Januar** wird bevorzugt Aalquappen-Rogen serviert, den man auf Blinis (einer Art Pfannkuchen) und zusammen mit russischer saurer Sahne *(smetana)* und kleingehackten Zwiebeln schlemmt. Auch die Aalquappen-Suppe ist eine Köstlichkeit, die mancherorts mit klarer Brühe, zerlassener Butter und Kartoffeln zubereitet wird. Im **Februar** vertreibt man die bittere Kälte mit deftigen Suppen und Eintöpfen, bei denen Fleisch, Fisch, Kohl oder Wurst die Zutaten sind.

Eine Delikatesse: frisch zubereiteter Fisch

Der Donnerstag ist im ganzen Land für die Erbsensuppe reserviert, Nachtisch sind Pfannkuchen mit Konfitüre *(lettu)*. Eine traditionelle Spezialität in der **Osterzeit** ist der süße Malzbrei *mämmi*, der als Nachtisch zu Hühner-, Eier- und Lammgerichten gegessen wird. Vor allem in orthodoxen Gemeinden macht sich Ostern mit der Quarkspeise *pascha* und den Gebäcksorten *kulitsa* oder *baba* der östliche Einfluss bemerkbar. In den Monaten **März und April** kommen u.a. Hecht, Barsch und Brachse oft auf den Tisch.

Beliebt beim **Vappu-Fest am 1. Mai** ist *tippaleipä*, ein dünn gerollter Berliner-Teig. Dazu gibt es *sima*, ein leicht vergorenes Getränk aus Rohzucker. Der kulinarische Sommer beginnt mit dem **Mittsommerfest** *(juhannus)*: Erbsen, Erdbeeren, Blaubeeren, Moltebeeren, Gurken und Tomaten werden angeboten, auch wohlschmeckende Kartoffeln, die als Vorspeise mit Butter und frischem Dill gereicht werden. Aus frischem Gemüse und Milch bereitet man die Sommersuppe *(kesäkeitto)* zu. Den Johannis-Käse sollte man ebenso probieren wie den traditionellen finnischen Eierkuchen *(muurinpohjalettu)*, dessen Teig im Freien in einem großen gusseisernen Topf gebacken wird – dazu gibts Erdbeer- und Himbeerkonfitüre.

Kein **Sommer-Dessert** kommt ohne die leckeren Wildbeeren mit Schlagsahne oder Dickmilch *(viili)* und Pfannkuchen aus. Beliebt ist die Moltebeere, die wie eine gelbe Himbeere aussieht und im ganzen Land wächst. Am 21. Juli beginnt die bis September andauernde Flusskrebs-Saison.

Selbst gepflückte Wildbeeren schmecken am besten

Im Erntemonat **August** kündigt sich langsam der Herbst an: Während die See nun Flunder *(kampela)* und Ostseehering *(silakka)* bietet, stellen Jäger den Enten nach. Fast alle Finnen zieht es in die Wälder, wo jeder gute Stellen kennt, um Pfifferlinge, Trompetenpfifferlinge, Milchlinge, Röhrenpilze und andere Speisepilze zu finden. Im **September** wird die Jagd auf Hasen und Elche eröffnet, Wanderer sammeln Preisel- und Moosbeeren. Feinschmecker sehnen den **Oktober** herbei, weil dann aus dem Rogen von Hering sowie kleiner und großer Maräne der unübertroffene rote Kaviar gewonnen wird. Auf den Märkten wird geräucherter, gebeizter, marinierter oder gesalzener Fisch angeboten.

Ab **Dezember** bieten die besseren Restaurants jene Spezialitäten, die aus dem hohen Norden kommen und für die die lappländische Küche berühmt ist: Elch- und Rentierbraten, Rentiergeschnetzeltes *(poronkäristys)* oder Schneehuhn in Cremesoße *(riekko)*. Andere Wild- und Fischgerichte sind leicht geräucherter Lachs mit Morchelsoße oder aufgekochter Stockfisch *(lipeäkala)*. Sonst bereitet man sich auf **Weihnachten** vor und setzt den berühmten Glühwein *(glöggi)* an. Auf der Festtafel findet man dann Fisch (z.B. Hering, Lachs, Schellfisch) und Aufläufe, Pasteten, Palatschinken oder Truthahn. Auch der gewürzte finnische Pfefferkuchen *(piparkakku)* gehört zu jedem traditionellen Weihnachtsfest.

(UQ)

45 Design und Architektur in Helsinki

Wenn Suomi als Kulturlandschaft einem größeren Kreis von Kunstinteressierten in aller Welt bekannt gemacht wurde, dann durch seine **Architekten und Designer**. Technisch exakt und künstlerisch sorgfältig durchdacht und gearbeitet, vermochte es die finnische Bau- und Gestaltungskunst von Anfang an, für ihr Heimatland zu werben. Natürlich gab es nach dem Krieg auch in Finnland Bausünden. Der Wohnraumbedarf war in den 1950er- und 1970er-Jahren zu groß und manche Vororte der großen Städte wirken mit ihren Plattenbau-Siedlungen trist. Doch insgesamt hat sich das Land beim Aufbau der modernen Wohlfahrtsgesellschaft so gut

Das Designmuseum beleuchtet die Geschichte des finnischen Designs

„geschlagen", dass ihm der Architekturkritiker Kenneth Frampton „**eine großartige moderne architektonische Kultur**" bescheinigte.

Besonders gut erleben kann man diese Kultur in **Helsinki**. Auf der breiten Halbinsel, die sich südlich des Zentrums ausdehnt, trifft man auf große Grünanlagen und beschauliche Holzvillen, aber auch auf lebhafte Shoppingadressen, wunderschöne, geschlossene Stadtviertel und ein Zentrum der kreativen Szene. Damit bietet sich die Halbinsel für einen Rundgang an, bei dem Shopping, Kultur und Naturgenuss im Vordergrund stehen. Wer müde wird, kann mit der Tramlinie 2 abkürzen, die eine große Runde durch dieses Gebiet dreht.

Ein bestens geeigneter Startpunkt ist die Esplanade, deren zwei Straßen bereits einen Großteil der arrivierten Shoppingadressen auf sich vereinigen. An ihrem westlichen Ende, am Schwedischen Theater, kommt man zum Erottaja-Platz und geht über die gleichnamige Straße südwärts bis zum kleinen, dreieckigen Park Kolmikulma. Die vielen Boutiquen, Galerien und Läden mit Mode, Möbeln und Accessoires, die In-Kneipen und Clubs, schrägen Musikshops und trendigen Friseursalons künden unübersehbar davon, dass man sich hier in einem der angesagtesten Helsinkier Stadtteile befindet, dem sogenannten **Design-Distrikt**.

Am Bahnhof von Helsinki

In der Nähe des Parks befinden sich zwei Museen, die eng mit den Themen Lifestyle, Architektur und Design verknüpft sind. Das **Designmuseum** an der Korkeavuorenkatu dokumentiert mit seinen Exponaten die Entwicklung des finnischen Industrie- und Wohndesigns. Daneben gibt es stets gute Wechselausstellungen. Untergebracht ist das Museum in einem ehemaligen Gymnasium von 1894.

Das **Museum für Finnische Architektur** an der Kasarmikatu verspricht angesichts der berühmten Namen, die Suomi der internationalen Baukunst geschenkt hat, nicht nur für besonders Interessierte neue Einsichten. Neben Wechselausstellungen findet man in dem dreistöckigen klassizistischen Bau ein Fotoarchiv, eine Sammlung von Originalzeichnungen und einen gut bestückten Museumsshop. Das Museum, das als eines der ältesten Zentren für moderne Architektur in Europa gilt, besitzt zudem eine bedeutende Architekturbibliothek mit einem umfangreichen Bestand.

(UQ)

Info

Designmuseo:
Korkeavuorenkatu 23, 00130 Helsinki, Tel. 09-622 0540, www.designmuseum.fi, Öffnungszeiten variieren, siehe Website, zu erreichen mit Tram 10, Bus 24, 20 €, unter 18 Jahren frei.

Arkkitehtuurimuseo:
Kasarmikatu 24, 00130 Helsinki, Tel. 045-7731 0474, www.mfa.fi, Di–So 11–18, Mi 10–20 Uhr, zu erreichen mit Tram 10, Bus 24, 10 €.

Infos zu den zahlreichen Galerien, Shopping-Möglichkeiten, Restaurants etc. im Design District: https://designdistrict.fi/en.

46 Alvar Aalto – Großmeister der Moderne

Als Großmeister der Moderne und einer der **wichtigsten Architekten des 20.** Jh. ging Alvar Aalto in die Geschichte ein. Schon als 23-Jähriger hatte er sein Architekturstudium in Helsinki abgeschlossen und hospitierte in europäischen Architekturbüros. Ab 1925 bildeten Alvar Aalto und seine Frau Aino ein höchst effektives Team, das einen unverwechselbaren Stil entwickelte und wichtige Bauwerke bis ins kleinste Detail plante: Die Aaltos bestimmten sowohl die Bodenbeläge und Farbgebung der Räume als auch Platzierung und Form von Aschenbechern, Lampen oder Lichtschaltern. Auf diese Weise schrieb das Ehepaar auch Design-Geschichte. Am bekanntesten sind die Artek-Möbel aus Kiefernbugholz und gebogenem Sperrholz, die ab 1930 industriell gefertigt wurden, sowie die weich geschwungene **Savoy-Vase** (1936).

Aalto-Klassiker: der Armsessel „Paimio“ und die Vase „Savoy“

Aaltos **Formensprache** war von Anfang an funktional, d.h. der Zweck sowie die technischen Anforderungen bestimmten das Aussehen eines Gebäudes und seiner Räumlichkeiten. Folgende Aspekte waren für Aalto von großer Wichtigkeit: Das Funktionale durfte die Architektur nie langweilig werden lassen – überraschende Konturen, geschwungene Fassaden oder keilförmige Strukturen waren einige der organisch-dynamischen Mittel, mit denen er dieses Ziel erreichte. Das Bauwerk sollte für seine Benutzer funktionieren, denn Ansprüche und Erfordernisse sind bei Wohnhäusern, Hospitälern, Universitäten oder Kongresszentren jeweils höchst unterschiedlich.

Nach Aaltos Verständnis musste die Architektur dafür sorgen, dass auch die sozialen und/oder psychischen Faktoren so weit berücksichtigt werden, dass sich die Menschen im entsprechenden Raum wohlfühlen. Aalto wollte schließlich ein **harmonisches Miteinander von Gebäude und umgebender Natur** erreichen – ein See etwa konnte durch große Fensterflächen in das Bauwerk integriert und felsiger Untergrund sichtbar gemacht werden. Als Baumaterialien wurden natürliche Stoffe gewählt. Seine 1939 fertiggestellte **Villa Mairea** diente dem Paar als eine Art Labor, in dem praktische Lösungen für eine breit angelegte Häuserproduktion erarbeitet wurden.

Der **internationale Durchbruch** kam für das Büro, nachdem es auf den Weltausstellungen von Paris und New York jeweils den finnischen Pavillon gestalten

Die Finlandia-Halle in Helsinki

konnte – und Alvar Aalto zwei Gastprofessuren am renommierten Massachusetts Institute of Technology (MIT) erhielt. Zurück in Finnland, widmete sich das Architektenpaar städtebaulichen Aufgaben für **Helsinki**, **Rovaniemi** und **Tapiola** sowie repräsentativen öffentlichen Einzelgebäuden. Aaltos bekanntestes Bauwerk ist die Finlandia-Halle in Helsinki (1962–1975). Ein Jahr nach deren Fertigstellung starb Alvar Aalto.

Besonders mit dem Schaffen Aaltos verknüpft ist die Stadt **Jyväskylä** im Zentrum des Landes, wo der Meister sein erstes Architekturbüro unterhielt. Zwei von ihm konzipierte Museen, das Museum von Zentralfinnland (1961) und das Alvar Aalto Museum (1973), wurden 2023 renoviert und durch einen Erweiterungsbau miteinander zum Komplex **Aalto2** verbunden – die wichtigste Adresse für Bewunderer seines Lebenswerkes. Und in Helsinki können Interessierte sowohl das Privathaus des Architekten (Aalto House, Riihitie 20) als auch sein Bürogebäude (Studio Aalto, Tiilimäki 20) bei einer Führung besichtigen.

(UQ)

Info

Aalto2: Alvar Aalto katu 7, 40600 Jyväskylä, Tel. 044 790 9827, www.alvaraalto.fi, Mai–Aug. Di–So 10–18, sonst Di–So 11–18 Uhr, 17 €.

Information: Die Alvar Aalto Foundation gibt ausführliche Hinweise und bietet mehr als 20 unterschiedliche Rundtouren auf den Spuren von Alvar Aalto an. Infos, auch auf Deutsch, unter www.alvaraalto.fi und https://visit.alvaraalto.fi.

47 Helsinkis Bibliotheken

Warum sollte man die Büchereien eines Landes aufsuchen, dessen Sprache man nicht beherrscht? Auf diese berechtigte Frage muss die Antwort lauten, dass die Bibliotheken in Finnland oft deutlich mehr bieten und bedeuten als Bücherregale und Lesesäle. Vor allem die Bibliotheken von Helsinki sind enorm wichtige kulturelle Institutionen, die die Geschichte der Stadt widerspiegeln und ihr Gesicht prägen, sie sind architektonische Kostbarkeiten und voller innovativer Ideen. Die finnische Hauptstadt ist stolz auf diese Orte des Wissens, der Kreativität und der Gemeinschaft und gilt daher zu Recht als Vorreiter in der Bibliothekskultur.

In kaum einer anderen Stadt spielen Büchereien (auch digitale) eine solch wichtige Rolle wie in Helsinki, was eine eindrucksvolle Statistik belegt: Das Netzwerk umfasst nicht weniger als 66 Büchereien und Stadtteilbibliotheken, es gibt einen mobilen Bücherservice für Kranke, Bücherbusse und sechs Bücherei-Lastenfahrräder, die durch die Straßen der Hauptstadt fahren. Knapp 800 Personen arbeiten im Bibliothekswesen, das jährlich rund 30 Millionen Besucher und 16 Millionen Ausleihen registriert. Und mit der innovativen Helsinki City Library App können die Helsinkier u. a. Bücher online durchsuchen oder an virtuellen Veranstaltungen teilnehmen.

Lange Zeit die wichtigste und größte Bibliothek des Landes war die heutige **Finnische Nationalbibliothek** (Kansalliskirjasto), die aus der 1640 in Turku gegründeten Universitätsbibliothek hervorging. Als 1812 Helsinki Hauptstadt wurde, setzte der Zar den gebürtigen Berliner Carl Ludvig Engel als Stadtplaner und Architekten ein. Dieser schuf ein einmaliges neoklassizistisches Ensemble, das mit dem Dom, der Universität und diversen Stadtpalästen heute noch Helsinkis Zentrum dominiert. Die Bibliothek, direkt neben der Kathedrale gelegen, wird dabei als C. L. Engels Meisterwerk bezeichnet. Die Innenraumgestaltung mit ihren Friesen, Tonnengewölben und Treppenhäusern wird durch einen perfekten Lichteinfall ausgeleuchtet. Für die damalige Zeit sehr modern war Engels Idee, dem oberen Katalogsaal Helligkeit durch Fenster in der flachen Kuppel zu geben. Deswegen: Wenn man schon den mächtigen Dom als Hauptsehenswürdigkeit der Stadt besucht, sollte man auch auf der anderen Straßenseite einen Blick auf und in die Bibliothek werfen.

Nur einen Steinwurf entfernt liegt die **Universitätsbibliothek Helsinki** (Helsingin yliopiston kirjasto), die größte Bibliothek ihrer Art in Finnland. Sie wurde 2012 eingeweiht und übernahm damals Namen und Funktion der jetzigen Nationalbibliothek. Das Gebäude, das sogenannte Kaisa-Haus (Kaisa-talo), ist ein preisgekröntes Wunderwerk des Architekturbüros Anttinen Oiva und zieht mit seiner geschwungenen Backsteinfassade und der großen Fensteröffnung die Aufmerksamkeit auf sich. Es beherbergt u. a. auch ein Einkaufszentrum und eine Metro-Station. Die wahre Schönheit offenbart sich aber erst im Innern, wo die ovale Struktur der einzelnen Stockwerke den Blick des Besuchers automatisch gen Himmel steigen lässt. Die Innenausstattung ist von funktionalem Design, futuristischem Mobiliar, Helligkeit und klaren Formen geprägt, doch gibt es auch bequeme Sessel und Sitzkissen – ganz offensichtlich steht die Freude am Lernen in angenehmer Umgebung im Vordergrund. Eine Atmosphäre, die etwa 8.000 Personen jeden Tag nutzen.

Die Finnische Nationalbibliothek zeichnet sich durch einen perfekten Lichteinfall aus

Das Studienangebot ist riesig: auf 26.000 m² und über elf Stockwerke verteilt finden sich in 73,5 Regalkilometern gut 1,5 Millionen Bücher. Außerdem kann man mehr als 26.500 elektronische Zeitschriften und 340.000 E-Books einsehen. Abseits von Lernen und Lesen kann man aber natürlich aber auch das Kaisa-Haus einfach als Sehenswürdigkeit nutzen, Architektur und Design bewundern, sich in der Cafeteria Kirja & Kahvi stärken oder von der Dachterrasse den Blick auf die Kuppeln der Kathedrale und Nationalbibliothek genießen.

Die jüngste im Bunde, Helsinkis **Stadtbibliothek Oodi** (Keskustakirjasto Oodi) von 2018 ist gleichzeitig die spektakulärste und mit Sicherheit eine der spannendsten europäischen Bibliotheks-Neubauten. Die wellenförmige Stahl-, Glas- und Holzfassade erinnert an den Bug eines Schiffes, und das Innere vereint alle möglichen Funktionen, die eine herkömmliche Bibliothek ansonsten nicht bietet. Mit Café und Aussichtsterrasse, Konferenzräumen und Mini-Kino, Werkräumen mit Nähmaschinen, Tonstudios, Spielekonsolen, 3-D-Druckern und besucherfreundlichen Öffnungszeiten dient Oodi als Wohnzimmer, Spielplatz und lebhafter Treffpunkt für Jung und Alt – ein lebendiger Raum für die Helsinki-Community genauso wie für Touristen.

(UQ)

Info

Zentralbibliothek Oodi: Töölönlahdenkatu 4, 00100 Helsinki, Tel. 09-3108 5000, https://oodihelsinki.fi/en; Mo–Fr 8–21, Sa/So 10–20 Uhr.
Universitätsbibliothek (Kaisa-Haus): Fabianinkatu 30, 00014 University of Helsinki, Tel. 02941-23 920, www.helsinki.fi/en/helsinki-university-library; Mo–Fr 8–20, Sa 11–17 Uhr.
Finnische Nationalbibliothek: Unioninkatu 36, 00014 University of Helsinki, Tel. 02941-23 196, www.kansalliskirjasto.fi/en; Mo–Fr 9–18, Mi bis 20.

48 Inselfestung Suomenlinna

Im Sommer gibt es eine richtige kleine Armada von „Wasserbussen“, die vom Helsinkier Marktplatz aus **Suomenlinna** ansteuern. Außerdem ist die geschichtsträchtige Stätte auch mit Fähren und in strengen Wintern sogar auf einer außerplanmäßigen Busroute über die zugefrorene Ostsee zu erreichen.

Tipp

Helsinki Card

Wer alle sechs Museen auf der Festungsinsel besuchen will, für den lohnt sich evtl. der Kauf der Helsinki Card. Infos unter www.helsinkicard.com.

Die Geschichte der Festung, die 2023 ihr 275. Jubiläum feierte, geht auf die Schweden zurück, die im Kampf gegen das Zarenreich und das aufstrebende St. Petersburg (mit dessen Festung Kronstad) im 18. Jh. sowohl ein starkes Bollwerk zum Schutz der gefährdeten Ostflanke ihres Reichs benötigten als auch einen militärisch nutzbaren Naturhafen im Finnischen Meerbusen. Beides konnten die Schären vor dem damaligen Helsingfors bieten. So beauftragte man den Bau der Festung Sveaborg (= „Schwedenburg“). Sehr lange konnte die Sveaborg ihre Aufgabe jedoch nicht erfüllen: Im Jahr 1809 kapitulierten die Schweden nach längerer russischer Belagerung. Der zaristische Doppeladler wurde über Viapori – wie Sveaborg auf Slawisch genannt wurde – gehisst.

Das Festungsgelände ist ein beliebtes Naherholungsgebiet

In der 110 Jahre währenden russischen Epoche ist die Festung modernisiert und zu einer richtigen kleinen Stadt vergrößert worden. Mit der finnischen Unabhängigkeit ging der Archipel 1918 in den Besitz der einheimischen Armee über, und die Festung erhielt ihren Namen Suomenlinna (= „Burg der Finnen“). Nach Auflösung der Garnison 1973 wurde das nationale Denkmal aufwendig saniert. Es ist eine der meistbesuchten Touristenattraktionen des Landes.

Die reizvolle Lage Suomenlinnas wird auch von den Hauptstädtern als **Naherholungsgebiet** ausgiebig genutzt: Bei den Inselchen handelt es sich um einen Teil des

Gebaut als Bollwerk

Helsinkier Schärengürtels, mit Granitfelsen, Badeklippen, hübschen Buchten und niedriger Vegetation, ergänzt durch einige rare Pflanzen. Die vier größten Eilande sind durch Brücken miteinander verbunden und verfügen sowohl über gepflegte Parks als auch über Wanderwege.

Ergänzt wird das Angebot durch mehrere Galerien, sechs Museen und ein Sommertheater. Dazu gehören u.a. das multimediale **Suomenlinna Museum** über die Geschichte der Festung, das **U-Boot Vesikko** aus dem Zweiten Weltkrieg, ein Zoll- und ein Spielzeugmuseum. Suomenlinna wird aber nicht nur museal in Szene gesetzt, sondern erscheint als lebendiger Stadtteil mit rund 500 Bewohnern und wartet mit einigen netten Cafés und Restaurants auf. Diese einmalige Mischung aus Kultur und militärischer Tradition wurde als **Kulturerbe** in die UNESCO-Liste aufgenommen.

(UQ)

Info

Infos zur Festungsinsel: Tel. 0295-338 410, www.suomenlinna.fi.
Visitor Centre: am Fährhafen, Mai–Sept. 10–18, Okt.–April 9–16 Uhr. Geführte Touren (engl.) gibt es Juni–Aug. tgl. 11, 12.30 und 14.30 Uhr, sonst Sa/So 13.30 Uhr ab dem Suomenlinna Centre. Infos unter Tel. 09-6899 9850, www.suomen linnatours.com/en/home-en.
Die einzelnen **Museen** sind i.d.R. geöffnet Juni–Aug. tgl. 10/11–17/18 Uhr und Mai, Sept. Sa/So 10/11–16 Uhr.
Aktuelle Infos unter www.suomenlinna.fi/en/opening-hours.

Überfahrt: Die Insel ist zu erreichen ab dem Marktplatz (Kauppatori) mit Wasserbussen, z.T. inkl. Führung. Überfahrten (ca. 15 Min.) in beide Richtungen ab 8 Uhr, letzte Verbindung je nach Jahreszeit um ca. 2 Uhr (Fahrpläne unter www.jt-line.fi, www.hsl.fi, https://suomenlinnanliikenne.fi). Anlegestellen: am Königstor, in der Bucht Tykistölahti. Für Spaziergänge durch das weitläufige Gelände, Ausstellungs- und Cafébesuch sollte ein halber Tag geplant werden. Hilfreich ist ein Lageplan (auch dt.).

49 Schärenidyll bei Tammisaari (Ekenäs)

Zweifellos ist das 15.000-Einwohner-Städtchen **Tammisaari** (schwedisch Ekenäs, Landzunge der Eichen) mit seinen Parkanlagen und hübschen Holzhäusern einer der idyllischsten Orte an Finnlands Südküste.

Wer die malerische Villenstadt erreicht, stößt einige Hundert Meter hinter der Brücke auf die Hauptstraße Raseborgsvägen und das Zentrum. Die Häuser der Altstadt stammen aus dem 18. und 19. Jh., wobei dem Ort bereits 1546 vom schwedischen König Gustav Wasa Stadtrechte verliehen wurden – einige Jahre vor Helsinki. Heute ist Ekenäs ein lebendiges Städtchen mit kleinen Läden und Cafés, z. B. auf der Gustav Wasa gata und der Kungsgatan. Vom „**Mühlenhügel**" (Kvarnbacken) aus bietet sich ein schöner Überblick über das Städtchen, seine Parks und die vorgelagerten Inseln. Hier steht an der Torngatan 14 auch der **alte Wasserturm** von 1930, zu dessen Aussichtsplattform 164 Stufen hinaufführen – den Schlüssel bekommt man im lokalhistorischen **Raseborg Museum**.

Von der Kirche führen mehrere Gassen zum südlichen Hafen, der von Jachten, Ausflugs- und Fischerbooten angelaufen wird. Von hier aus kann man herrlich über die **Strandpromenade** zum Nordhafen spazieren und kommt dabei zunächst am Viertel Barckenin niemi (schwedisch Barckens udde) vorbei, einer weitgehend erhaltenen Altstadt mit etlichen Holzhäuschen. Durch den Stallörspark gelangt man anschließend zum nördlichen Hafen, in dem u. a. die Wasserbusse „Myggen III" oder „Sunnan II" anlegen, die im Sommer zu **Schärenkreuzfahrten** aufbrechen.

Ein Ausflug aufs Wasser lohnt unbedingt, liegt doch der **Nationalpark des Ekenäs-Archipels** (Tammisaaren Saaristo) direkt vor der Tür. In dem 52 km² großen Naturschutzgebiet liegen Hunderte von Inselchen des inneren und äußeren Schärengürtels.

Sommerhäuser in den Schären

Die Schären: ideal für Segler und Erholungsuchende

Das zentral in der Ostsee gelegene „**Schärenmeer**" stellt eine einzigartige sowie typische Naturlandschaft dar. Schären kommen sowohl vor der norwegischen und westschwedischen Küste als auch an der schwedischen „Blauen Küste" in der Ostsee vor, doch ist allein die Region zwischen Stockholm und Turku so mit Inseln und Inselchen durchsetzt, dass hier der Begriff „Schärenmeer" angemessen ist.

Das Grundgestein all dieser Eilande ist Granit – bearbeitet und abgeschliffen von den Eiszeiten. Nach dem Abschmelzen der letzten Gletscher tauchten die Schären langsam aus dem Meer auf und bildeten ihrerseits eine Verbindung für Menschen, Tiere und Pflanzen von Ostseeküste zu Ostseeküste. Aufgrund eines spürbar wärmeren Klimas als auf dem Festland, verbunden mit geringeren Niederschlägen und einer größeren Sonnenscheindauer, können auf den größeren Schären sogar Eschen, Linden und Haselnussbäume wachsen.

Die zahllosen Seen zwischen Hanko und Inari sind ein ideales Revier für ausgedehnte **Segeltörns**. Die vielen umliegenden Gast- und Jachthäfen sind i. d. R. mit allen modernen Einrichtungen ausgestattet, und eine Sauna ist auch hier selbstverständlich. Mehr noch als die Binnenseen gilt aber der Schärengarten mit seinem Labyrinth von Inseln, Sunden und Buchten als das wohl schönste Segelrevier Europas.

(UQ)

Tourist Service Point:
Raseborg Museum, Museigatan 8,
10600 Ekenäs, Tel. 019 289 2010,
www.visitraseborg.com,
Juni–Aug. Di–So 11–17,
Sept.–Mai Mi–So 11–17 Uhr.

Info

50 Festivals in Turku

Die Gleichung, dass **Finnland ein Festival-Land** ist, geht für Kulturbeflissene schon seit Langem auf. Das Fremdenverkehrsamt hat über 300 Veranstaltungen als „für Touristen interessant" klassifiziert. Dabei sind viele Folklore- und Akkordeon-Festivals, die ohne die Begeisterung und aktive Mitarbeit der Einwohner nicht möglich wären. Mehrere überregional beachtete Tango-Veranstaltungen registrieren Ausländer oft mit Erstaunen. Neben Frankreich kann Finnland als bedeutendste europäische **Hochburg des Tangos** bezeichnet werden. Dabei wurde das argentinische Vorbild zu einer ganz eigenen und besonders schwermütigen Spielart weiterentwickelt.

Die Chancen stehen also gut, dass jeder Urlauber irgendwo in Finnland eine dieser eher volkstümlichen Veranstaltungen kennenlernen wird, doch wird die **Festival-Szene** darüber hinaus auch von einer Fülle hochkarätiger Opern-, Kammermusik- oder Jazzkonzert-Reihen bestimmt.

Im Bewusstsein der Finnen jedoch ist **Turku die alte Hauptstadt**, die mit ihren Lehranstalten und als Sitz des lutherischen

Tipp

Kulturelle Abwechslung

Aus dem Veranstaltungskalender der überwiegend jährlich stattfindenden Events: Fast schon südländisch temperamentvoll geht es Ende Juli zu, wenn das Stadtfest „**Down by the laituri**" am Aurajoki-Ufer abgehalten wird, ein viertägiger Veranstaltungsmarathon mit klassischer Musik, Rock, Jazz, Tanz, Theater und Ausstellungen (https://dbtl.fi). Ebenfalls im Juli finden das **Rockfestival Ruisrock** (https://ruisrock.fi) und die **Mittelalterfestspiele** statt. Im August sorgen die **Musikfestspiele** (https://festivals.fi/de/festivals/musikfestspiele-turku) und das **Jazzfestival** für reichen Klang (www.turkujazz.fi).

Das Rockfestival Ruisrock findet alljährlich an drei Tagen im Sommer in Turku statt

Der Mittelaltermarkt ist im Rahmen der Mittelalterspiele in Turku ein besonderes Highlight

Erzbischofs immer noch das geistige Zentrum der Nation eher repräsentiert als der „Emporkömmling" Helsinki. Besuchern präsentiert sich die alte Stadt mit ihren vielen Studenten ausgesprochen jung, wozu auch die Kneipenszene, das kulturelle Angebot und der reiche Veranstaltungskalender beitragen.

Die schöne landschaftliche Umgebung von Turku hat auch einiges zu bieten. Ein Ausflug in die **Turkuer Schären** ist fast schon ein Muss – sei es mit dem Auto, mit dem Wasserbus, mit dem Fahrrad oder mit dem Dampfer „Ukkopekka" (www.ukkopekka.fi). Die nächsten bewaldeten und hübschen Inseln heißen **Vepsä**, **Maisaari** und **Pähkinäinen**.

(UQ)

Nähere Informationen über den finnischen **Veranstaltungskalender** unter https://festivals.fi/de oder https://kalenteri.turku.fi/en.

Visit Turku: Aurakatu 8, 20100 Turku, Tel. 02 262-7444, https://visitturku.fi, Mo–Do 10-17, Fr 9–16 Uhr.

51 Ganz schön schräg – die Finnen und ihre skurrilen Sportevents

Wer früher Auftritte der „Leningrad Cowboys" oder der Monsterrocker von „Lordi" gesehen oder Arto Paasilinnas Bücher gelesen hat, mag immer schon geahnt haben, dass die Finnen über einen ganz speziellen Humor verfügen. Dies zeigt sich auch in einer Vielzahl von **skurrilen Weltmeisterschaften**, die Teilnehmer und Medienvertreter aus aller Welt anziehen. Da wird in Suomi um die Wette Eis- oder Winterschwimmen betrieben, werden Melkschemel geworfen, Beeren gepflückt oder Nägel eingeschlagen. Oder man findet heraus, wer am längsten auf einem Ameisenhaufen sitzen kann.

Mehr als 40 offizielle WMs der besonderen Art veranstalten die Finnen, und auch das ist bereits weltrekordverdächtig. Zu den bekanntesten Spektakeln gehört die **WM im Handy-Weitwurf** *(mobile phone throwing world championships)*, die seit 2000 jedes Jahr Ende August in Savonlinna abgehalten wird. Echte Handys samt Akku, deren Größe und Gewicht vorgeschrieben sind, werden in den Disziplinen Einzel- und Gruppenwurf, Junioren und Freestyle möglichst weit bzw. spektakulär weggeschleudert. Schon vier Jahre länger gibt es die **WM im Luftgitarrespielen** *(air guitar world championships)*, die jeden August während des Music Video Festival in Oulu startet. Dabei müssen die Teilnehmer 60 Sekunden lang eine nicht vorhandene Gitarre zu einem selbst ausgesuchten Song bearbeiten – bewertet werden Outfit, Show und Originalität. Bereits seit 1992 findet in Sonkajärvi die **WM im Frauentragen** *(Sonkajärvi international wife carrying competition)* statt. Ein über 250 m langer Parcours aus Rasen, Kies, Sand und zwei Wassergräben muss dabei von einem Mann bewältigt werden, der eine mindestens 17 Jahre alte und mindestens 49 kg schwere Frau trägt – egal, ob auf Händen, Huckepack oder über die Schulter geworfen („estnische Technik"). Prämiert wird nicht nur das schnellste, sondern auch das am besten kostümierte und das lustigste Paar – und als Preis winkt so viel Bier, wie die Frau auf die Waage bringt.

Auf der Zielgeraden bei der WM im Frauentragen in Sonkajärvi

Sehr populär ist auch die **WM im Schlammfußball** *(swamp soccer world championships)*, die seit 2000 ausgetragen wird. Alljährlich im Juli treffen sich dazu bis zu 300 Teams aus aller Welt im 2.500-Einwohner-Dorf Hyrynsalmi, nördlich von Kajaani, nahe der E 63. Zwei Tage lang wird auf einem morastigen, 30 x 60 m großen Spielfeld der neue Weltmeister ermittelt. Jedes Spiel dauert 25 Minuten, eine Mannschaft (in der auch Frauen spielen dürfen) besteht aus fünf „Feld"-Spielern und einem Torwart. Auf dem matschigen Gelände gibt es 20 Spielfelder. Pro WM werden vor rund 30.000 Zuschauern gut tausend Spiele ausgetragen.

Großer Beliebtheit erfreute sich die **WM im Gummistiefel-Weitwurf**, die bis 2018 ausschließlich in Finnland stattfand. Trotz internationaler Konkurrenz fühlen sich die Finnen aber immer noch als die wahren masters of bootthrowing und führen an verschiedenen Orten regionale und Landesmeisterschaften durch. Die speziellen Stiefel mit ihrer ungünstigen Aerodynamik – Männer werfen mit Größe 43, Frauen mit 38 – können nur selten weiter als 50 m geschleudert werden; der Weltrekord liegt bei 68 m!

Die skurrilen Sportarten der Finnen haben durchaus Tradition, die mindestens bis zum Beginn des 20. Jh. zurückreicht. Stuhl-Hochhalten mit ausgestrecktem Arm war z. B. ein beliebtes Volkswettspiel der 1920er-Jahre. Manche dieser Events sind im Lauf der Zeit verloren gegangen oder wurden verboten, etwa die **WM im Mückenerschlagen**, die alljährlich im lappländischen Pelkosenniemi ausgetragen wurde und der 1999 Proteste von Tierschützern ein Ende machten. Oder die **WM im Dauer-Saunieren** in Heinola, die 2011 aufgegeben wurde, nachdem ein russischer Finalist seinen Sauna-Aufenthalt nicht überlebt hatte Dafür kommen aber stets neue extravagante Wettbewerbe hinzu. 2013 wurde z. B. erstmalig eine Meisterschaft im Steckenpferdreiten ausgetragen. Diese Trendsportart, die vor allem bei weiblichen Teenagern hoch im Kurs steht, erfreut sich auch international einer immer größeren Beliebtheit. So stammten viele der knapp 2.000 Teilnehmerinnen, die 2023 bei den Meisterschaften der Finnish Hobbyhorse Association an den Start gingen, aus dem Ausland. Und seit 2019 gibt es eine **WM im Heavy-Metal-Stricken** *(heavy metal knitting world championships)* in Joensuu, die auch sofort zu einem YouTube-Renner wurde. Während die Gruppe ihre Heavy-Metal-Bühnenshow abzieht, hat ein Bandmitglied die Aufgabe, ein möglichst schönes oder originelles Textilstück zu stricken. Dass nicht nur bei diesem Ereignis ausgerechnet die Finnen ihre **Vorliebe für Heavy Metal** zeigen, ist übrigens kein Zufall: Das Land ist unbestritten das globale Epizentrum der Musikrichtung. Nirgendwo sonst gibt es auch nur annähernd so viele Metal-Bands pro Einwohner! Und auch das ist in der Idylle der Wälder und der tausend Seen ja irgendwie schräg. *(UQ)*

Info

Luftgitarren-WM: https://airguitarworldchampionships.com
WM im Frauentragen:
https://eukonkanto.fi
WM im Gummistiefel-Weitwurf:
https://bootthrowing.net
WM im Handy-Weitwurf:
www.savonlinnafestivals.com
WM im Heavy-Metal-Stricken:
https://heavymetalknitting.fi
WM im Schlammfußball:
https://suopotkupallo.fi
Finnische Meisterschaft im Steckenpferdreiten:
https://keppihevostensm.fi/en

52 Auf der historischen Königsstraße

Viele Fremdenverkehrsämter an der Südküste machen auf ihren Broschüren und in Landkarten durch das Logo mit einer kleinen Krone darauf aufmerksam, dass der jeweilige Ort an der uralten **Königsstraße** (finnisch **Kuninkaantie**) liegt, die schon in vorhistorischer Zeit als leichte und geschützte Fahrroute nach Russland von Bedeutung war. Der Name rührt daher, dass ab dem 13. Jh. die Könige der nordischen Reiche diesen Weg nutzten, auf dem ihre Kuriere und Händler Skandinavien von Westen nach Osten und bis zum Baltikum hin durchqueren konnten. Bald war der Weg einer der wichtigsten in Nordeuropa und wurde von Märkten und Handelsstationen gesäumt, zu deren Schutz man wiederum Befestigungen anlegen ließ. Jene Regionen, durch die die Route führte, waren die wohlhabendsten im ganzen Land. Besucher treffen daher entlang der Königsstraße die wichtigsten und schönsten Städte des Landes an, ebenso viele ländliche Mittelalterkirchen, großzügige Bauernhöfe und herrschaftliche Bürgerhäuser.

Die alte **Straße entlang der finnischen Südküste** war natürlich nur eine relativ kurze Etappe des gesamten Weges, der viel weiter im Westen begann. Von norwegischen Städten wie Oslo und Bergen wurden damals im Auftrag des dänisch-norwegischen Königs Post und andere Waren nach Karlstad am Vänersee und weiter nach Örebro und Stockholm gebracht. Dort lud man die Waren mit einem entfernteren Bestimmungsort auf Boote um, die schwedische Kuriere über die Åland-Inseln und weiter nach Turku beförderten. In Finnland verband die Königsstraße seit dem 13. Jh. Turku im Westen mit Vyborg im Osten und berührte dabei alle wichtigen Städte und Ortschaften der Provinz.

Malerisch: Porvoo an der Königsstraße mit seiner alten Kirche

Aufgrund der Straßenführung bzw. der Warenbeförderung nannte man den Kuninkaantie damals auch Suuri Rantatie (= „Großer Küstenweg") oder Suuri Postitie (= „Großer Postweg"). Doch blieb die Bedeutung der Verkehrsroute weder auf das Mittelalter und die frühe Neuzeit noch auf den reinen Transport von Waren, Soldaten oder Privatpersonen beschränkt.

Mindestens genauso wichtig ist die Rolle, die die Königsstraße als Vermittler von Ideen, geistigen Strömungen und Moden zwischen West und Ost spielte. Vor allem in der russischen Epoche Finnlands kann diese Rolle nicht hoch genug eingeschätzt

Volksfest in der Hafenstadt Kotka, die grenznah zu Russland an der Königsstraße liegt

werden. Damals wurde die Strecke **Turku – Salo – Helsinki – Hamina – Vyborg – St. Petersburg** (390 km) nicht nur zur regelmäßigen Postzustellung, sondern auch als Schiene für die industrielle Revolution (später auch für die politische Revolution) genutzt – deshalb können heutige Besucher entlang des Weges mit die besterhaltenen Relikte der ersten finnischen Industrien und andere Denkmäler aus der jüngeren Vergangenheit bewundern.

Aufgrund der langen Geschichte der Königsstraße und der vielen Sehenswürdigkeiten, die sie sowohl in Schweden – wo sie **Kungsvägen** genannt wird – als auch in Finnland bietet, haben die örtlichen Fremdenverkehrsämter dieser nordischen Länder in einer gemeinsamen Strategie den alten Straßenverlauf kenntlich gemacht und touristisch erschlossen. Das Kulturerbe entlang der Strecke, etwa mittelalterliche Schlösser, Feldsteinkirchen, Burgruinen und elegante Herrenhäuser, alte Ortskerne und interessante Museen, aber auch Relikte vergangener Industrien, ist bis heute lebendig und lädt immer wieder zu einem Halt ein.

(UQ)

Info

Weitere **Infos zur Königsstraße** quer durch Südfinnland von Turku über Salo, Espoo, Vantaa, Porvoo, Hamina nach Miehikkä bei den örtlichen Fremdenverkehrsämtern etwa unter https://visitturku.fi, www.visitraseborg.com, www.visitporvoo.fi, www.visitkotkahamina.fi und https://visithame.fi.
Zu Planung, Veranstaltern, Unterkunft siehe www.visitfinland.de, www.fintouring.de, https://skandinavien.eu.

53 Die Åland-Inseln

Die Åland-Inseln sind eines der unbekannteren Reiseziele Europas. Dabei handelt es sich bei dem Archipel um die **größte Inselgruppe des Kontinents**. Und sie stellt eine einzigartige Ferienlandschaft dar, die Einsamkeit und Ruhe ebenso bieten kann wie quirliges Leben in Mariehamn und turbulente Jachthäfen, die herrliche Segelreviere aufweist und ideale Bedingungen zum Wandern, Angeln, Fahrradfahren, Golfen oder Baden.

Die Ålands sind der **westlichste Landesteil Finnlands**, sie unterscheiden sich durch die geografische Lage sowie in ethnischer, kultureller und politischer Hinsicht vom Mutterland. Am auffälligsten sind dabei die **schwedische Sprache** und die Sonderrolle als **autonome Provinz**.

Der Archipel ist viel zu schade für eine kurze Stippvisite. Denn die Inseln sind paradiesisch schön, sie verführen zum Bleiben, zumindest für einen Urlaub lang. Zwar haben längst nicht alle der 50 bewohnten Inseln des Archipels eine reguläre Fähranbindung, doch können Autofahrer trotzdem ein gutes Stück des Schärenparadieses „erfahren". Segler genießen im Inselgewirr eines der schönsten europäischen Reviere, ihnen stehen 14 Marinas zur Verfügung. Sie müssen allerdings in der kurzen Sommersaison damit rechnen, dass in manchen Jachthäfen alle Liegeplätze belegt sind. Und Autofahrern sei gesagt, dass Einheimische auf den Inselfähren Vorrang haben. Also spricht viel dafür, die Inseln per Fahrrad zu erkunden.

Baumallee im Park

Schafe auf den Åland-Inseln

Unter dem „**Festen Åland**" (Fasta Åland) verstand man ursprünglich die Hauptinsel, auf der auch Mariehamn liegt und die 70 % der Landmasse des Inselreichs ausmacht. Im Laufe der Zeit sind immer mehr Inseln durch Brücken oder Dämme an die Hauptinsel angeschlossen worden. Neben der Stadt Mariehamn umfasst das „Feste Åland" die Gemeinden Lemland und Lumparland, Eckerö, Jomala, Finström,

Inselidyll: eine der 6.500 Åland-Inseln

Hammarland, Geta, Saltvik und Sund. Sie alle sind von der Hauptstadt aus ohne Fähre oder Boot zu erreichen.

Mariehamn liegt auf einer schmalen Landenge im äußersten Süden der Hauptinsel und ist mit rund 12.000 Einwohnern die einzige Stadt der Ålands. Sie hat eine recht junge Geschichte: Als nach der russischen Zeit der Völkerbund den Åland-Inseln einen autonomen Status zusprach, sorgte das für einen erheblichen Bevölkerungszuwachs, sodass Mariehamn schließlich zu einer wahren „Metropole" heranwuchs, in der heute fast jeder zweite Insulaner zu Hause ist.

Besonderen Charme bezieht die Stadt aus ihrer großzügigen Anlage und einer gut besuchten, aktiven kulturellen Szene, wie dem renommierten zweitägigen **Alandia Jazz Festival** im Juli. Das maritime Flair wird besonders in den beiden Jacht- und Fährhäfen deutlich. Beide sind durch eine fast 1 km lange, lindenbestandene Prachtallee verbunden, die Mariehamn den Beinamen „**Stadt der tausend Linden**" eingebracht hat.

(UQ)

Info

Visit Åland: Storagatan 8, 22100 Mariehamn, Tel. 018-24 000, https://visitaland.com/de, Juni–Aug. Mo–Sa 9–17 (Juli auch So), sonst Mo–Fr 9–16 Uhr.
Das **Reisebüro Ålandsresor**, (www.alandsresor.fi) gibt praktische Reisehilfen und weitere Informationen. Dort kann man auch Unterkünfte oder Ausflüge buchen und Autos, Fahrräder etc. mieten.
Weitere **lokale Fremdenverkehrsbüros** gibt es in Storby, in Geta und in Långnäs (diese haben nur in der Sommersaison geöffnet).

54 Die Altstadt von Rauma

Rauma (39.000 Einwohner) ist eine der schönsten und geschichtsträchtigsten Städte an der Westküste Finnlands und insbesondere für seine Altstadt bekannt. Diese stellt mit rund 600 Gebäuden aus dem 16.–19. Jh. das **größte geschlossene Holzhausareal Skandinaviens** dar, weshalb sie im Jahr 1991 zum **UNESCO-Welterbe** erklärt wurde. Wie viele andere Städte verdankt Rauma seine Entstehung einem günstigen Naturhafen, der bereits im Mittelalter eine rege Handelstätigkeit ermöglichte. Der schwedische König verlieh Rauma im Jahr 1442 die Stadtrechte – als dritter Stadt in Finnland überhaupt. Natürlich stellten auch hier immer wieder Brände einen starken Einschnitt dar, doch verzeichnen die Annalen den letzten Großbrand bereits 1682. Es gab auch keinen Anlass, das enge Straßennetz zu verbreitern und zu begradigen.

Eine Besichtigung wert: das Holzhausareal von Rauma

Die Altstadt ist ohne Zweifel Raumas größte Attraktion, ergänzt durch ein breit gefächertes Kulturprogramm: So ist z.B. das alljährlich im August stattfindende dreitägige Blues-Festival **Rauma Blues** weithin bekannt, ebenso die „**Spitzenwoche**", in der Klöppelspitzen-Handwerkerinnen jedes Jahr Ende Juli ihr Können vorführen.

Bei einem Rundgang sollte man von der **Heilig-Kreuz-Kirche** aus die Besichtigung beginnen. Vor der im 15. Jh. gegründeten Kirche ist eine moderne Statue des Heiligen Franz von Assisi platziert, die darauf hinweist, dass die Kirche einst zu einem Franziskanerkloster gehörte. Im Inneren sind u.a. schöne Kalkmalereien im Chor und an den Gewölben zu sehen. Von hier überquert man den Raumaa kanaali und geht in die eigentliche **Altstadt**. Die Bausubstanz stammt überwiegend aus dem 16. und 17. Jh. Die meisten Häuser wurden Ende des 19. Jh. vergrößert und neu verkleidet.

Auf dem Weg kommt man zum **Marktplatz**. Dahinter erhebt sich das 1776 fertiggestellte **Alte Rathaus**, ein markantes gelbes Backsteingebäude mit Glockenturm. Es beherbergt heute das Museum für Stadtgeschichte, gezeigt wird vor allem die Geschichte der Segelschifffahrt und der Spitzenklöppelkunst.

Vom Rathaus gelangt man zum **Marela-Haus**, das wohl am besten den Wohlstand zeigt, den die Epoche der Segelschifffahrt mit sich brachte. Besichtigt werden kann

Die Heilig-Kreuz-Kirche von Rauma stammt aus dem 15. Jh.

eine originale Reeder-Wohnungseinrichtung. Gleiches gilt für das nahe gelegene **Pinnala-Haus**, ein 1795 fertiggestelltes Gebäude, das den schönen Rahmen für das Rauma-Kunstmuseum bildet. Als Schauplatz der Rauma Biennale Balticum zieht es regelmäßig Freunde der Gegenwartskunst aus Nah und Fern an.

Südlich davon und in wenigen Minuten zu erreichen, lohnen die Ruinen der **Dreifaltigkeits-Kirche** einen Besuch. Das Feldsteingebäude aus dem 14. Jh. fiel 1640 einem Brand zum Opfer.

Wer etwas mehr Zeit mitbringt, sollte sich nach dem Stadtrundgang in einem der Reisebüros ein Fahrrad leihen und mit einer Radwegkarte Raumas Umgebung erkunden.

(UQ)

Info

Rauma Tourist Information: Savilankatu 8, 26100 Rauma, Tel. 02-834 3512, www.visitrauma.fi, Mo–Fr 9–15 Uhr. Programm und Infos zum **Bluesfestival** unter https://raumablues.fi.

Rauman taidemuseo (Kunstmuseum): Kuninkaankatu 37, 26100 Rauma, Tel. 02-822 4346, www.raumantaidemuseo.fi, Di–Fr 12–17, Sa/So 11–16, im Sommer Di-So 10–17 Uhr, 8 € (Ticket auch gültig für das Rauma-Museum).

55 Lahti – nicht nur für Langläufer

Zu Recht hat Finnland einen legendären Ruf unter Skilangläufern. Selbst im Sommer sieht man Finnen, die auf Rollen „Trockenski" fahren, um nicht aus der Übung zu kommen und fit zu bleiben. Welchen Stellenwert der Sport hat, beweist am besten der 75 km lange **Finlandia-Lauf** von Lahti nach Hämeenlinna, an dem alljährlich Zehntausende aktiv teilnehmen, die wiederum von Hunderttausenden von Zuschauern angefeuert werden. Doch auch hinsichtlich der alpinen Möglichkeiten braucht sich Suomi nicht zu verstecken – schließlich fanden in Lahti und anderswo im Land bereits Welt- und Europameisterschaften statt.

Etwa 120 Abfahrtszentren sind übers ganze Land verteilt, die größten davon mit 30 Pisten und 20 Liften. Auch Snowboarder kommen hier voll auf ihre Kosten. Die **Wintersportaktivitäten** werden in mehr als 70 Skizentren gebündelt, an denen sowohl Skilanglauf als auch alpiner Skisport möglich ist.

Für die Winteraktiven

Eines der 13 größten Skizentren des Landes ist **Lahti-Messilä**: 70 km Langlauf-Loipen, 14 Abfahrtspisten, davon die längste 880 m, 13 Lifte, Höhenunterschied 111 m. Beste Möglichkeiten gibt es für Snowboarder. Geöffnet in der Wintersaison Mo–Sa 10–20, So 10–18 Uhr.
Der nächste Flughafen ist Helsinki (95 km), nächste Bahnstation Lahti (5 km). Unterkünfte aller Art befinden sich in Lahti. Großes Kulturangebot.
Infos über das Skigebiet, die aktuelle Schneesituation, Lifte, Tickets, Unterkünfte und Restaurants unter www.messila.fi.

Die Sprungschanzen von Lahti mit Skimuseum

Eines dieser Zentren ist Lahti. Unbestritten ist sein Ruf eines internationalen Wintersportzentrums, das alljährlich die Weltelite im Langlauf, Biathlon, Skisprung oder in der Nordischen Kombination versammelt. Als Schauplatz von Weltmeisterschaften fungierte die Stadt bereits mehrfach (u. a. in Skilanglauf, Biathlon und Eishockey) und wird das auch in Zukunft tun. Die größte Hoffnung setzen die Einwohner darauf, irgendwann einmal die Olympischen Winterspiele ausrichten zu dürfen.

Die Gegend um Lahti bietet tolle Langlaufmöglichkeiten

Ein Sessellift befördert im Sommer auch Touristen zu den **Sprungschanzen** hinauf. Von diesen ist die 113 m hohe Große Schanze das dominierende Bauwerk. Von zwei Aussichtsplattformen hat man den besten Blick über Stadt, Land und Seen, außerdem eine Perspektive die Schanze hinab, wie sie sonst nur den Skispringern vorbehalten ist. Rechts der Betonschanze stehen die Mittlere (90 m) und die Kleine Schanze (64 m) aus Stahl sowie drei weitere Trainingsschanzen.

Das **Skimuseum** dokumentiert die Entwicklung des Skisports. Im interessanten interaktiven Museumsbereich gibt es u. a. eine Simulationskabine, in der sich jeder als „fliegender Finne" versuchen kann. Auch Skilanglauf oder Biathlon kann man an eigenen Geräten selbst ausprobieren.

Lahti, Europas „Grüne Hauptstadt" des Jahres 2021, ist von einer waldreichen Landschaft umgeben. Hier findet man eine Vielzahl von **beleuchteten Loipen**, die im Sommer gerne als **Trimm-Dich-Pfade** und **Radwanderwege** genutzt werden.

(UQ)

Info

Visit Lahti: Shopping Center Trio, Aleksanterinkatu 18 (2. Stock), 15140 Lahti, Tel. 0207-281 760, https://visitlahti.fi, Mo–Fr 8–18 Uhr.
Aussichtsplattform der Großen Sprungschanze: Mo–Fr 10–17, Sa/So 11–17 Uhr, 8 € inkl. Sessellift, Tickets gibt es unten an der Schanze oder Kombiticket mit Skimuseum.

Skimuseum: Lahti Sports Centre, Salpausselänkatu 8, 15110 Lahti, Tel. 050-398 5523, www.hiihtomuseo.fi, Di–Fr 9–17, Sa/So 11–16 Uhr, 10 €. Kombiticket für Skimuseum, Aussichtsplattform der Sprungschanze und Lift.

56 Bootswandern auf vielen Seen

Als Tourist kann man die reguläre **Seen-Schifffahrt** zu einem erholsamen Bestandteil des Urlaubs machen. Einige Reedereien bieten sogar einen **Chauffeur-Service** an: Während die Urlauber auf einer Kreuzfahrt durch das Seensystem unterwegs sind, bringt ein Chauffeur den Wagen zum Zielort.

Seenverbindung

Die unzähligen Buchten, Seen, Kanäle, Flüsse und Meerengen sind nicht nur ein grandioses Naturschauspiel, sondern auch eine Herausforderung für die moderne Infrastruktur. Wo Auto- oder Schneescooterfahrer im Winter zugefrorene Wasserflächen in Luftlinie überbrücken, braucht es im Sommer jede Menge von Binnenschiffen, Fähren, Wasserbussen und -taxis, um Einheimische und Touristen zum anderen Ufer zu bringen. Die meisten dieser Linien operieren im **Westlichen Seengebiet**, im **Schärengürtel**, auf dem **Päijänne-See**, auf der **Saimaa-Seenplatte** sowie auf dem **Inari-See**.

Am bekanntesten sind die Schiffsverbindungen der Silverline zwischen Tampere und Hämeenlinna (8,5 Std.) und der „Dichterweg“ zwischen Tampere und Virrat (7,5 Std.), doch verkehren zwischen Lahti und Jyväskylä (10 Std.), Lahti und Heinola (4,5 Std.), Kuopio und Savonlinna (11,5 Std.) oder Inari und Ukonkivi (2 Std.) Personen- und Autofähren auf genauso spektakulärer Route. Alle größeren Schiffslinien operieren nach einem festen Fahrplan mit mehreren Stationen unterwegs.

Fähre vor Helsinki in winterlicher Landschaft

Zu Recht gilt Finnland zudem als ideale Destination für Bootswanderer, die das Reiseziel per **Kajak**, **Kanu** oder **Ruderboot** erkunden. Angesichts Hunderttausender Inseln, vieler Flüsse, Kanäle, Buchten und anderer Wasserwege ist nicht die Frage ob, sondern wo man seiner Passion nachgehen möchte. Bei den 300 km zwischen Lappeenranta und Kuopio muss man nie große Wasserflächen überqueren, sondern bleibt immer im Schutz des nahen Ufers. Das vielleicht herrlichste Eldorado für Kanuten ist die **Saimaa-Seenplatte**, deren einzelne Gewässer durch natürliche Kanäle von 2.000 km Länge verbunden sind.

An vielen Stellen in Finnland stößt man auch auf **Wildwasser**. Die spektakulärsten Stromschnellen befinden sich eindeutig in Lappland. Der wilde Ounasjoki etwa ist auf einer Länge von 280 km als äußerst anspruchsvolle Tour für erfahrene Kanuten

Der schöne Saimaa ist Finnlands größter See

bzw. Rafting-Teilnehmer ausgewiesen. Und der finnisch-schwedische Grenzfluss Torniojoki wartet mit Europas längster ungebändigter Flussroute auf. Zahlreiche Stromschnellen gibt es auch in der Region um Kuusamo in Ostfinnland, neben Lappland der reizvollsten Destination für Wildwasser-Sportler.

Die unzähligen Seen zwischen Hanko und Inari eignen sich hervorragend für ausgedehnte **Segeltörns**. Mehr noch als die Binnenseen gilt aber der Schärengarten mit seinem Labyrinth von Inseln, Sunden und Buchten als das wohl schönste Segelrevier Europas, das im Sommer überdies ideale Wind- und Klimaverhältnisse aufweist.

Der **Saimaa-See** gilt als größter finnischer See. Mit seinen unmittelbaren Nachbarn wie Pihlajavesi, Haukivesi, Porovesi, Orivesi, Pyhäselkä, Kallavesi und Haapajärvi ist er zudem durch natürliche Wasserstraßen verbunden. Das einzigartige **Wasser-Land-Labyrinth** erstreckt sich von Lappeenranta im Süden bis hinauf nach Savonlinna, Varkaus, Mikkeli, Kuopio und Joensuu im Norden.

(UQ)

Info

Die lokalen Fremdenverkehrsämter informieren unter www.visitsaimaa.fi und https://gosaimaa.com über Aktivurlaubsmöglichkeiten in der Region des Saimaa-Sees.

Infos zur Silverline, die zwischen Juni und Aug. fährt, unter www.hopealinja.fi; **Reedereibüro**: Suomen Hopealinja Oy, Laukkontori 10 A3, 33200 Tampere, Tel. 010-422 5600.

57 Die Opernfestspiele Savonlinna

Savonlinnas Name ist dank der alljährlichen **Opernfestspiele** weltberühmt. Schon 1912 stellte man erste Versuche an, die historischen Gemäuer der romantischen Wasserburg für Opern zu nutzen. Doch der internationale Durchbruch kam erst, nachdem sich seit 1967 ein modernes Management gegen alle kritischen Stimmen durchsetzte und es schaffte, jedes Jahr im Juli bekannteste in- und ausländischen Opernstars und internationales Publikum in die finnische Provinz zu holen. So etablierten sich die Opernfestspiele Savonlinna als eines der berühmtesten europäischen Musikfestivals.

Die Hauptveranstaltungen finden im Innenhof der Burg statt, der bei schlechtem Wetter ein Dach aus Segeltuch erhält. Die vorzügliche Akustik nutzen Orchester und Sänger, das wechselnde Programm berücksichtigt zeitlose Werke wie „Aida“ und „Die Zauberflöte“ ebenso wie moderne Schöpfungen der jungen finnischen Komponistengarde. In einem umfangreichen Rahmenprogramm werden Konzerte sowohl klassischer als auch neuer Musik gegeben, z. B. in der Holzkirche von Kerimäki (S. 134), in der unterirdischen Konzerthalle von Retretti oder in der Savonlinna-Halle am Casino.

Savonlinnas wichtigste Sehenswürdigkeit lohnt sich natürlich auch abseits der Festspiele: Schließlich ist die **Burg Olavinlinna** die wohl schönste in ganz Skandinavien. Der Bau geht auf eine schwedische Festung des Jahres 1475 zurück, erhielt sein heutiges trutziges Aussehen aber erst durch die russischen Erweiterungen und Modernisierungen ab 1742. Nach 1809 hatte das Gebäude als militärisches Bollwerk ausgedient und wurde verschiedenen Nutzungen zugeführt, u. a. als Staatsgefängnis.

Verbeugung nach dem Schlussakkord

Olavinlinna ist die wohl schönste Burg Skandinaviens

Mehrfach von Bränden heimgesucht, war das Schicksal der Burg lange Zeit ungewiss, bis die Republik mit großem finanziellem Aufwand eine Restaurierung des Baudenkmals durchsetzte. Wie früher erhebt es sich nun mit Zickzack-Bastionen und drei markanten Rundtürmen auf dem Granitinselchen **Kyrönsalmi**, das Besucher über eine Pontonbrücke erreichen. Im restaurierten Inneren kann man sich die beiden Museen anschauen (das Orthodoxe Museum mit Ikonen und sakralen Gegenständen sowie das Historische Museum mit einer historischen und architektonischen Ausstellung zur Burg) oder im Rahmen von Führungen einige der schönsten Räume.

Den besten Blick auf die Burg hat man freilich aus der Distanz, sodass man unbedingt noch ein wenig auf der Strandpromenade mit ihren Cafés und Restaurants entlangspazieren sollte, die sich einige Hundert Meter südlich der Hauptstraße befindet. Hier gelangt man auch zum benachbarten Inselchen **Riihisaari**, auf dem ein alter Getreidespeicher das sehenswerte **Saimaa-Natur- und Museumszentrum** beherbergt. Das finnische „Museum des Jahres 2023“ verfügt auch über eine ansehnliche Flotte an Museumsschiffen, die im Sommer zugänglich sind.

(UQ)

Savonlinna Tourist Information: Riihisaari, 57130 Savonlinna, Tel. 044-417 4466, http://visitsavonlina.fi/de, tgl. 10–17 Uhr.
Weitere **Infos zu den Festspielen** unter https://operafestival.fi.
Burg Olavinlinna: Tel. 0295-33 6942, www.kansallismuseo.fi, Öffnungszeiten variieren, siehe Website; Juni–Mitte Aug. Führungen in engl. Sprache jede volle Stunde, 14 €.
Riihisaari – Saimaan luonto-ja museokeskus: Riihisaari, 57130 Savonlinna, Tel. 044-417 4466, www.savonlinna.fi/riihisaari, tgl. 10–17, Juli–Aug. bis 18 Uhr, 10 €, Kombiticket mit Burg 17 €.
Für Opernfans, die eine Reise buchen möchten: www.tourfinland.de.

58 Die größte Holzkirche der Welt

Auf dem Weg von Joensuu nach Savonnlinna geht es 7 km südlich der Kreuzung der Straßen 482/6 von der Schnellstraße über die 71 in westliche Richtung, durch Kiefern- und Fichtenwälder, die immer wieder den Blick auf blaue Gewässer freigeben. Die größte Ortschaft an dieser Straße heißt **Kerimäki** und wäre nicht weiter erwähnenswert, gäbe es hier nicht eine unübersehbare, riesige **hölzerne Kreuzkuppelkirche**.

Drei Jahre brauchten die einheimischen Bauern und ihre Frauen, bis sie im Jahr 1847 schließlich zufrieden auf das Werk ihrer Eigenarbeit schauen konnten. Was sie damals wahrscheinlich selbst nicht wussten: Sie hatten die **größte christliche Holzkirche der Welt** gebaut! Warum sie das taten, ist bis heute Gegenstand von Spekulationen, denn 3.400 Sitzplätze waren für die damalige Zeit deutlich überdimensioniert. Wollte man die Kirche bis auf den letzten Platz besetzen, könnten sogar 5.000 Menschen hinein.

Nach einer nicht bewiesenen Erzählung haben sie als Schildbürger einfach die Pläne des **Architekten A.F. Granstedt** missverstanden: Wo jener alle Größenangaben in Fuß berechnete, deuteten sie die Maße als Meter … Doch es gibt auch die Ansicht, dass die Kirche mindestens die Hälfte der damaligen Gemeindemitglieder gleichzeitig fassen können sollte, um diesen die Teilnahme am Gottesdienst zu ermöglichen. Die Kirchen hatten zur damaligen Zeit eine große Bedeutung für die Menschen, die zu den Feier- und Marktagen zusammenkamen und dabei stets die Gottesdienste besuchten.

Die Holzkirche von Kerimäki spiegelt den neoklassizistischen Stil der Zeit wider, ist auf kreuzförmigem Grundriss errichtet und mit einer mächtigen Kuppel überdeckt. Die Länge übertrifft mit 45 m die Breite von 42 m nur geringfügig. Der helle Innenraum ist in zwei Geschosse gegliedert und strebt mit seinem frei sichtbaren Gebälk 27 m in die Höhe. Dekor und Inneneinrichtung sind spärlich, sodass man sich ganz auf den zweifellos außergewöhnlichen Raumeindruck konzentrieren kann.

Neben der auf einer Anhöhe gelegenen Kirche steht der ebenfalls hölzerne Kampanile, der jedoch auf einem massiven Feldstein-Geschoss fußt; in seinem Inneren ist ein Souvenirladen untergebracht.

Während der **Opernfestspiele von Savonlinna** (S. 132) wird die Kirche ebenfalls als Spielstätte genutzt.

(UQ)

Info

Holzkirche von Kerimäki:
Hälväntie 1, 58200 Kerimäki,
Tel. 015-576 800,
www.savonlinnanseurakunta.fi/kerimaen-kirkko.

Kirche geöffnet Juni–Aug. tgl. 10–16/18, Juli bis 19 Uhr,
Eintritt frei, Spende willkommen.

Die Holzkirche von Kerimäki

59 Vaasa – die schwedische Exklave

Ein kurzer Blick in die Geschichte: Nahe einer Burg aus dem 14. Jh. und am damaligen Küstenverlauf war die **Hafenstadt von Alt-Vaasa**, rund 6 km östlich des heutigen Zentrums gelegen, bereits anno 1606 gegründet worden, und zwar vom schwedischen König Karl IX. aus der Vasa-Dynastie (daher der Name). Nach einem verheerenden Brand im Jahr 1852, der die gesamte Stadt einäscherte, verlegte man die Siedlung 1855 an ihre heutige Stelle – auch, weil der alte Platz wegen der Landhebung als Hafen nicht mehr zu gebrauchen war. Bei der Gelegenheit wurde Vaasa gleich umgetauft: nach Zar Nikolaus I. in Nikolaistad bzw. Nikolainkaupunki – ein Name, der bis 1917 offiziell gültig war. Für die Planung von Nikolaistad zeichnete der Stadt- und Provinzialarchitekt Carl Axel Setterberg verantwortlich, dessen Entwurf mit zahlreichen öffentlichen Gebäuden im neogotischen Stil, breiten Alleen und großzügigen Plätzen realisiert wurde.

Für die Landesgeschichte von Bedeutung ist jene Episode kurz nach der Unabhängigkeit von Russland, in der Marschall Mannerheim hier statt im unsicheren Süden seine Truppen versammelte und Vaasa Anfang 1918 zur provisorischen Hauptstadt ernannte. Erst nachdem die „Weißen“ erfolgreich nach Süden vorgestoßen und die „Roten“ besiegt hatten, ging die Hauptstadtfunktion wieder auf Helsinki über.

Die Stadtkirche von Vaasa nach einem Entwurf von Carl Axel Setterberg

Heute ist Vaasa mit rund 68.000 Einwohnern – darunter etwa 25 % Schwedischsprachige – die größte Stadt der Region Österbotten und gleichzeitig deren **wirtschaftliches und kulturelles Zentrum**. Mit seiner renommierten **Universität** (vier Fakultäten), dem westfinnischen Designzentrum und mehreren schwedischsprachigen Handels- und Fachhochschulen sowie anderen Ausbildungsstätten gilt sie zudem als eine der wichtigsten Lehrstätten in der ganzen Republik, wofür die Vielzahl junger Leute aus dem In- und Ausland sowie eine lebhafte Kneipenszene sichtbarer Beweis sind.

Kulturtouristen, die hier ein schönes Stadtbild erwarten, lässt Vaasa etwas enttäuscht zurück. Denn die elegante Neuschöpfung des Stadtplaners Setterberg ist in einigen Vierteln während der 1970er-Jahre

Blick auf Vaasa mit Universität und Hafen

leider durch neue Verkehrsstraßen und scheußliche Plattenbauten bis zur Unkenntlichkeit verändert worden. Trotzdem gibt es viele gute **Gründe für einen Besuch**:

Zum einen ist da die **gute Infrastruktur** mit einer Vielzahl von Unterkünften und Gaststätten, die Vaasa zur idealen Zwischenstation auf dem Weg von Pori (bzw. Turku) nach Oulu machen. Außerdem wird vor Vaasa der Bottnische Meerbusen, der hier am schmalsten ist, mit einer ganzjährigen **Fährverbindung nach Schweden** (Umeå) überbrückt – eine knappe Vier-Stunden-Fahrt, die nicht nur Skandinavier, sondern auch viele Lappland-Reisende nutzen. Schließlich bezeichnet sich der Ort zu Recht als **Sonnenstadt**, da die Region klimatisch begünstigt ist und man sich an mehreren ausgedehnten Stränden zum Sonnenbaden oder im manchmal bis zu 20 °C warmen Ostseewasser entspannen kann.

Darüber hinaus lockt Vaasa kulinarisch: Österbotten ist für seine eigenständige **Esskultur** bekannt. So kann man im historischen **Sommer-Restaurant Strampen** sehr gut essen. Es ist am Wasser gelegen und besitzt eine schöne Terrasse.

(UQ)

Info

Vaasa Region Tourism: Vaasanpuistikko 12, 65100 Vaasa, Tel. 06-325 1145, www.vaasa.fi/en/see-and-experience, Mo–Fr 10–15 Uhr.
Für **Studierende**, die sich für ein Auslandssemester interessieren, gibt es Infos unter www.uwasa.fi.

Restaurant Strampen: Rantakatu 7V, 65100 Vaasa, Innerer Hafen, Tel. 041 451 4512, www.strampen.com, Mitte April–Weihnachten geöffnet, Mittags- und Abendküche, So geschl.

60 Mit dem Hundeschlitten durch Lappland

Lappland – schon der Name allein genügt manchem, fern- und sehnsüchtig an die riesige Weite jenseits des Polarkreises zu denken. Allein der finnische Teil Lapplands ist größer als die Benelux-Staaten und hat gerade einmal 200.000 Einwohner! Diese menschenleere Landschaft lässt sich kaum beschreiben, da es für sie zumindest in Europa keinen Vergleich gibt; man müsste schon nach Sibirien oder in den Norden Kanadas fahren. Sicher ist hingegen, dass die **Nordkalotte** wohl keinen Reisenden unberührt lassen wird. Bei vielen hat der erste Lappland-Besuch dazu geführt, dass sie in schöner Regelmäßigkeit in diese abgelegene, herbe und weite Landschaft zurückkehren.

Falsche Vorstellungen herrschen oft über die **klimatischen Verhältnisse** an der Nordspitze des Kontinents. Immerhin liegt das Land nördlich des Polarkreises auf gleicher Höhe wie Alaska und Grönland, sodass manche Urlauber ihre arktistaugliche Kleidung bereits einige Tage vor der Polartaufe auspacken. Die Sommer können nicht nur warm, sondern richtiggehend heiß werden bei Temperaturen über 30 °C. Die nördliche Breite spürt man allerdings im Winter, wenn das Quecksilber oft und deutlich unter -40 °C fällt! Zwischen der Periode der Mitternachtssonne und jener der Polarnacht liegen kurze, aber in ihrer Dynamik **atemberaubende Jahreszeiten**. Fast scheint es so, als ob es überhaupt keinen Frühling in Lappland gibt – wenn Ende April (dann scheint im Norden die Sonne bereits 15 Stunden!) die ersten Blüten direkt aus dem abtauenden Schnee emporsprießen. Und auch der Herbst reizt mit angenehmen Temperaturen, bei denen es sich gut wandern lässt, man die Farbenpracht der Ruska genießen und nach Sonnenuntergang vielleicht das erste Nordlicht beobachten kann.

Bei einer Tour mit dem von Huskys gezogenen Schlitten geht es durch die **schneeglitzernde Weite Lapplands**, vorbei an zugefrorenen Seen, durch verschneite Wälder, meist von Blockhütte zu Blockhütte. Wer so etwas ein paar Tage hintereinander

Traumhaft: eine Hundeschlittenfahrt durch die schneebedeckte Landschaft

Schönes Plätzchen zum Aufwärmen

erlebt hat, wird sich enorm erholt fühlen. Wer möchte, kann die Husky-Schlitten selbst einspannen und führen – in Begleitung eines ortskundigen Tourguides. Im Laufe der Safari lernt man nicht nur „seine" Huskys genau kennen, auch das einzigartige Landschaftserlebnis, die Ruhe und die faszinierenden Eindrücke bleiben lange im Gedächtnis.

Eine **Lapplandrundfahrt** während des Sommers kann sich innerhalb der finnischen Landesgrenzen bewegen, geht aber bei den meisten Touristen darüber hinaus. Zu Recht, denn die Nordkalotte stellt eine landschaftliche wie historische Einheit dar, in der immer schon Handel und Wandel grenzüberschreitend waren – so wie die Wanderungen der Rentiere und der ihnen folgenden Sámi. Eine große Lapplandrundfahrt sollte also das Nachbarland Norwegen einbeziehen und an den Küsten des Nordatlantiks und des Eismeeres vorbeiführen, die – das sei bei aller Finnland-Liebe gesagt – zu den landschaftlichen Höhepunkten des hohen Nordens gehören.

(UQ)

Tourist Information: In Inari, Ivalo und Utsjoki stehen Info-Points zur Verfügung. Ansonsten hilft Lapland North Destinations weiter, etwa mit Infos zu Unterkünften und Touren, z. B. mit Huskys: Tel. 040-168 9668, https://lapland north.fi.

Mehrtägige Tour-Angebote bei **Huskytrack:** Sperberstr. 25, 16556 Hohen Neuendorf/Borgsdorf, Tel. 03303-2973123, www.huskytrack.de, oder **Nordic Holidays:** Theodorstr. 41a, 22761 Hamburg, Tel. 040-2866 87130, www.nordic-holidays.de.

61 Wo bitte wohnt der Weihnachtsmann?

Wenn Anfang November die Quecksilbersäule unter null fällt und bis etwa April Minusgrade von -30 bis -45 °C nichts Ungewöhnliches sind, fällt **Rovaniemi** in den Winterschlaf – sollte man meinen. Doch während der Polarnacht herrscht ein emsiges Treiben, auf dem Flughafen landen große Chartermaschinen, Hotelzimmer sind ausgebucht. Man kann sich verwundert fragen, warum ganze Heerscharen von Besuchern aus England, Amerika oder Japan ausgerechnet in diesen abgelegenen und bitterkalten Winkel der Welt einfallen. Die schlichte Antwort: Sie besuchen den Weihnachtsmann!

Kam der heilige Nikolaus aus dem türkischen Myra, hat sich sein der protestantischen Tradition entstammender Zwilling im hohen Norden angesiedelt. Denn der amerikanische Santa-Claus-Rummel und das „White Christmas"-Ideal wollten es so, dass der Weihnachtsmann seine Gaben mit einem **Rentierschlitten zu den Kindern dieser Welt** bringt. Wegen der Rentiere war seine Heimat auf den schneesicheren Norden festgelegt. Und ab den 1940er-Jahren sagten die Stadtväter einiger nördlich gelegenen Gemeinden, zumindest postalisch sei Santa Claus bei ihnen zu erreichen.

Das lappländische Rovaniemi rief bei der Frage, wo der Weihnachtsmann (finnisch Joulupukki) wohnt, am lautesten: „Hier!" Verwiesen wurde auf die alte Tradition, nach der es an der Ostgrenze Lapplands einen „Ohrberg" (= Korvatunturi) gibt, in dem der Weihnachtsmann sitzen soll. Dieser „Ohrberg" war bereits 1927 in der Radio-Kinderstunde der Nation bekannt, und noch im selben Jahr begannen finnische Kinder, Briefe an den „Weihnachtsmann im Ohrberg,

Und es gibt ihn doch!

Lappland" zu schreiben. Diese Briefe kamen tatsächlich dort an und wurden teils von Holzfällern in Rovaniemi beantwortet.

Sehr geschäftstüchtig wurde 8 km nördlich von Rovaniemi auf dem Polarkreis das **Weihnachtsmann-Dorf** eingerichtet, das im Laufe der Zeit immer größere Ausmaße annahm und zunehmend Besucher anlockt: Dort gibt es ein Theater, mehrere Restaurants und Souvenirshops, eine Werkstatt der Weihnachtswichtel, ein Rentiergehege, ein **Postamt mit Sonderstempel** (in dem Besucher ihre Weihnachtspost bestellen können, die dann pünktlich abgeschickt wird). In einem Blockhäuschen empfängt Santa Claus Kinder zum Fototermin. Zwar schwitzt er hier auch im Sommer unter seinem leuchtend roten Pelz, doch geht es naturgemäß in der Adventszeit am lebhaftesten zu.

Der Ort, an dem sich alles um den Weihnachtsmann dreht

Für die Tourismus-Manager von Lappland waren die jährlich rund 500.000 von der Santa-Claus-Euphorie angesteckten Besucher ein Geschenk des Himmels, aber sie verweilten ihnen nicht lang genug an diesem Ort. Um dem entgegenzuwirken, entstand neben dem Weihnachtsmann-Dorf mit dem **Santapark** eine weitere Attraktion. Mit über 100.000 Kilo Dynamit sprengte man ein Gangsystem in den Syväsenvaara-Hügel, das nun alles bietet, was wahrscheinlich auch Walt Disney unter einem **Weihnachtspark** verstanden hätte.

Wo aber wohnt nun der Joulupukki – in der Blockhütte auf dem Polarkreis oder in der Höhle des Santaparks? Und lohnt sich überhaupt ein Besuch bei ihm zu Hause? Wer es rausfinden möchte, sollte genügend Kleingeld mitbringen – und Kinder, die noch an den Weihnachtsmann glauben!

(UQ)

Info

Joulupukin Pajakylä (Santa Claus Office): Joulumaantie 1, 96930 Napapiiri, Tel. 020-700 999, https://santaclausvillage.info, https://santaclausoffice.com, Öffnungszeiten variieren, siehe Website.

SantaPark: Tarvantie 1, 96930 Rovaniemi, https://santapark.fi, geöffnet Mitte Nov.–Mitte Jan. tgl. 10–17/18 Uhr, ab 39 €.

Rovaniemi Tourist Information: Koskikatu 12, 96200 Rovaniemi, Tel. 040-829 0676, www.visitrovaniemi.fi.

62 Dem Polarlicht ganz nah – Kakslauttanen Arctic Resort

1973 soll ein junger Mann in der lappländischen Wildnis aus Benzinmangel eine Nacht im Freien verbracht haben. Später kam er an genau diesen Ort immer wieder zurück und schuf im Laufe der Zeit den heute größten und ungewöhnlichsten Beherbergungsbetrieb weit und breit. Das Kakslauttanen Artic Resort liegt etwa 250 km oberhalb des Polarkreises, nahe der E75 und nicht weit vom Urho-Kekkonen-Nationalpark entfernt. Aus bescheidenen Anfängen mit einem rustikalen Campingplatz wuchs das Resort und besteht heute aus zwei Dörfern, dem älteren East und dem neueren West Village. Für das Erfolgsrezept von Kakslauttanen spielt die Mitternachtssonne eine ebenso große Rolle wie der winterliche Schnee, aber mehr noch das Nordlicht, das von Ende August bis Anfang April leuchtet. Dieses lässt sich in den Glas-Iglus des Resorts ganz bequem vom Bett aus durch die Glasscheiben über dem Bett betrachten. Wenn es so weit ist und sich das Lichtspektakel über den Nachthimmel erhebt, wird kräftig geläutet, sodass niemand verschläft, aber trotzdem liegen bleiben kann. Die Iglufenster sind mit Thermoglas versehen und beheizbar, damit die Sicht auf den Nordhimmel immer klar ist. Sehr beliebt bei Winter-Touristen sind auch die Schnee-Iglus. Wenn es draußen um die -40 °C kalt sein kann, herrscht drinnen eine Temperatur von -3 bis -6 °C – auf Rentierfellen gebettet und mit koppelbaren Daunenschlafsäcken ausgestattet, ist es dann gleich sehr gemütlich und warm.

Leckeres Essen, serviert im coolen Ambiente des Schneerestaurants

Während die Schnee-Iglus jeden Spätherbst neu aufgebaut werden müssen, stehen die rustikalen Blockhütten ganzjährig zur Verfügung. In den neueren „Polar Aurora Cabins“ werden Blockhäuser und Glas-Iglus miteinander kombiniert. Weitere

Das Polarlicht kann man vom warmen Glas-Iglu aus bestaunen

Specials sind mehrere Dutzend bestens ausgestattete Chalets, zwei Restaurants, eine Eisbar, drei Rauchsaunas (darunter die größte der Welt), sogenannte Goldgräber-Hütten, ein typisches Sami-Torfhaus und ein Haus, in dem der Weihnachtsmann Gäste empfängt. Auch eine Kunstgalerie und ein Souvenirshop dürfen nicht fehlen. Die Natur drumherum ist vielfältig, einsam und sehr weit. Man kann während der Wintermonate auf beleuchteten Loipen Ski laufen, Eislochangeln und Eis-Schwimmen betreiben, alternativ im Rentier-, Hunde- oder Motorschlitten fahren. Im Sommer erleben Angel- und Naturfreunde am Inari-See ein wahres Paradies. Rentierfarmen laden zum Besuch ein, das Eismeer ist nicht allzu weit entfernt, man kann sich beim Goldwaschen in den Bächen und Flüssen in der Nähe üben und das Golddorf Tankavaara aufsuchen. Das Resort ist auch etwas Besonderes für Hochzeitspaare, die hier u. a. in einer Eiskapelle heiraten und in einer Hochzeitssuite oder -kammer nächtigen können. *(UQ)*

Info

Kakslauttanen Arctic Resort:
Kakslauttanen, Kiilopääntie 9, 99830 Saariselkä, Lappland, Tel. 016-667 101, www.kakslauttanen.fi.

Wer einfach nur neugierig ist und sich das Artic Resort einmal ohne Übernachtung anschauen möchte, kann an einer Besichtigungstour teilnehmen.

Dänemark

„Danmark er et lille land!" – Dänemark ist ein kleines Land!, behaupten die Einwohner gerne in sympathischem Understatement. Doch stellt sich beim Bereisen des Landes heraus, dass es doch nicht gar so klein ist. Es braucht seine Zeit, Dänemark wirklich kennenzulernen, auch aufgrund der annähernd 500 Inseln, die neben dem jütländischen Festland, mit 30.000 km² dem größten Landesteil, das Königreich ausmachen. Die Küstenlinie beträgt etwa 7.500 km.

Die Natur ist ideal für einen aktiven Urlaub, der Fahrradtouren, Wanderungen, Segeltörns oder Kanuausflüge einschließt. Jenseits von Badestränden und Natur beeindruckt die Kulturlandschaft. Viele Zeugnisse aus Stein-, Bronze-, Eisen- und Wikingerzeit gibt es zu besichtigen, Kunstschätze in den dänischen Mittelalterkirchen sowie unzählige Schlösser und Herrensitze. Zahlreiche schmucke Dörfer und Kleinstädte scheinen mit ihren reetgedeckten Häuschen geradewegs einem Bilderbuch zu entstammen. Hinzu kommt, dass die sprichwörtliche *hygge* (Gemütlichkeit) das Alltagsleben bestimmt und dem Gast das Gefühl gibt, willkommen zu sein.

Als Außengebiete gehören die Färöer und Grönland zu Dänemark, die jedoch beide über eine weitreichende Autonomie verfügen und nicht zum eigentlichen Dänemark gezählt werden. Allein Grönland, die größte Insel der Welt, ist 50 Mal größer als der Kern des Königreichs. Beide Außengebiete entsenden je zwei Abgeordnete in das Folketing, das dänische Parlament.

Steckbrief Dänemark

Name: Kongeriget Danmark (Königreich Dänemark)
Flagge: „Dannebrog", weißes Kreuz auf rotem Grund
Fläche: Kernland 43.094 km², zugehörige Färöer 1.396 km², zugehöriges Grönland 2,2 Mio. km²
Klima: Mildes Klima bei relativ geringen Niederschlägen für die Lage zwischen Ost- und Nordsee. Im Winter Temperaturen nur um den Gefrierpunkt.
Nationalfeiertag: 5. Juni
Bevölkerung: 5,94 Mio. im Kernland, 53.000 Einw. auf den Färöer, 56.600 Einw. auf Grönland
Sprache: Dänisch, das mit Isländisch, Färörisch, Norwegisch und Schwedisch zum nordgermanischen Zweig der indogermanischen Sprachen gehört.
Auf Färöer spricht man Färörisch, auf Grönland Kalaallisut neben Dänisch
Hauptstadt: Kopenhagen mit etwa 1,38 Mio. Einwohnern im Großraum
Wahrzeichen der Hauptstadt: die kleine Meerjungfrau
Staatsform: Parlamentarische Erbmonarchie
Staatsoberhaupt: König Frederik X.
Ministerpräsidentin: Mette Frederiksen (Sozialdemokraten)
Wirtschaft: Industrie, Tourismus, Landwirtschaft, Fischerei, Schiffsbau
Währung: 1 Dänische Krone = 100 Öre, 1 Euro = 7,46 DKK
Telefonvorwahl: +45
Internet-TLD: dk

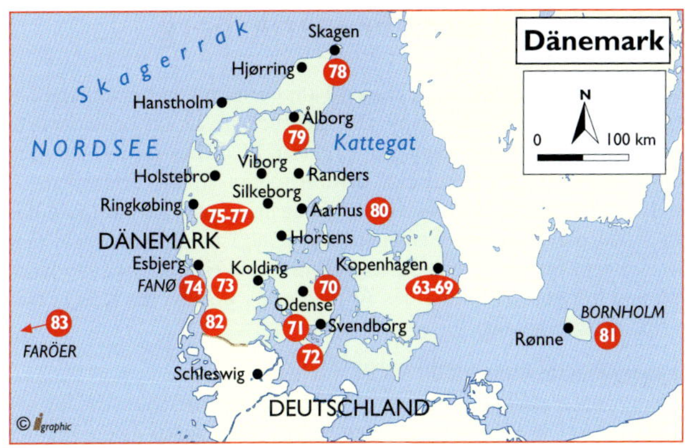

63 Das Königliche Schloss Frederiksborg
64 Musik und Meer – Operhaus und Aquarium Der Blaue Planet in Kopenhagen
65 Carlsberg – Geschichte einer Brauerei
66 Dänemarks Freizeit- und Vergnügungsparks: Tivoli, Bakken, Djurs Sommerland, Legoland, Kattegatcentret
67 Radtour auf der Traumstraße der dänischen Riviera
68 Øresund-Brücke – die dänisch-schwedische Verbindung
69 Dänische Delikatessen
70 Mit Hans Christian Andersen durch Odense
71 Segeln in der „Dänischen Südsee" bei Langeland
72 Für Inselfans: Avernakø, Bjørnø, Drejø, Hjortø, Lyø, Skarø
73 Aufstieg und Fall der Wikinger in Ribe
74 Insel Fanø – Seefahrtstradition, Ferienhäuser und endloser Sandstrand
75 Die Nordseeküste von Jütland
76 Eine Klasse für sich – Urlaub im dänischen Ferienhaus
77 Bernstein – das Gold der Nordsee
78 Skagen – der nördlichste Punkt
79 Aalborg – das Utzon Center an der Hafenfront
80 Aarhus – Kopenhagens kleine Schwester
81 Bornholm – das Inseljuwel
82 Mit Julemanden und Julenisser – Auf geht's zu Dänemarks Weihnachtsmärkten
83 Die autonomen Färöer-Inseln

63 Das Königliche Schloss Frederiksborg

Das Wasserschloss Frederiksborg liegt etwa 40 km nördlich von Kopenhagen im kleinen Ort Hillerød auf der Insel Seeland. Das Gebäude gilt als das bedeutendste Beispiel für die Renaissance in Nordeuropa. Christian IV. ließ es 1600–1620 nach den Plänen des Architekten Steenwinckel d. Ä. errichten. In der Schlosskapelle wurden fast alle dänischen Könige des Hauses Oldenburg gekrönt. Im Laufe der Jahrhunderte sahen die eleganten Gemäuer viele königliche Besucher und Gesandtschaften aus ganz Europa, große Staatsereignisse und Hochzeiten, aber auch Plünderungen und Intrigen. Während des Absolutismus wurden die Könige hier und nicht in Kopenhagen gesalbt.

Auf Frederiksborg musste Frederik III. mit dem schwedischen König Karl X. Gustav einen Frieden unterzeichnen, der die Abspaltung des östlichen Landesteils Schonen zementierte. Die Schweden nahmen damals auch gleich einen Teil der Ausstattung mit, u. a. den Neptunsbrunnen, der heute das Schloss Drottningholm bei Stockholm schmückt. Das letzte bedeutende historische Ereignis auf Frederiksborg war 1840 die Krönung des letzten absolutistischen Herrschers, Christian VIII. Sein Sohn Frederik VII., war für seinen Eigensinn bekannt – er war es auch, der auf die Proteste seiner Diener nicht hörte und am 17.12.1859 ein Kaminfeuer brennen

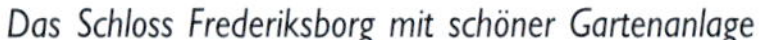

Das Schloss Frederiksborg mit schöner Gartenanlage

ließ. Dadurch geriet zuerst eine Balkendecke und schließlich das gesamte Schloss in Brand. Am nächsten Morgen standen außer der intakten Kapelle nur noch die nackten Mauern da. Ganz Dänemark trauerte um das traditionsreiche Schloss. Der originalgetreue Wiederaufbau wurde mit viel Energie und hohem Aufwand vorangetrieben, sodass Frederiksborg bereits 1865 von außen das alte Bild zeigte und 20 Jahre später war auch der Innenausbau abgeschlossen. Das, was dann 1878 eingeweiht wurde, war allerdings keine Königsresidenz mehr, sondern das dänische **Nationalhistorische Museum**.

Sehenswert: die Kapelle

Die von Sandsteinskulpturen geschmückte „**Große Galerie**“ ist im Innenhof der quadratischen Anlage des Hauptschlosses zu bewundern. Dort steht auch eine Kopie des zuvor nach Schweden abtransportierten Neptunbrunnens. Eine Brücke mit Geheimgang verbindet den Königsflügel mit dem Audienzhaus, das zur Zeit Christians IV. die eigentliche Schaltstelle der Macht im Königreich war. Eine Innenbesichtigung des weitläufigen Komplexes beansprucht einige Zeit. Zu sehen sind die Räumlichkeiten, Möbel, Paradebetten, Rüstungen sowie die umfangreiche nationale Porträtgalerie. Interessant sind auch die bemalten Wappenschilder des Elefantenordens. Die beim Brand unversehrt gebliebene **Kapelle** stellt jedoch die größte Sehenswürdigkeit dar, ein überreich dekorierter, zweistöckiger Raum, der u.a. die einzige erhaltene **Compenius-Orgel** der Welt (1610) enthält.

(DK)

Bootstour

Wegen seiner einmaligen Lage im See kann die Architektur des Schlosses auch auf einem Bootsausflug bewundert werden. Die kleine „M/F Frederiksborg“ befährt im Sommer tgl. 11–17 Uhr die „schönste Seemeile Dänemarks“ zwischen Marktplatz, Schlossanlegebrücke und Barockgarten.

Info

Det Nationalhistoriske Museum, Frederiksborg Slot (Nationalhistorisches Museum, Schloss Frederiksborg): Frederiksborg Slot 10, 3400 Hillerød, Tel. 4826 0439, www.dnm.dk, Ende März–Okt. 10–17, Jan.–März 10–15 Uhr, das Äußere samt Innenhof ist frei zugänglich, der Barockgarten tgl. ab 10 Uhr bis Sonnenuntergang, Schloss Apr.–Okt. DKK 110, Nov.–März DKK 90. Audioguides kostenlos. Führungen auch in Englisch und Deutsch; Infos: **VisitNordsjælland Turistinformation:** Krakasvej 17, 3400 Hillerød, www.visitnordsjaelland.dk.

64 Musik und Meer – Opernhaus und Aquarium Der Blaue Planet in Kopenhagen

Fast alle europäischen Hauptstädte und Metropolen haben mittlerweile mit dem Bau spektakulärer Opernhäuser von sich Reden gemacht. So auch Kopenhagen, wo im Januar 2005 das **Kongelige Teater** für Oper und Ballett mit Verdis „Aida" feierlich eingeweiht wurde.

Henning Larsen (1925–2013) ist der Architekt dieses imposanten, mit einem Flachdach versehenen Opernhauses aus Jurastein und Glas. Das architektonische Highlight prägt das Stadtbild, da es eine neue Sichtachse schafft: von der Oper über das Wasser zum Park Amaliehaven und weiter quer über den Platz des Schlosses Amalienborg bis zur Kuppel der Marmorkirche. Rechts und links des Gebäudes verlaufende Kanäle unterstreichen die exponierte Lage. Als mit dem Boot auf das Haus zufahrender Besucher schaut man auf das lichtdurchflutete Foyer.

Reizvoll: per Schiff in die Oper

Von den höher gelegenen Ebenen eröffnet sich ein großartiger Blick über den Hafen. Und das Kongelige Teater hat es in sich: 14 Etagen, wovon sich einige unter der Erde befinden, sechs Bühnen, ein Auditorium für 1.400 Zuschauer sowie eine modernste Bühnentechnik. Vor dem Haus gibt es genügend Platz für Aufführungen im Freien.

Das Gebäude wurde von der **Stiftung A.P. Møller und Chastine Mc-Kinney Møller** dem „dänischen Volk" geschenkt. Arnold Peter Møller war Mitbegründer der Mærsk Line, eines Global Players mit der größten Containerschiff-Reederei der Welt.

Etwa 8 km weiter südlich erwartet den Besucher ebenfalls spektakuläre Architektur. Das „National-Aquarium" **Den Blå Planet** entstand 2013 ganz in der Nähe des Flughafens Kopenhagen Kastrup auf der Insel Amager am Øresund.

Der preisgekrönte Entwurf des dänischen Architekturbüros 3XN löste das nach über 70 Jahren zu klein gewordene Aquarium in Charlottenlund ab und gilt nun mit deutlich mehr als 1 Mio. Besuchern jährlich als touristisches Flaggschiff des Landes. Das **größte Aquarium Nordeuropas** beeindruckt nicht allein durch seine Zah-

Geschwungene Formen: das Aquarium in Kopenhagen

len von rund 20.000 Meerestieren in 53 Tanks mit insgesamt 7 Mio. l Wasser, sondern auch und vor allem durch seine Architektur und seinen Erlebniswert. Aus der Vogelperspektive erscheint der von Wasser umgebene Komplex wie ein riesiger Whirlpool, von der Landseite her wie ein futuristisches, gestrandetes UFO. Von seinem Zentrum aus erstrecken sich fünf Arme mit unterschiedlichen Bereichen. Besonders eindrucksvoll sind das enorme Ozeanbecken mit Hammerhaien, Rochen und Muränen, das Korallenriff und der Amazonasbereich, in dem auch Schmetterlinge und Vögel frei umherfliegen und wo unter einem imposanten Wasserfall 3.000 Piranhas und Anakondas schwimmen. Mehrere Aquarien können ober- und unterhalb der Wasserlinie erlebt werden. Etwas Besonderes sind stets die Fütterungen, die man miterleben kann, aber auch das Sinnes-Aquarium, bei dem man sich trauen kann, Meerestiere zu ertasten, ist ein Erlebnis. Ökologisch setzt der Blaue Planet mit seinem niedrigen Energieverbrauch (u.a. durch doppelt verglaste Fenster und ein Kühlsystem auf Meerwasserbasis) neue Maßstäbe.

Der nahe Strandpark, die Jachthäfen der Umgebung und der wunderschöne Ausblick über den Øresund machen das Aquarium zu einem attraktiven Ziel für einen Tagesausflug.

(DK)

Info

Kongelige Teater – Operaen (The Royal Opera House): Ekvipagemestervej 10, 1438 Kopenhagen K, Tickets: Tel. 3369 6969, https://kglteater.dk. Teure **Gruppenführungen** auf Englisch (75 Min.) können online gebucht werden.

Den Blå Planet – National Aquarium Denmark: Jacob Fortlingsvej 1, 2770 Kastrup, Tel. 4422 2244, https://denblaaplanet.dk, Mo 10–21, Di–So 10–17 Uhr, DKK 230, Führungen möglich. Anfahrt vom Zentrum mit der U-Bahn zur Metrostation Kastrup, kurzer Fußweg zum Aquarium.

65 Carlsberg – Geschichte einer Brauerei

Die Carlsberg-Brauerei hat ihren festen Platz nicht nur in der Wirtschafts-, sondern auch in der Kulturgeschichte Dänemarks. Als Gründer gilt J.C. Jacobsen (1811–1887), dessen Karriere aber bereits in einer älteren Brauerei begann, die sein Vater mitten in Kopenhagen geführt hatte.

Auf Studienreisen nach Deutschland lernte er die Kunst des **untergärigen Bierbrauens** kennen und beschloss, diese Technik und die Standards des deutschen Reinheitsgebots in eine eigene Bierproduktion einfließen zu lassen. 1847 gründete er auf einem Hügel eine Brauerei und benannte sie nach seinem damals fünfjährigen Sohn Carl. Das hier gebraute Bier wurde ein voller Erfolg. Der junge Carl lernte um 1860 bei führenden europäischen Brauereien und trat in die Fußstapfen seines Vaters. Schon 1868 begann der Verkauf des Bieres auf außerdänischen Märkten wie in Großbritannien, den anderen skandinavischen Ländern und auf den westindischen Inseln. 1875 wurde das **Carlsberg-Laboratorium** eingerichtet (heute Teil des Carlsberg-Forschungszentrums, dessen Ergebnisse – einmalig in der Welt – allen frei zur Verfügung gestellt werden), das eine bessere Qualität und Kontrolle der Produktionsabläufe zum Ziel hatte.

Wirtschaftlich ist Carlsberg ein erfolgreicher und wichtiger Faktor in Dänemark. Täglich werden 114 Millionen Flaschen verkauft, die aus dem Carlsberg-Konzern stammen. Das Unternehmen zählt heute weltweit etwa 41.000 Mitarbeiter und erzielt einen Umsatz von rund 9 Mrd. €; Mit einer Produktion von 103 Mio. Hektolitern stand der Konzern 2022 auf Platz 4 hinter den Brauereigruppen Anheuser-Busch/InBev, Heineken und China Resources Breweries.

War schon der Vater kunstinteressiert, so traf das auf seinen Sohn Carl Jacobsen (1842–1914) und dessen Frau Ottilia (1854–1903) erst recht zu. Sie begeisterten sich für archäologische Ausgrabungen und begannen, Schätze der Antike zu sammeln. Gleichzeitig interessierten sie sich für die Kunst ihrer Zeit. Ihre Sammlung vermachten sie 1888 dem dänischen Volk. Sie ist heute als Grundbestand in der 1897 eingeweihten **Ny Carlsberg Glyptothek** zu sehen. Doch ging es den beiden nicht nur um eine aktive Unterstützung aller mögli-

Die Brauereipferde von Carlsberg kommen bei besonderen Anlässen zum Einsatz

chen kulturellen und sozialen Einrichtungen. Seit 1902 wurden Museen, Gärten, Schulen, Theater und Hospitäler von der Carlsberg-Stiftung unterstützt, die bereits 1876 ins Leben gerufen wurde.

Der Wiederaufbau des Schlosses Frederiksborg und seine Erhaltung als Nationalhistorisches Museum waren bzw. sind nur dank der Stiftung möglich. Und Genießer des Carlsberg-Bieres verweisen gerne darauf, dass von jedem getrunkenen Glas Bier einige Øre in **kulturelle Einrichtungen** fließen.

Architektur ist ein weiterer Schwerpunkt des Carlsberg-Engagements. Gebäude der Brauerei im In- und Ausland sind oft preisgekrönt. Ein eigener **Carlsberg-Preis für Architektur** wird seit 1992 vergeben. Weitere Richtungen des Engagements sind die Philosophie sowie die Natur- und Sozialwissenschaften.

Die altehrwürdige Brauerei bildet heute den Mittelpunkt des hypermodernen Stadtteils Carlsberg City.

(DK)

Nach alter Tradition hergestellt

Die Besonderheit des Stammsitzes der Carlsberg-Brauerei in der Kopenhagener Vorstadt Valby ist schon an der außergewöhnlichen **Industriearchitektur** ablesbar, die sich mit Skulpturen, schön gestalteten Schornsteinen und vor allem dem imponierenden Elefantentor darstellt. Die vier Ungetüme tragen ein Torhaus, in dessen Loggienöffnung eine Doppelbüste von Carl und Ottilia Jacobsen sichtbar ist. Die als dekoratives Element eingesetzten Hakenkreuze waren offizielle Zeichen der Brauerei, bis ihnen die Nazis in Deutschland eine politische Bedeutung gaben. Hinter dem Elefantentor liegt rechts das klassizistische Haus, das die Alte Carlsberg-Glyptothek beherbergt. Im völlig neu konzipierten Besucherzentrum kann man sich über die Geschichte der Brauerei sowie den Produktionsprozess informieren. Hier beginnen auch verschiedene Touren. Die Brauerei stellt hier in vergleichsweise geringen Mengen Spezialbiere der Marke Carlsberg nach alter handwerklicher Tradition her.

Glyptothek und Wintergarten

Home of Carlsberg/Visitor Center:
Gamle Carlsberg Vej 11,
1799 Kopenhagen V,
Tel. 3327 1282, Touren: 3327 1060,
https://homeofcarlsberg.com.

Ny Carlsberg Glyptoteket:
Dantes Plads 7, 1556 Kopenhagen,
Tel. 3341 8141, www.glyptoteket.com,
Di–So 10–17, Do bis 21 Uhr, DKK 125
(Mo frei).

66 Dänemarks Freizeit- und Vergnügungsparks: Tivoli, Bakken, Djurs Sommerland, Legoland, LEGO House

Dänemarks Vergnügungsparks locken Jung und Alt gleichermaßen an. Eines haben alle gemeinsam: Vieles dreht sich, bewegt sich, leuchtet und blinkt oder macht Musik. Die Parks bieten der ganzen Familie jede Menge Abwechslung und Spaß.

Der **Tivoli** ist eine der berühmtesten Kopenhagener Attraktionen. Sein wunderschöner Haupteingang liegt auf der Vesterbrogade. Der alte Märchengarten mitten im Herzen der Stadt stammt aus dem Jahr 1843 und wurde vom König mit dem Hintergedanken erlaubt, dass eine Bevölkerung, die sich amüsiert, gegen Politisierung gefeit sei. Es gibt viele andere berühmte Vergnügungsparks auf der Welt, und die meisten sind größer als der Tivoli, doch kaum einer besitzt eine solche Poesie. Trotz aller neuzeitlichen Spielgeräte wird die spezielle Stimmung durch altmodische Institutionen bestimmt, z. B. die Pantomimenbühne, auf der allabendlich Pierrot mit Harlekin und Columbine auftritt, die Gaukler und Zauberer, das „kleine Riesenrad“ oder die Achterbahn von 1914. Allerdings kann es in der Hochsaison am späteren Abend brechend voll sein, besonders in den zahlreichen unterschiedlichen Restaurants. Samstags bleiben die meisten Gäste bis Mitternacht, wenn das traditionelle Feuerwerk den Tag beschließt. Ab Mitte November öffnet der Park seine Tore für ein weihnachtliches Märchenland mit Wichteldörfern, dem weithin beliebten „Jul i Tivoli“.

Die Drachenbahn im Legoland

Etwas nördlich von Kopenhagen in einem Wald liegt **Bakken**. Bereits 1583 eröffnet, gilt er als ältester Vergnügungspark der Welt. Hier geht es recht volkstümlich und lebendig zu. Ein Karussell mit überdimensionierten Kaffeetassen, eine riesige hölzerne Achterbahn laden zur Fahrt ein. Künstler treten auf, Bierzelte, Imbissbuden und Restaurants sorgen für das leibliche Wohl.

In **Djurs Sommerland**, Dänemarks zweitgrößtem Vergnügungspark, warten rund 60 Attraktionen auf abenteuerlustige und badebegeisterte Besucher. Bei der Dschungel-Safari im Wild Asia Areal bekommt man es mit wilden Tieren und Kopfjägern zu tun. In der zweitschnellsten Achterbahn des Landes stockt bei 90 km/h schon mal der Atem. In weiteren Themengebieten, wie z. B. dem Wikingerland und dem Piratenland, geht es bei Bootsfahrten oft feucht-fröhlich zu. Die Wasserratten gehen ins Erlebnisbad, wo Wellenbecken und Riesenrutschen für Schwung sorgen.

Fast jedes Kind regt seine Fantasie mit Legosteinen an und in Jütlands **Legoland** geht es noch weiter. Über 50 Millionen Steine wurden dort bisher verbaut, davon alleine über 20 Millionen, um im Miniland Bauwerke aus aller Welt im Maßstab 1:20 darzustellen. Die kleinen Legobauer können hier an Bauwettbewerben teilnehmen. Die Modellhäuser lassen sich anschauen, man kann mit Bahnen um sie herumfahren und aus der 400 m langen Achterbahn auf ihre Dächer schauen. In verschiedenen Themenbereichen taucht man in unterschiedliche Welten ein, ob ins Abenteuerland, ins Polarland oder lieber ins Mittelalter mitsamt Königsburg. Und überall gibt es Achterbahnen, aufregende Bootstouren sowie Karusselle für Jung und Alt. Im Piratenland kann man sich selbst als Freibeuter versuchen. Weitere Höhepunkte sind die LEGO Movie World und ein 4D-Kino. Mitten in Billund steht das LEGO House, dessen Architektur an eine Wolke aus 21 großen Legosteinen erinnert. Hier kann man auf 12.000 qkm mit Legosteinen experimentieren, sich Lego-Galerien anschauen, die Geschichte von Lego nachverfolgen, im Restaurant bei einem Roboter seine Mahlzeiten bestellen bzw. sich die neuesten Bausätze im Shop zulegen.

(DK)

Der Tivoli im Herzen von Kopenhagen

Info

Tivoli: Vesterbrogade 3, 1630 Kopenhagen V, Tel. 3315 1001, www.tivoli.dk, Ende März–Ende Sept. 11–23/24 Uhr, Weihnachtsmarkt ab Mitte Nov. Die Eintrittspreise sind hoch, außerdem sind die meisten Attraktionen nicht frei, sondern müssen zusätzlich bezahlt werden. **Tipp:** dafür bereits einen Pass an der Kasse am Eingang kaufen.

Bakken: Dyrehavsbakken, 2930 Klampenborg, Tel. 3963 3544, www.bakken.dk, März–Sept., Öffnungszeiten variieren, siehe Website. Der Eintritt in den Park selbst ist frei, für Attraktionen werden Tickets benötigt.

Djurs Sommerland: Battrupholtvej 3, 8581 Nimtofte, Tel. 8639 8400, https://djurssommerland.dk, Juni (fast) tgl. geöffnet, siehe Website, Tages- und Zweitagestickets. Der Wasserpark ist Juni–Mitte Aug. geöffnet.

Legoland: Nordmarksvej 9, 7190 Billund, www.legoland.dk, Öffnungszeiten variieren, siehe Website, Tages-, Zweitages-, Familienkarten. Wenn man im Voraus online bucht, wird es etwas günstiger.

Lego House: Ole Kirks Plads 1, 7190 Billund, Tel. 8282 0400, https://legohouse.com, Ende Jan.–Dez., Öffnungszeiten variieren, siehe Website.

67 Radtour auf der Traumstraße der dänischen Riviera

Ein idyllisches Stück Dänemark ist der **Strandvejen**, die 42 km lange Strecke von Kopenhagen nach Helsingør am Øresund entlang. Ist man hier mit dem Rad unterwegs, wird man mit schönsten Aus- und Ansichten reichlich belohnt. An warmen Sommertagen lassen der blaue Øresund mit seinen Badestränden und Jachthäfen sowie das Grün des waldreichen Hinterlandes durchaus mediterrane Assoziationen aufkommen. Hier siedelten sich schon im 19. Jh. die reichen Hauptstädter an, deren Villen die hübschesten Plätze entlang der Uferstraße besetzt halten.

In Richtung Norden geht es zunächst nach **Østerbro**, einem heute gesuchten Wohnort. Nördlich vom Nobelvorort Hellerup stehen die Überreste des Charlottenlund Fort, in dem sich ein toller Campingplatz versteckt und hier lädt der Strand zum Bad ein. Das große Waldgebiet des 1731–1733 erbauten und bis 1828 als königliche Residenz genutzten Slot Charlottenburg linker Hand gehört zum frei zugänglichen Schlosspark. Einige Kilometer weiter erreicht man **Klampenborg** mit seinen prächtigen Villen, ein populäres Ausflugsziel für Familien, die den Vergnügungspark Bakken besuchen. Das Jagdschlösschen Eremitagen, das 1736 unter Christian IV. im sächsischen Rokoko-Stil erbaut wurde, liegt nicht weit entfernt. Von außen und aus nächster Nähe lässt es sich bewundern. Die Umgebung des Badeorts **Vedbaek** ist als Erholungsgebiet sehr reizvoll und am besten per Rad oder mit dem Kajak zu erkunden.

Die erste Fahrrad-Botschaft der Welt

Dänemark ist ein Fahrradland. Allein in Kopenhagen liegt der Anteil der Menschen, die mit dem Fahrrad zur Arbeit fahren, bei über 45 %. Und dieser Anteil soll in den nächsten Jahren weiter erhöht werden.
Aber nicht nur dafür gibt es eine Fahrrad-Botschaft mit Sitz in der dänischen Hauptstadt. Fragen zum Rad, zu Radwegen, Radtourismus, Stadträdern, Rad-Parkplätzen – aus dem In- und Ausland von Radlern, Stadtplanern, Radherstellern – können an die Botschaft gerichtet werden: **Cycling Embassy of Denmark**, Rømersgade 5, 1362 Kopenhagen, Tel. 40708362, Tel. 4070 8362, https://cyclingsolutions.info/cycling-embassy.

Gut ausgeschildert: die Radwege entlang der Küste

Mit dem Rad unterwegs: ein besonderes Landschaftserlebnis

Weiter gelangt man bald zum recht belebten ehemaligen Fischerort **Rungsted**. Gern besucht wird hier das **Karen-Blixen-Museum**, das im Eltern- und späteren Wohnhaus der bekannten Schriftstellerin eingerichtet ist.

Weiter nördlich passiert man den Ort **Nivå** mit einem See und einem Herrensitz namens **Nivågård**, zu dem ein Kunstmuseum gehört.

Durch Sletten führt der Weg weiter nach **Humlebæk**. Am Ortsausgang weisen die Schilder zur größten Sehenswürdigkeit, dem **Louisiana Museum of Modern Art**. Es ist der Privatinitiative des Kaufmanns Knud W. Jensen zu verdanken und es zeigt dänische und internationale Kunst des 20. Jh. Wer einen Spaziergang durch den einzigartigen Skulpturenpark mit Blick über den Øresund macht und die Skulpturen auf sich wirken lässt, spürt die harmonische Einheit von Kunst, Architektur und Landschaft. Kein Wunder, dass Louisiana zu einem der beliebtesten Ausflugsziele der Kopenhagener und zum meistbesuchten Museum Skandinaviens geworden ist.

Auf dem weiteren Weg nach **Helsingør** kommt man noch durch die Badeorte **Espergærde** und **Snekkersten**, wo man sich nach anstrengender Fahrt und bei gutem Wetter erfrischen kann.

(DK)

Cykelkort Danmark: die **Radwanderkarte** Dänemark im Maßstab 1:500.000 (Nordisk Korthandel), ist u.a. zu bestellen unter https://geobuchhandlung.de.
Karen Blixen Museet: Strandvej 111, 2960 Rungsted Kyst, Tel. 4557 1057, https://blixen.dk, Öffnungszeiten variieren, siehe Website, DKK 100.

Louisiana Museum of Modern Art: Gammel Strandvej 13, 3050 Humlebæk, Tel. 4919 0719, https://louisiana.dk, Di–Fr 11–22, Sa/So 11–18 Uhr, DKK 145.

68 Øresund-Brücke – die dänisch-schwedische Verbindung

Ähnlich wie die Untertunnelung des Ärmelkanals ist auch die Querung des Øresunds **ein lang gehegter Traum** gewesen. Konkrete Pläne für eine feste Verkehrsanbindung **zwischen Dänemark und Schweden** existierten schon seit 1872. Bis es zum Bau kam, wurde viel überlegt, geplant und entworfen. Mit dem einsetzenden wirtschaftlichen Aufschwung nach dem Zweiten Weltkrieg entschied man sich auf dänischer Seite, zunächst die eigenen Landesteile miteinander zu verbinden. Erst nach Baubeginn der **Großen-Belt-Querung** und nach langen Untersuchungen, vor allem zu den Konsequenzen des Projekts für die Umwelt, war daher der Weg für die Øresund-Brücke frei.

Es handelt sich dabei um die **längste Schrägseilbrücke der Welt** für den kombinierten Straßen- und Schienenverkehr. Sie verbindet Kastrup/Kopenhagen mit Lernacken/Malmö und wurde im Jahr 2000 fertiggestellt. Die gesamte Verbindung besteht aus einer künstlich geschaffenen Halbinsel, einem 3,5 km langen Tunnel unter der Fahrrinne des Øresunds, einer künstlichen Insel von rund 4 km Länge, zwei Zufahrtsbrücken von 6,7 km Länge und einer imposanten 1,1 km langen Hochbrücke.

Dank dieser Verbindung entstand eine ganz **neue Wirtschafts- und Urlaubsregion**, indem Großstädte wie Kopenhagen und Malmö bzw. die Provinzen Seeland und Schonen zusammengewachsen sind. Für den Alltag bedeutet die Verbindung eine große Zeitersparnis auf dem Weg zum jeweiligen skandinavischen Nachbarn. Die Fährverbindung Dragør – Limhamn oder Kopenhagen – Malmö dauerte etwa eine Stunde, so braucht man mit dem Auto nun 10 Minuten, die Züge benötigen von Hauptbahnhof zu Hauptbahnhof ca. 34 Minuten Fahrzeit. Der regelmäßige Schiffsverkehr zwischen Kopenhagen und Malmö wurde inzwischen eingestellt.

Daten zur Øresund-Brücke

Gesamtlänge	15,9 km
Höhe der 4 Pylonen	203,5 m
Lichte Höhe	57 m
Spannweite	490 m
Abstand der einzelnen Pfeiler zueinander	140 m
Verarbeiteter Beton	320.000 m³
Gewicht der Kabel	2.300 t
Beschäftigte während des Baus	5.000
Baukosten inkl. Zufahrten etc.	3 Mrd. € (Brücke allein: 1 Mrd. €)
Bauzeit	5 Jahre
Bewohner der Øresund-Region	3,8 Mio.
Berufspendler	20.000 täglich
Fahrzeuge im Jahr	über 7 Mio.

Mit der Øresund-Brücke ergeben sich völlig neue Möglichkeiten für Reisende, denn auf der dänischen Seite baute man nicht nur den Flughafen Kastrup weiter aus, sondern errichtete mit Ørestad einen völlig neuen Stadtteil. Dass der Flughafen Kastrup (Station „Københavns Lufthavn") heute vom schwedischen Malmö fast so schnell zu erreichen ist wie von der Innenstadt Kopenhagens aus, verblüfft selbst die Dänen, die ihrerseits gern in Malmö abheben, denn dort starten die Low-Cost-Airlines. Und mit Brostaden entstand auf der schwedischen Seite ebenfalls ein neues Stadtviertel.

Die Øresund-Brücke verbindet Dänemark und Schweden miteinander

Ein Nachteil für Urlauber sind die hohen Mautgebühren. Hohe Zuwächse verzeichnet seit der Eröffnung der Regionalverkehr. Die Nahverkehrsbahnen fahren im 20-Minuten-Takt zwischen Kopenhagen und Malmö hin und her. Kombitickets sind für manchen Reisenden reizvoll, denn so kann man z. B. mit der Bahn von Malmö nach Kopenhagen fahren, darf dort alle öffentlichen Verkehrsmittel umsonst nutzen und braucht keinen Parkplatz fürs Auto. Die Bahnreise im „Untergeschoss" der Brücke bietet beste Aussichtsmöglichkeiten und der Zug ist zudem mit Höchstgeschwindigkeiten von bis zu 200 km/h schneller als der Autoverkehr darüber.

Für Autofahrer gibt es auf der Brücke selbst keine Haltemöglichkeit für Fotostopps. Auf dänischer Seite bietet sich vom ehemaligen Fährhafen Dragør ein guter, jedoch nur entfernter Blick auf die Brücke. Am besten ist die Sicht vom *Uitsiktspunkt* auf schwedischer Seite vom Ufer des Vorortes Limhamn aus.

(DK/UQ)

Info

Informationen zu Maut, Buchungen, Kombitickets:
Website der Øresund-Brücke: www.oresundsbron.com/en/private.
Verkehrsgesellschaften Bahnen:
DSB Øresund bzw. Öresundståg, www.dsb.dk/find-produkter-ogservices/oresund (Dänisch) bzw. www.oresundstag.se/en (Englisch).

Øresund-Rundfahrschein: Die Tageskarten für die gesamte Strecke „Rund um den Sund" („Around the Sound") inkl. Fährpassage Helsingborg – Helsingør werden beiderseits des Øresunds verkauft. Es ist die preiswerteste Art, den kompletten Sund kennenzulernen. Tickets z. B. über www.skanetrafiken.se (Schwedisch) und bei den Touristeninformationen.

69 Dänische Delikatessen

In Dänemark versorgen sich viele Urlauber selbst. Entlang der Straßen kann man sich an kleinen Verkaufsständen mit dem Obst und Gemüse eindecken, das gerade im Garten nebenan reif ist. Und in vielen Hafenorten kann man frischen Fisch und Krabben gleich vom Boot aus kaufen oder die nächste Räucherei aufsuchen. An Imbissständen gibt es eine anerkannte dänische Spezialität: die legendären **pølser**. Gegrillt (risted) oder als knallrote Bockwürstchen (røde pølser). Zum Hot Dog werden sie mit Brot sowie wahlweise frischen und gerösteten Zwiebeln, Gurken, Senf, Remoulade und Ketchup zubereitet, wobei Kenner oder Unentschlossene einfach alles nehmen (med alt).

Auswahl an frischem Obst und Gemüse auf dem Markt

Ebenso weit verbreitet ist das **smørrebrød**. Die Übersetzung „Butterbrot" hat mit den dick belegten Broten kaum noch etwas zu tun. Restaurants und Kros haben meist einige Smørrebrød-Gerichte auf der Karte (oft als frokost-Platte). In speziellen Smørrebrød-Restaurants kann die Speisekarte sehr lang sein! Die bekanntesten Kreationen sind die mit Krabben, geräuchertem Lachs, mariniertem Hering, geräuchertem Hering mit Eigelb, Radieschen und Schnittlauch, geräuchertem Aal mit Rührei, Schweinebraten mit Rotkohl, Äpfeln und Backpflaumen, Rinderbrust mit Meerrettich, Roastbeef mit Pickles sowie Leberpastete mit eingelegten Senfgurken oder Gewürzgurken. Oft gibt es auch Spezialitäten, die eigene Beinamen bekommen haben, z. B. dyrlægens natmad, „Abendessen des Tierarztes", das aus Salzfleisch und Leberpastete, garniert mit rohen Zwiebeln, besteht. Smørrebrød wird i. d. R. mittags gegessen, gern begleitet von Bier und Aquavit.

Mittag ist abends! Die Bezeichnungen für die einzelnen Mahlzeiten können verwirrend sein. **Morgenmad** ist das „erste Frühstück". Das ehemalige „zweite Frühstück", **frokost**, wurde im Laufe der Zeit zum Mittagessen (11.30 bis 15 Uhr). Und das warme Mittagessen, das früher am Nachmittag eingenommen wurde, ist trotz seines Namens **middag** heute nichts anderes als das frühe Abendessen, das man üblicherweise von 17–20 Uhr zu sich nimmt. Mit **aftensmad**, ehemals nur als ein Imbiss zum späteren Abend und eher im privaten festlichen Rahmen gemeint, wird heute übergreifend häufig das Abendessen zwischen 17 Uhr und Küchenschluss bezeichnet. Es gilt als etwas vornehmer als das middag, kann aus drei Gängen bestehen, aber auch nur aus Kaffee und Kuchen zum Ende eines langen Tages.

Smørrebrød gibt es in zahlreichen Variationen

Andere **traditionelle Gerichte** sind z.B. Enten-, Gänse- oder Schweinebraten mit Äpfeln, Backpflaumen, in Zucker gebräunten Kartoffeln, Rotkohl und brauner Soße oder gekochter Kabeljau in Senfsoße, Buttersoße, gehacktem Ei, Meerrettich und gekochten Kartoffeln. Unter den Begriff „**Hausmannskost**" fallen hauptsächlich Gerichte mit Schweinefleisch, meist mit Kartoffeln sowie der charakteristischen und kalorienhaltigen dicken Soße und auffallend grünen Erbsen.

Unter „**dänischer Küche**" versteht man, dass der natürliche Reichtum des Landes bevorzugt verarbeitet wird. Frische Zutaten vom Lande, aus dem Meer und aus Binnengewässern: u.a. Hering, Flunder, Aal, Scholle, Lachs, die gebraten, gekocht, gebeizt, eingelegt, mariniert oder geräuchert werden, aber auch Nordmeerkrabben und Miesmuscheln. Zu den ganz großen Delikatessen gehören auch die frisch gefangenen, kleinen Fjordkrabben oder frische Austern.

Ein beliebtes Fischgericht ist das **Stjerneskud** („Sternschnuppe"). Das Smørrebrød-Gericht besteht aus einem gebratenen Schollenfilet, belegt mit Lachs, Krabben und Rogen (Kaviar) auf einer großen Scheibe Brot. Das Ganze wird garniert mit Spargel, Tomaten und etwas Grünzeug. Dazu gibt es einen Dip, zubereitet aus vornehmlich Mayonnaise, Crème fraîche, Zitronensaft, Salz und Pfeffer sowie Senf. Kreiert hat diese Speise Ida Davidsen, Dänemarks Smørrebrødsjomfru, für den russichen Kosmonauten Juri Gagarin, als dieser dem Land 1962 einen Besuch abgestattet hatte. Zum Dessert gibt es die leckeren traditionellen Kompotte und Obstgerichte wie **rødgrød** (Rote Grütze) oder **sødsuppe** (Obstsuppe). Beliebt sind zudem Milchprodukte wie Käse, Buttermilch (Kærnemælk) und der Sauermilchjoghurt **Ymer** (mit gezuckerten Schwarzbrotkrümeln bestreute Delikatesse). Auch das Angebot an Kuchen ist reichhaltig: Es reicht von süßen Brötchen (Boller), Zimtschnecken, Zimtkuchen (Kanelstang), kleinen Krapfen (Æbleskiver) bis hin zu Lebkuchen (Honningkager) oder Blätterteiggebäck (wie Wienerbrød).

(DK)

70 Mit Hans Christian Andersen durch Odense

Hans Christian Andersens Märchen sind weltbekannt. Wer erinnert sich nicht an die „Die Prinzessin auf der Erbse", „Der standhafte Zinnsoldat", „Die kleine Meerjungfrau" oder an „Däumelinchen"? In Odense erblickte Andersen im Jahr 1805 das Licht der Welt. Sein (mutmaßliches) Odense erblickte Andersen im Jahr 1805 das Licht der Welt. Sein (mutmaßliches) Geburtshaus steht an der Ecke Hans Jensen Stræde und Bangs Boder, inmitten eines Viertels, das „**H.C. Andersen Kvarteret**" heißt. In seinem Inneren wird das spannende Leben des Dichters anhand persönlicher Gegenstände, Dokumente und Briefe dargestellt. Das unscheinbare eingeschossige Häuschen ist nunmehr der Mittelpunkt einer völlig neu konzipierten Erlebniswelt – mit viel Holz, Glas und Grün sowie mit modernster multimedialer Technik, alles vom weltberühmten Architekturbüro Kengo Kuma & Associates geschaffen. Im „Neuen Andersen-Haus", **Det Ny H.C. Andersens Hus**, zu dem auch in verwunschener Märchengarten gehört, werden unter- und oberirdisch Leben und Werk des großen Dichters für Besucher aller Altersgruppen auf überzeugende und spannende Weise anschaulich gemacht. Viele Bilder und eine umfangreiche Sammlung seiner Werke runden das Bild ab. Haus und Garten schaffen eine gelungene Verbindung zum Kinderkultur- und Spielehaus **Ville Vau**. In diesem haben die Kinder die Möglichkeit, sich kreativ zu entfalten, so zum Beispiel sich schminken, an Theateraufführungen teilnehmen, durch die Kulissen klettern und laufen oder malen.

Der spätere Dichter wuchs übrigens in armen Verhältnissen auf, interessierte sich jedoch früh für Geschichten, Bücher und das Theater. Mit seiner schönen Stimme trug er in Bürgerhäusern Gedichte oder Lieder vor. Seinen Gedanken und seiner Fantasie ließ er gern freien Lauf. Wenn er im Armenhospital seiner Großmutter und

Das Elternhaus von Hans Christian Andersen

anderen alten Frauen einen Besuch abstattete, bekam er zum Dank Märchen erzählt. So versuchte er sich bald an selbst verfassten Komödien und träumte davon, am Königlichen Theater in Kopenhagen als Schauspieler, Tänzer oder Chorsänger zu reüssieren. Zunächst sollte er jedoch einen richtigen Beruf erlernen, daraus wurden aber nur kurze Aufenthalte in einer Tuchfabrik in der Klaregade sowie in einer Tabakfabrik in der Vestergade. Mit 15 Jahren begab sich Hans Christian Andersen nach Kopenhagen und kam die nächsten 50 Jahre nicht nach Odense zurück. Bis er 1875 starb, hatte er es als Schriftsteller zu Weltruhm gebracht und insgesamt über 200 Märchen, Novellen, Autobiografien, Romane und Erzählungen, Theaterstücke sowie Reiseberichte geschrieben.

Aufführung von „Des Kaisers neue Kleider"

In der Stadt Odense begegnet man ihm auf vielfältige Weise, sein Profil mit großer Nase und Zylinder ist ein markantes Bild. Auf Bilder und Figuren aus seinen Märchen wie den eitlen Monarchen aus „Des Kaisers neue Kleider" trifft man in der Fußgängerzone, an anderer Stelle steht der standhafte Zinnsoldat auf einem Bein. Ein Restaurant namens „Hässliches Entlein" hat den stolzen Schwan im Logo.

Im **Fünischen Dorf**, einem Freilichtmuseum mit ländlichen Gebäuden aus dem 18. und 19. Jh., lernt man viel über das dörfliche Leben auf Fünen vor 200 Jahren und Kinder können selbst mit anfassen, mit Kühen, Ziegen, Hühnern, Kaninchen, Enten und anderen Tieren spielen sowie in der alten Schule kreativ werden. Zur Adventszeit gibt es im Stadtzentrum auf dem Sortebrøde Torv einen Weihnachtsmarkt, der den Besucher auf eine kleine Zeitreise ins 19. Jh. mitnimmt. Musik, tanzende Elfen, dänische Weihnachtsleckereien, alte Handwerkskünste und Kunsthandwerksstände locken an den ersten drei Adventswochenenden viele Besucher von Nah und Fern.

(DK)

Info

VisitOdense: Østre Stationsvej 15 (Borgernes Hus), 5000 Odense C, Tel. 6613 1372, www.visitodense.com.

Det Ny H.C. Andersen Haus: Haven 1, 5000 Odense C, Tel. 6551 4601, https://hcandersenshus.dk, variierende Öffnungszeiten siehe Website, ab DKK 165.

Villa Vau: H.C. Andersen Haven, 5000 Odense C, www.hcandersenshus.dk/de/ville-vau, variierende Öffnungszeiten siehe Website.

Fünisches Dorf (De Fynske Landsby): Sejerskovvej 20, 5260 Odense, https://denfynskelandsby.dk/dk, variierende Öffnungszeiten siehe Website, Hauptsaison DKK 145.

71 Segeln in der „Dänischen Südsee“ bei Langeland

Mit seinen Fjorden, seichten Küstengewässern, Hochseegebieten und reizvollen Buchten ist Dänemark nicht nur ein einmaliges Segelrevier, sondern bietet jedem Wassersportler das seinem Niveau entsprechende Gewässer. Die kleinen und großen Inseln mit idyllischen Ankerplätzen offerieren mit historisch gewachsenen Städten auch kulturelle Attraktionen oder Natur und Ruhe pur.

Die **Dänische Südsee** – der dänische Teil der Ostsee und nur von Deutschen so genannt – ist das herrliche Segelrevier um die Inselwelt zwischen Großem und Kleinem Belt, um die Inseln Fünen, Als Langeland, Lolland, Falster, das südliche Seeland und weitere kleinere und größere Inseln herum, manche beziehen sogar Møn mit ein. Die Dänen bezeichnen das Areal **Sydfynske Øhav** (südfünisches Inselmeer) oder auch **Dansk Sydhav** (Dänisches Südmeer). Eine feste, geografische Zuordnung gibt es jedoch nicht. Ein bisschen fühlt man sich an weit entfernte Inselwelten in der Südsee oder im Pazifik erinnert: Es gibt zwar keine Palmen, aber weiße Strände, nett anzuschauende Häuser und angenehm frische Luft. Hier vergisst man gern die Zeit.

Vor der Küste kreuzen alte Holzsegelschiffe

Highlights der Region sind u. a. die alte, stolze Handelsstadt Ærøskøbing auf der Insel Ærø, die Region um den Svendborg Sund, die kleinen Inseln nördlich von Lolland sowie diejenigen südlich von Fünen (siehe folgendes Kapitel) und Langeland.

Langeland ist 52 km lang, bis zu 11 km breit und bei Rudkøbing über eine Brücke mit Fünen verbunden. Die lange Küste bietet viele Anlaufmöglichkeiten. Die fünf Häfen Lohals, Rudkøbing, Bagenkop, Spodsbjerg sowie Lindelse Nor als Ankerplatz können angelaufen werden. Auf dessen Halbinsel Ristinge befindet sich eines der schönsten Badeparadiese: Ristinge Hale. Vom Strand aus geht es flach ins Wasser, sodass die Badetemperatur meist angenehm ist.

Familienausflug auf See

Für Segel- und Motorjachten unter 20 Bruttoregistertonnen besteht keine Führerscheinpflicht. Und eine Jacht zu chartern ist in Dänemark relativ preiswert; allerdings ist dies nur in wenigen Häfen möglich. Es versteht sich natürlich von selbst, dass aktuelles Seekartenmaterial nötig ist. Moderne GPS-Geräte erleichtern heute natürlich die Navigation und die Aktualisierung. Bei Notfällen werden die SAROperationen durch JRCC Danmark koordiniert. Auf Wasser und zu Land ist das UKW-Seefunkradio die wichtigste Funkverbindung. Den Kanal 16 hört die dänische Küstenfunkstation Lyngby Radio rund um die Uhr ab. Man erreicht sie telefonisch über +45 7285 0000. Bei „leichteren“ Problemen hilft der Seerettungsdienst Dansk Sø Rednings Selskab (DSRS).

(DK)

Seenotrettung: Dansk SøRedningsSelskab, www.dsrs.dk. Stationen in der Dänischen Südsee: Assens, Faaborg, Rudkøbing und Vordingborg.

Mitsegeln: Infos für diejenigen, die gern mitsegeln möchten, gibts in Hamburg unter https://skipperteam.de.

Informationen zum Segelrevier und den Häfen in Dänemark: https://esys.org/rev_info/Daenemark

Seekarten: www.bsh.de

72 Für Inselfans: Avernakø, Bjørnø, Drejø, Hjortø, Lyø, Skarø

Wer auf Fünen, Langeland, Tasinge oder Æerø seinen Urlaub verbringt, ist wahrscheinlich Inselfan. Auf der weiteren Suche nach ursprünglichem Inselambiente eignen sich neben einem Dutzend unbewohnter Inselchen, die nur per Boot angelaufen werden können, Avernakø, Bjørnø, Drejø, Hjortø, Lyø und Skarø besonders für einen Abstecher.

Avernakø: Von Fåborg aus erwartet einen nach einer einstündigen Fährüberfahrt eine lang gestreckte Insel mit immerhin 19 km Küstenlinie. Die 114 Inselbewohner leben überwiegend von der Landwirtschaft und vom Fischfang. Für den Besucher gibt es neben der Kirche, in der eine Kopie des Inselschatzes aufbewahrt wird, schöne Badestrände und gute Angelmöglichkeiten. Derweil kann man die Vogelwelt der Ostsee betrachten. Für Segler gibt es Liegeplätze in den Häfen Avernak und Korshav Bro. Dort kann man auch Räder leihen, um sich auf den Weg über die Insel zu machen.

Unterwegs in Dänemark: von Insel zu Insel mit der Fähre und dem Rad

Bjørnø: Die 150 ha große Insel liegt ca. 3,5 km südlich von Fåborg und ist von dort mit der Fähre erreichbar – Sportliche kommen auch mit dem Kajak hier an. Die Insel ist leicht hügelig und die höchste Erhebung liegt bei 24 m ü. d. M. Es wechseln sich Felder und kleine Wäldchen, vereinzelte Strände und flache Wiesen mit reichem Vogelleben, Steilküsten und schmucken Bauernhöfe ab. Wer die Insel mit dem Segelboot erreicht, kann an der Fährmole anlegen. Bjørnø eignet sich für Unterwegs in Dänemark: von Insel zu Insel mit der Fähre und dem Rad eine Rundwanderung (2 Std.) oder man geht angeln. Alternativ kann man baden oder mit dem Rad umherfahren. Im Ort gibt es einige nette Fachwerkhäuser zu sehen und im Sommer ist ein Café geöffnet. Zum Übernachten bieten sich ein einfacher Campingplatz, zwei Ferienbauernhöfe und ein paar Ferienhäuser an.

Drejø: Das zwischen Fünen und Ærø gelegene Eiland gehört mit 426 ha zu den größeren dieser Inselgruppe. Der nördlichere Teil ist ein Vogelschutzgebiet mit

Typische Farben in Dänemark: blauer Himmel über einem reifen Getreidefeld

Küstenwiesen, Teichen, Mooren und Schilf. Hier können u.a. Schwäne, Graugänse, Möwen oder Turmfalken beobachtet werden. Die 1535 geweihte Kirche etwas südlich von Drejø By ist das älteste Gebäude auf der Insel. Die touristische Infrastruktur hat im Osten einen Jachthafen samt Fähranleger mit täglicher Verbindung nach Svendborg sowie im Norden den sehr kleinen Drejø Gl. Havn zu bieten sowie ein paar Ferienhäuser, einen ein- fachen Zeltplatz, und schließlich den Dorfmittelpunkt, den Kro &Købmand (www.drejokrokobmand.dk) für den täglichen Bedarf und mit Speisestätte.

Hjortø: Mit 90 ha Größe ist diese autofreie Insel die kleinste und von Svendborg aus mit der Minifähre, dem eigenen Boot oder von Skovballe mit dem Kajak (3 km) zu erreichen. Die Insel ist flach und weitgehend eingedeicht, die höchste Erhebung misst gerade einmal 3,50 m. Bei Stürmen kann man das Festland fast zu Fuß erreichen, wenn das recht flache Wasser weggeblasen wird. An schönen Tagen können Besucher die kinderfreundlichen, reinen Badestrände nutzen oder über die Strandwiesen an der Süd- und Ostküste spazieren. Einem selten vorkommenden Tier, dem Glockenfrosch, kann man hier auch begegnen. Sein Gequake erinnert an Kirchenglockengeläut.

Lyø: Gute Badestrände und Angelmöglichkeiten, ein reiches Tier- und Pflanzenleben, schöne Wander- und Radwege, all das prädestiniert die 605 ha große Insel für einen erholsamen Tagesausflug. Allein das Dorf Lyø By lohnt schon einen Besuch. Mit seinen reetgedeckten Häusern überwiegend aus dem 18. Jh., verwinkelten Gassen, ansehnlichen Gärten vor bunt bemalten Haustüren zählt der Ort zu den besterhaltenen dörflichen Gemeinwesen im ganzen Königreich und wird entsprechend gern besucht. Im Norden der Insel gibt es einen Jachthafen. Der Ort bietet mit Kunstgalerie, Café/Kro (in der alten Schule), Vermietung von Rädern und Reitpferden, zwei B&Bs, Ferienwohnungen u. ä. touristisch so einiges.

Skarø: Die 197 ha große Insel hat eine kompakte, nierenförmige Gestalt. Deutlich schmaler und länger ragt im Norden die Landzunge Skarø Odde weit ins südfünische Meer. Der 9 m hohe Vesterbjerg bietet einen schönen Panoramablick. Im Norden der Insel liegt der Jachthafen, von dort sind es 200 m zum Inselort Skarø By mit Dorfteich und drumherum gruppierten Höfen, die alte Tradition ausstrahlen. Für Vogelfreunde lohnt der Besuch ganz besonders, denn allein 50 Arten Watt- und Wasservögel nisten hier. Hinzu kommen die Zug- und Raubvögel, die alljährlich im Herbst beobachtet werden können.

(DK)

73 Aufstieg und Fall der Wikinger in Ribe

Ribe ist eine der ältesten Städte, vielleicht sogar die **älteste Stadt Dänemarks**. Belegt ist durch Ausgrabungen, dass es bereits um 700 n. Chr. eine Handelssiedlung der Wikinger zwischen Ribe und Tved gegeben hat, etwa dort, wo heute die Nicolaj Gade entlangführt. Die Wikinger nutzten die vor den Gewalten der Nordsee geschützte Binnenlage, bauten Lagerhäuser und wohnten damals in reetgedeckten Langhäusern. Um 860 ließ der Erzbischof von Hamburg-Bremen in Ribe eine Kirche errichten, 948 wurde die Stadt Bischofssitz. Zu Beginn des 10. Jh. hatte der Ort bereits große Bedeutung im Handel, der, wie man aufgrund gefundener Münzen annehmen kann, bis in die arabische Welt gereicht zu haben schien. In den folgenden Jahrhunderten wurden Fisch und vor allem Ochsen aus Ribe exportiert. Im Gegenzug importierte die Stadt Keramiken aus Holland, Tuch aus England und Baumaterialien aus dem gesamten europäischen Raum.

Die eigentliche **Boomzeit** begann im 12. Jh., als die Valdemar-Dynastie Ribe zur Königsstadt und zu einer ihrer Residenzen erklärte, und sie dauerte bis ins 16. Jh. Es gab damals sieben Kirchen und vier Klöster. Ribe unterhielt mit allen wichtigen Städten Europas Handelsbeziehungen. Sturmfluten, Feuersbrünste oder die Pest – besonders schlimm 1350 – bedrohten immer wieder die Stadt, der lukrative Handel brachte sie aber stets von Neuem auf die Beine.

Wikinger unterwegs in der vielleicht ältesten Stadt Dänemarks

Das ging so lange gut, bis sich die Rückschläge ab 1530 häuften und der **Abschwung** einsetzte. Die vordringende Reformation führte ab 1530 zur Auflösung der Klöster. 1580 entzündete sich in Ribe ein großes **Feuer**, wodurch ein Drittel der Stadt zerstört wurde. Die Eindeichung des Vorlandes ließ den Hafen immer wieder versanden, und die Schweden-Kriege im 17. Jh. beeinträchtigten den Handel in Dänemark. Ribes Bevölkerung ging stark zurück, und die Kaufleute kehrten dem Ort den Rücken. Als 1874 auch noch der Hafen von Esbjerg eröffnet wurde, führte jeglicher Handelsverkehr an der Stadt vorbei. Ribe verarmte so sehr, dass es nicht einmal mehr reichte, die alten Häuser abzureißen und neue aufzubauen.

Anschauliche Darstellungen im Ribe VikingeCenter

Tipp

Ein Abend mit dem Nachtwächter

Jeden Abend dreht ein traditionell gekleideter Nachtwächter in Uniform, ausgestattet mit Morgenstern, Holzstange mit Eisenspitze sowie den Initialen des Regenten, seine Runden durch die Altstadt. Dabei singt und erzählt er **Geschichten und Anekdoten aus der Stadtgeschichte**. Startpunkt ist der Marktplatz, März–Mitte Okt. um 20 Uhr und Juni–Aug. auch um 22 Uhr (Nebensaison nicht jeden Tag, aktuelle Zeiten unter www.visitribe.com). Den Nachtwächter zu begleiten, ist kostenlos.

Dadurch ist vieles jedoch erhalten geblieben: Seit 1899 wird dafür gesorgt, dass die historischen Gebäude für die Nachwelt erhalten bleiben. 1963 wurde nahezu der gesamte **Altstadtkern unter Denkmalschutz** gestellt, wonach die alten Gebäude nur noch nach genauen Richtlinien renoviert werden dürfen, die Straßen wieder mit Kopfsteinpflaster versehen werden und Ausgrabungen an alten Wikingersiedlungen verstärkt durchgeführt werden.

(DK)

Info

VisitRibe: St. Nicolaj Gade 1, 6760 Ribe, www.vadehavskysten.dk. Modernes Besucherzentrum, in dem man sich tgl. 9–18 Uhr mit Infomaterial eindecken und am Computer Infos suchen kann. Mit Personal besetzt ist die Infostelle nur im Juli/Aug. und während der Herbstferien. Zeiten werden auf der Website bekannt gegeben.Vielfältige **Veranstaltungen** zum Thema Wikinger gibt es im **Ribe VikingeCenter**, Roagervej 129, 6760 Ribe, Tel. 7541 1611, www.ribevikingecenter.dk, variierende Öffnungszeiten, siehe Website, DKK 145. **Wikingermarkt:** Ende April/Mai. Ein tolles Museum befindet sich in der Stadt: **Museet Ribes Vikinger**, Odins Plads 1, 6760 Ribe, www.ribesvikinger.dk, Di–So, Juli–Okt. tgl. 10–16/17 Uhr, DKK 110, bis 17 Jahre frei.

74 Insel Fanø – Seefahrtstradition, Ferienhäuser und endloser Sandstrand

Fanø, am Westufer von Süd-Dänemark und 50 km nördlich von der deutschen Insel Sylt gelegen, ist eine 56 qkm große Familieninsel. Im Sommer setzen die Fähren von Esbjerg aus im 20-Minuten-Takt in die Inselhauptstadt Nordby über. Der einzige andere Ort ist das kleine Sønderho. Schon 1890 kamen reiche Kopenhagener und auch erste begüterte Familien aus Hamburg zur Sommerfrische auf die Insel. Damit ist die Insel das älteste Seebad und ältester Kurort Dänemarks mit einem einzigartigen Sandstrand. Der ist 16 km lang und bei Ebbe vielerorts 2 km breit und dehnt sich noch immer aus, da die Nordsee ständig Sand anspült.

Tipp

Wattwanderung auf Fanø

Ohne seinen kräftigen Gabelspaten geht **Jesper Voss** nie an den Strand. Den braucht der Wanderführer, Mitarbeiter der Inselbrauerei, Austernkenner und Hobbykoch für seine Arbeit. Mit dem Spaten erschreckt er den Wattwurm und demonstriert, wie viel Leben im Sand verborgen ist. Seine Wattwanderungen zu den Sandbänken, auf denen sich Seehunde und Robben sonnen, gehören zu den Attraktionen und sind schnell ausgebucht. Kinder – aber nicht nur sie – sind dabei ganz versessen darauf, „richtige, lebendige Nordseerobben in echt" zu erleben. Immer wieder wird der Strandboden umgegraben. „Dies ist eine Herzmuschel, die vergräbt sich, so schützt sie sich davor, von Möwen entdeckt und gefressen zu werden." An Themen fehlt es bei einer solchen kilometerlangen Begehung des Strands nicht. Noch während er sagt: „Unsere Insel ist Teil des ‚Nationalparks Wattenmeer', jede Pflanze und jedes Tier hat seine Aufgabe und ist unverzichtbar im Ökosystem", bückt er sich: „Schaut, dieser kleine Krebs, wie er flieht und sich eingräbt." Auch Miesmuscheln werden ausgegraben und auf andere Kleintiere hingewiesen: „In einem Kubikmeter Wattboden gibt es etwa 30.000 Spezies." Viele der Bodenbewohner sieht man kaum mit bloßem Auge: „Miniwürmchen, aber für die Wattgesundheit unbedingt wichtig." „Und obendrauf liegen dann die Robben." Jesper, der auch der Austern-König genannt wird, hat übrigens auch ein Austern-Kochbuch geschrieben (www.oystercookbook.com)!

So entstand viel Platz für *Ferieboliger*, wie Ferienhäuser auf Dänisch heißen. Ganze 2.800 gibt es davon auf Fanø. Zudem hilft das Erbe der Vergangenheit bei der Suche nach einer Unterkunft: Als noch Großsegler über die Weltmeere fuhren, kannte jeder Seemann Fanø. Hier war bis zum Anfang des 20. Jh. die zweitgrößte Handelsflotte Dänemarks zu Hause. Die Kapitäne von Fanø kehrten mit Reichtümern auf ihre Heimatinsel zurück und wollten ihre Erfolge auch vorzeigen. Die stattlichen Kapitänshäuser in der Inselhauptstadt **Nordby** gehören zu den Sehenswürdigkeiten. Stolz auf ihren Besitz, verzichteten sie auf Hausnummern und gaben ihren Anwesen klangvolle Namen wie „Villa Quisisana" oder „Stuckmanns Hus". Bescheidenheit war nicht angebracht, die Kapitäne hatten meist viele Kinder.

In Haus „Møllesti" etwa, das sich der Seekapitän Nørby 1892 bauen ließ, gibt es acht Zimmer. Das sind mehr, als Dorit Grumsen und ihr Mann Niels Jørgensen, die dieses Kapitänshaus 2006 gekauft haben, für sich brauchen. Deshalb machten sie daraus, was auf der Insel „Værelsesudlejning", „Overnatning" oder „Gæstehus" und in anderen Ländern „Bed & Breakfast" genannt wird: Privathäuser mit gehobener Ausstattung, in denen

Die Insel Fanø schmückt sich mit besonders schönen Häusern

zahlende Gäste aufgenommen werden. So wurde damit 2010 auf Fanø das erste „B & B" eröffnet, seither ist ein Dutzend hinzugekommen.

Auf Fanø gibt es zudem mehrere Museen, die an die Zeit der Insel als Schifffahrtszentrum erinnern, z. B. die Fanø Skibsfarts- og Dragtsamling (Schifffahrts- und Trachtensammlung) und das Fanø Museum, Wohnhaus eines ehemaligen Seemannes in Nordby.

Tipp: Wenn man auf dem Rückweg von der Fähre in Esbjerg kommt, gleich links abbiegt und immer am Hafen entlanggeht, kommt man zum **Mennesket-ved-Havet**. Das Menschen-am-Meer-Denkmal besteht aus vier 9 m hohen Monumentalfiguren; sie sind schlohweiß und seit 1995 das Wahrzeichen von Esbjerg.

Im Süden der Insel lockt eine weite Heidelandschaft zu längeren Spaziergängen ein und wer erfahren möchte, wie in Form von großen Reusen angelegte Vogelkojen früher Wildenten eingefangen wurden, besucht im Südosten die Albue sowie die Sønderho Fuglekøje.

Im schnuckeligen Sønderho kann man im historischen Ortskern schließlich das Fanø Kunstmuseum und das 1750 erbaute Hannes-Hus, ein ehemaliges Wohnhaus von Generationen von Seefahrern besuchen. Wer dann Appetit bekommt, kann entweder klassisch dänisches Fine Dining im Sønderho Kro genießen, oder alternativ auf eine Kleinigkeit im Café Nanas Stue einkehren, in dem sich zudem ein kleines Fliesenmuseum befindet.

(DK)

Info

Touristenbüro Fanø: Langelinie 5, Nordby, 6720 Fanø, Tel. 7026 4200, www.vadehavskysten.dk, Öffnungszeiten variieren, siehe Website.
Aktivitäten und Touren, auch für Kinder: https://clubfanoe.dk
Møllesti B & B: Møllesti 3, 6720 Fanø, Tel. 7516 2949, www.mollesti.dk.
Fanø Skibsfart & Dragtsamling: Hovedgaden 28, Nordby, 6720 Fanø, Tel. 2114 0043, https://fanoskibs-dragt.dk, Öffnungszeiten variieren, siehe Website, DKK 30, Kombiticket für 4 Museen DKK 90.
Hannes Hus: Øster Land 7, 6720 Fanø, Tel. 5150 1850, www.hanneshus.dk/homedeutsch.
Wattwanderung: https://visitfanoe.dk/de/robben

75 Die Nordseeküste von Jütland

Bei Jütland an der dänischen Nordseeküste werden viele an frische Luft und flach abfallende, lange, breite Strände denken. Man hat sofort weite Dünen und sehr weißen Sand vor Augen.

Insbesondere der Küstenstreifen bis Esbjerg und die vorgelagerten Inseln Fanø oder Rømø stehen für Familienurlaub und das vorzugsweise im Juli und August. Das ist jedoch nicht die einzige Zeit des Jahres, die man dort verbringen kann. Die Region lockt ganzjährig Urlauber an, gerade im Herbst oder Winter kann man sich richtig durchpusten lassen und das „gesunde Reizklima" auskosten.

Von Esbjerg sind es nur 15 Minuten mit der Fähre zur Insel **Fanø**, auf der das Leben etwas gemächlicher und traditioneller ist als an anderen Ferienorten des Landes (S. 170). Sie misst von Nord nach Süd etwa 15 km und ist bekannt für den weiten Sandstrand an der Westküste, die Dünen und die alten strohgedeckten Seefahrerhäuser. Søren Jessens Sand ist eine Sandbank an der Nordspitze der Insel und Galgerevet eine Sandbank an der Südspitze. Beide Sandbänke sind sehr verlockend für eine Stippvisite. Man sollte sich vor dem Weg dorthin jedoch über Ebbe und Flut bzw. Nebel erkundigen.

Das Leben auf der Insel ist etwas gemächlicher und traditioneller als an anderen Ferienorten des Landes. **Nørdby** und **Sønderho** sind die Hauptorte mit netten Restaurants und interessanten Museen wie der Fliesen- und Kachelsammlung aus dem gesamten Nordseeraum, die im Café Nanas Stue zu sehen ist.

Rømø, die südlichste und größte Nordseeinsel Dänemarks, ist durch einen Damm mit dem Festland verbunden. Der Strand an der gesamten Insel-Westseite ist der Hauptanziehungspunkt von Familien, aber auch von Surfern und Wellenreitern. Wattwanderungen, Bernstein suchen und sammeln, Fahrrad fahren, Dünenwanderungen, Drachen steigen lassen, Ausritte am Strand und Kitebuggy fahren sind die Beschäftigungen, denen man hier so nachgeht.

Die Strände von **Vejers** um den westlichsten Punkt Dänemarks bei Blåvands Huk etwas nördlich von Esbjerg zählen zu den schönsten im südlichen Jütland. Der Ort Vejers ist klein und verfügt – nicht nur für Kinder ein Anziehungspunkt – über einen wunderbaren Bonbonladen (Drops Kogeri). Der Sydstrand sowie nördlich der Børsmose Strand können mit dem Auto befahren werden.

Bis an die Nordspitze der jütländischen Halbinsel reihen sich zahlreiche, besuchenswerte Orte und Strände aneinander. Es locken der Fischereihafen Hvide Sande mit Fischrestaurants und gutem Ferienhausangebot, Thorsminde mit dem Strandingsmuseet (Museum der gestran-

Windig, breit und lang: die Strände in Jütland

Das Muschel- und Schneckenhaus: Liebesbeweis eines Fischers

deten Schiffe) sowie Thyborøn mit einem lustigen Muschel- und Schneckenhaus. Auch die besonderen Naturschauspiele an der Küste, wie zum Beispiel die große Kalksandsteinklippe Rubjerg Knude – übrigens Dänemarks einziger „Vogelfelsen" –, die Wanderdüne Rubjerg Knude, die seit Jahrzehnten mit einem Leuchtturm um die Vorherrschaft ringt, und Råbjerg Mile, eine durch Überweidung entstandene Düne, die noch immer jedes Jahr 10–20 m wandert, sind einen Besuch wert.

Wo sich hoch im Norden Nord- und Ostsee treffen, liegt **Skagen** (S. 178). Auch hier fahren Familien gern hin. Von der Ortsmitte bis zur nordöstlichen Spit- ze sind es 2 km. Skagen selbst wird auch als „Sylt Jütlands" bezeichnet: wegen der Natur, der Partys und einer langen Tradition als Künstlerkolonie. Denn die trostlose und raue Atmosphäre, die Menschen, die durch sie geprägt wurden und besonders die Landschaft im Zusammenspiel mit Wind, Licht und Wasser lockten im 19. Jahrhudert viele Dichter und vor allem Maler an. Sie machten sich später als die „Skagen Maler" einen Namen. Ihre Werke kann man nun im Skagens Museum bewundern und Wohnhäuser der Künstler besichtigen.

(DK)

Strandingsmuseet: Vesterhavsgade 1E, 6990 Ulfborg, Tel. 9611 5020 https://strandingsmuseet.dk, Anf. Feb.–Mitte Nov. tgl. 10–17 Uhr, DKK 95.

Touristenbüro Rømø: Juvrevej 6, 6792 Rømø, https://romo-tonder.dk, Mo–Sa (im Sommer auch So) 10–16/17 Uhr.

Skagen Turistbureau: Vestre Strandvej 10, 9990 Skagen, Tel. 2082 5616, https://enjoynordjylland.dk.

Skagens Museum: Brøndumsvej 4, 9990 Skagen, Tel. 9844 6444, https://skagenskunstmuseer.dk, Di–So, Öffnungszeiten variieren, siehe Website, DKK 125.

76 Eine Klasse für sich – Urlaub im dänischen Ferienhaus

Wird ein Urlaub in Dänemark geplant, bietet sich ein Ferienhaus zur Miete an. Gerade für Familien, die immer viel dabeihaben und im Auto anreisen, ist ein passendes Häuschen oft am besten. Rund **50.000 der rund 200.000 Ferienhäuser** in Privatbesitz stehen dafür zur Verfügung. Und man hat die freie Wahl, denn besonderes Kennzeichen der dänischen Ferienhäuser ist die individuelle und oft sehr liebevolle Einrichtung und Ausstattung.

Der Standard ist meist hoch, damit sich nicht nur die Kinder, sondern auch die Eltern erholen können: Geschirrspüler, Waschmaschine, WLAN, Fernseher und viele andere Dinge sind meist vorhanden. Fast alle Häuser sind zudem mit einem Kamin ausgestattet, der selbst dunkle und kalte Wintertage gemütlich werden lässt.

Über das Internet oder ein Reisebüro kann genau das Haus ausgesucht werden, das den eigenen Bedürfnissen am ehesten entspricht. Wichtige **Kriterien** sind dabei u. a. Lage und Strandnähe, Küchenausstattung, Anzahl der Zimmer und Größe der Betten, Einrichtung (TV, Internetverbindung, Stereoanlage, Kamin, Swimmingpool, Sauna) sowie die Möglichkeit, Haustiere mitzubringen.

Vor allem entlang der Nordseeküste und in einzelnen Feriengebieten an der Ostsee gibt es sogenannte **Ferienanlagen**. Dabei handelt es sich um Apartmentsiedlungen, in denen die Unterkunft wochenweise gemietet werden kann (und muss). Dabei ergibt sich ein günstigerer Tagespreis. Die Apartments sind mit einer kleinen Küche ausgestattet.

Es handelt sich hierbei in den meisten Fällen um die günstigere Alternative zum Ferienhaus und eignet sich besonders für diejenigen, die beispielsweise zu zweit reisen bzw. sich die meiste Zeit des

Ein Kinderspiel: Drachen steigen lassen bei dänischem Wind

Ferienhäuser in Dänemark: geschützt und schön gelegen

Urlaubs außer Haus aufhalten wollen. Das Angebot und die Qualität sind sehr unterschiedlich. Manchmal handelt es sich nur um eine Apartmentsiedlung, in anderen Fällen sind umfangreiche Freizeitanlagen (Schwimmbad, Familienparks etc.) angeschlossen. Und wieder andere Herbergen sind geradezu luxuriös.

Zwei Tipps am Rande:

- Die Häuser sind neben den Wintermonaten oft im Mai und vor den dänischen Herbstferien auffallend günstig.

- Ersparen Sie sich das Putzen und nutzen Sie die Endreinigung durch den Vermieter, auch wenn es extra kostet.

(DK)

Info

Anbieter von Ferienhäusern sind:
www.dansommer.de
www.novasol.de
www.dancenter.com: Es können gezielt Ferienhauswünsche in die sehr gut aufgebaute Suchmaschine eingegeben werden.
www.dansk.de: Website des kleinen Ferienhausanbieters Kröger+Rehn. Günstige Angebote gibt es auch für Kurzentschlossene.
www.feriepartner.de: Auch hier kann man sich ein auf die eigenen Wünsche zugeschnittenes Haus heraussuchen und Häuser für nur wenige Tage bzw. ein verlängertes Wochenende buchen.
www.visitdenmark.de: Ferienhäuser sind auch über VisitDenmark zu buchen.
Die **Preise** schwanken stark. So kann ein großes Luxushaus im Hochsommer über 1.500 € pro Woche kosten, während dasselbe Haus in der Nebensaison unter 1.000 € und in der Nachsaison sogar nur noch ca. 500 € kosten kann.
Ferienanlagen: Für Familien gut geeignete Ferienanlagen sind z. B. über www.dancenter.de (DanCenter), www.landal.dk bzw. www.lalandia.dk/de-de (Lalandia) zu buchen.

77 Bernstein – das Gold der Nordsee

Bernstein ist mit einem Besuch in Dänemark, an der Nord- und Ostsee oder in Skandinavien eng verbunden. Läuft man am Strand entlang, ist der Blick unwillkürlich nach unten gerichtet, um die goldbraunen Steine zu finden – von Sammeln kann leider meist keine Rede sein. Man schaut sich die Bernsteingeschäfte an oder bringt sich aus dem Urlaub ein Schmuckstück mit. Seitdem das berühmte Bernsteinzimmer im Katharinenpalast in Puschkin, südlich von St. Petersburg, über 25 Jahre lang originalgetreu nachgeschnitzt und nachgebildet wurde, hat das Interesse wieder zugenommen. Der Bernstein, der dort verarbeitet wurde, kam überwiegend aus dem Baltikum.

Tipp

Wie und wann findet man Bernstein?

Diese Frage stellt sich zunächst wahrscheinlich Kindern, die auf Schatzsuche gehen wollen. In Dänemark findet man die meisten Steine an den Stränden von Rømø und Fanø sowie westlich und nördlich von Esbjerg. Die größten Chancen auf einen Fund hat man einige Tage, nachdem es aus westlicher bzw. südwestlicher Richtung kräftig gestürmt hat. Bei Ebbe entdeckt man dann mit etwas Glück im dunklen Spülsaum zwischen Seepflanzen, Algen oder halb verrotteten Holzstücken kleine Bernsteine. Die Farbe kann zwischen gelb-bräunlich, blau, schwarz, grünlich, rot oder auch milchig-weiß bis nahezu farblos ausfallen. Flache Strände und das salzhaltige Wasser bieten dem Bernstein gute Anschwemmbedingungen. Eine gute Infoseite ist: www.fanoe-reisen.de/bernstein-auf-fanoe.

Bernstein kann verschiedene Farbnuancen aufweisen

Die **Erklärungsversuche**, was Bernstein ist, gehen weit in die Vergangenheit zurück. Schon während der Steinzeit sowie bei den Ägyptern vor 6.000 Jahren wurde Bernstein als Schmuck verwendet. Die Theorien um den Ursprung des Bernsteins waren recht unterschiedlich. Seit dem 18. Jh. scheint es aber klar: Es handelt sich um brennbares fossiles Baumharz, das schwer löslich und in seiner Erscheinung nicht homogen ist. Ein Stoffwechselprodukt pflanzlichen Ursprungs und ein erhärtetes, je nach den geografischen Bedingungen mehr oder weniger stark verändertes Harz aus Nadel- und seltener Laubbäumen.

Im **Nord- und Ostseegebiet** entstand der Bernstein vor 55 bis 35 Millionen Jahren. Damals herrschte ein subtropisches Klima in Südskandinavien und das Meer reichte bis Südschweden und zur heutigen Küste Polens. Dänemark war gänzlich von Wasser bedeckt. Zu dieser Zeit entstanden an den damaligen Küsten große Waldareale aus sehr saftigen und harzigen Kiefern. 20 Millionen Jahre konnten sich diese Wälder entwickeln und im natürlichen Rhythmus absterben, bis schließlich klimatische Veränderungen und ein weiter steigender Meeresspiegel ihr Schicksal besiegelten. Eine dominierende Meeresströmung trug die versteinerten Harze dann gen baltische Küste, wo sich der größte Teil vor knapp 40 Millionen Jahren absetzte. Ein als „Bernsteinfluss" bekanntes Stromdelta beförderte Millionen Jahre später Teile des Bernsteins nach Westen zur damaligen Küste. Das Hauptmündungsgebiet dieses Deltas lag zwischen der heutigen **Elbmündung und Blavand**. So kam der Bernstein in die Nordsee und wurde sogar bis nach England getrieben.

Hauptfundort in Europa ist der **baltische Raum**, besonders die Küste von Polen und das ehemalige Ostpreußen sowie das Samland. Dort wird der Bernstein seit dem 18. Jh. in 30–40 m Tiefe im Berg- und Tagebau sowie aus dem Meer kommerziell gefördert. Die Beliebtheit dieses Steins fiel aber mit der Gewissheit, dass es sich dabei „nur" um versteinertes Harz handelt. Mit der Zeit stellte man den Stein dann auch per Pressverfahren künstlich her, er fand nun außerdem in der Industrie Verwendung.

Die Künstler an Nord- und Ostsee finden seit einigen Jahren wieder Gefallen an der Verarbeitung der Steine, an der dänischen Nordseeküste gibt es einige **Bernsteinschnitzer**, die neben Schmuckstücken mit Bernstein zum Teil eindrucksvolle Werke aus dem Material schaffen. Das Museum **Ravhuset Thyborøn** (Vesterhavsgade 5, https://ravaage.dk, Juni–Sept.) informiert über Bernstein.

(DK)

Auf Bernsteinsuche am Strand

78 Skagen – der nördlichste Punkt

Tipp

Skagen Odde Naturcenter

Jung und Alt werden im Naturcenter vielleicht noch etwas erfahren, was sie bisher nicht wussten: Hier wird den Naturphänomenen nachgegangen, die sich aus dem Zusammenspiel von Sand, Wasser, Wind und Licht ergeben. Die Besonderheit, dass in Skagen Nord- und Ostsee aufeinandertreffen, wirft eventuell weitere Fragen auf, die in den einzelnen Themenräumen beantwortet werden. Dabei kann viel angefasst, angehört und ausprobiert werden.
Skagen Odde Naturcenter: Bøjlevejen 66, in der Nähe des Leuchtturms Grenen, Tel. 9679 0606, www.skagen-natur.dk, Mai–Ende Herbstferien Di–Fr 10–16, Juli Mo–Fr 10–17, Sa/So 11–16 (im Juli bis 17) Uhr, Eintritt DKK 75.

Skagen liegt gleichzeitig an der Nord- und an der Ostsee, was die Reise dorthin besonders reizvoll macht. Wie sieht das aus, wenn beide Gewässer aufeinandertreffen? Man sollte seinen Besuch deshalb auf **Grenen**, die Nordspitze Jütlands, das Skagens Museum (siehe dazu S. 173) und den Hafen konzentrieren.

Vom Parkplatz Grenen geht es zunächst zum Leuchtturm, den man besteigen kann, um über die beiden Meere zu schauen. Direkt oberhalb des Parkplatzes liegt das **Kunstmuseum/Galleri Grenen**, das vom „Eisberg-Maler" Axel Lind ge-

Grenen bei Skagen: Hier kann man in Nord- und Ostsee baden

gründet wurde. Seine Ausstellung „Das Meer und das Eisreich" ist permanent zu sehen und stimmt auf den nördlichsten Punkt Dänemarks bestens ein. Die Werke zeitgenössischer dänischer Künstler sind ein weiterer Schwerpunkt in diesem Museum.

Von dort geht man in 20–30 Minuten durch die Dünen und am Strand entlang bis zur Nordspitze, wo man den Blick auf die sich kräuselnde See, die Vogelschwärme darüber und die Aussicht auf den Schiffsverkehr genießen kann.

Strand bei Skagen

Auf dem Rückweg nach Skagen kommt man am Kippfeuer **Vippefyret** am Ostre Strandvej vorbei. Was wie eine Art Ziehbrunnen aussieht, ist eine Rekonstruktion von Dänemarks erstem Leuchtfeuer, so wie es in Skagen und an vier anderen Stellen an Dänemarks Küsten im Jahr 1560 angebracht wurde. Das im Volksmund als „Papageienfeuer" bekannte Leuchtfeuer stand damals 25 m über dem Meeresspiegel. Wem nun nach etwas Herzhaftem zumute ist, der hat in den Pakhusene (pakhus = „Packhaus") am Fiskehuskajen am Hafen die freie Wahl bei frischen Fischgerichten.

(DK)

Skagen Turistbureau:
Vestre Strandvej 10, 9990 Skagen, Tel. 2082 5616, www.enjoynordjylland.dk, Mo–Sa 10–16, im Sommer bis 18 Uhr.

Grenen Kunstmuseum:
Fyrvej 40, 9990 Skagen, Tel. 2978 4981, https://galleri-grenen.dk, Öffnungszeiten variieren, siehe Website, DKK 30.

79 Aalborg – das Utzon Center an der Hafenfront

Das Utzon Center an der Hafenfront am Limfjord von Aalborg ist ein 2.400 Quadratmeter großes **spektakuläres Multifunktionshaus** mit Ausstellungsräumen, Architekturbibliothek, einem großen Auditorium für Konzerte und Konferenzen sowie einem Archiv mit Zeichnungen und Entwürfen der dänischen Architektenlegende und des Pritzker-Preisträgers (2003) **Jørn Utzon**, der fünf Jahre nach der Verleihung des Preises 90-jährig in Kopenhagen verstarb.

1918 in Aalborg geboren, wurde Jørn Utzon 1957 mit dem aufsehenerregenden Entwurf für die Oper in Sydney weltberühmt. Aufgrund von Unstimmigkeiten über die Finanzierung stieg er jedoch aus dem Projekt aus. Nicht ganz nach seinen Entwürfen fertig gebaut, wurde die Oper 1973 feierlich eröffnet und das markante Dach prägte sich beim Betrachter ein. Die an Segel erinnernde Dachformation machte das Gebäude zum Wahrzeichen von Sydney.

Das 2008 eröffnete Utzon Center in Aalborg hat der Architekt mit seinem Sohn Kim zusammen entworfen. **Auftrag des Zentrums** ist es, die durch Jørn Utzon geprägte dänische Architektur, Formensprache und verwandte Themen in einen größeren internationalen Zusammenhang zu stellen. Zu sehen sind Modelle, Skizzen, Hintergrundinformationen zu Utzons Bauten. Designsymposien und Sommerkurse finden ebenfalls dort statt.

Nicht nur die Außenansicht des Gebäudes zieht viele Architekturinteressierte an, vom tagsüber geöffnetten Feinschmeckerrestaurant JØRN aus bietet sich eine schöne Sicht über den Limfjord. Das Utzon Center und die es umgebende, modern gestaltete Hafenfront (Havnefront) mit Park- und Sportanlagen, der Badeanstalt Aalborg Havnebad, der Konzerthalle Musikkens Hus, dem innovativ gestalteten Unicampus, dem nahen Kunst- und Kulturzentrum Nodkraft in einer ehemaligen Kohlelagerhalle und vieles mehr haben mittlerweile Wahrzeichencharakter für Aalborg.

Das Schloss von Aalborg liegt übrigens gleich gegenüber des Utzon Center und 700 m weiter, ebenfalls am Fjord, befindet sich das 1931 erbaute holländische Schulschiff Prinses Juliana, in dem das gleichnamige Restaurant gute dänische Küche serviert.

(DK)

Info

Utzon Center: Slotspladsen 4, 9000 Aalborg, Tel. 7690 5000, www.utzoncenter.dk, Di–Fr 11–17, Sa/So 10–17, Do bis 21 Uhr, während der Ferien auch Mo geöffnet, DKK 100, Führungen nach Voranmeldung unter: gbm@utzoncenter.dk.
Restaurant JØRN: Tel. 9982 1605, www.utzoncenter.dk/en/content/restaurant-jorn-6041, Di–Fr 11–17, Do bis 21, Sa 10–17, So bis 15 Uhr (Küche bis eine Stunde vorher), an allen Tagen gibt es einen tollen Brunch (11–14 Uhr).
Restaurantskibet Prinses Juliana: Vestre Havnepromenade 2, 9000 Aalborg, Tel. 9811 5566, https://prinsesjuliana.dk.
Musikkens Hus: Musikkens Pl. 1, 9000 Aalborg, Tel. 6020 3000, https://musikkenshus.dk.

Das Utzon Center aus der Vogelperspektive

80 Aarhus – Kopenhagens kleine Schwester

Um 800 n. Chr. hat es hier die erste Siedlung mit dem Namen Aros (= „an der Mündung des Flusses") gegeben. Oft verwechselt mit dem Begriff Aarehus (Ruderhaus), entstand der heutige Name. Die Anhöhe nördlich des Flussufers der Aarhus Å bot bei hohen Wellen Schutz und die Wikinger sicherten sie zur Landseite hin mit Wallanlagen ab. Die Stadt entwickelte sich daraufhin rasant: Ein Bischofssitz wurde eingerichtet und der Handel begann zu florieren. In den folgenden Jahrhunderten wurden Kirchen gebaut, u.a. die Domkirche. 1441 erhielt Aarhus die Stadtrechte. Der Wohlstand bescherte der Stadt zahlreiche Renaissancebauten. Doch Pestepidemien und Kriege machten Aarhus immer wieder zu schaffen, sodass sie erst in der zweiten Hälfte des 19. Jahrhunderts Aalborg als zweitgrößte Stadt Dänemarks ablösen konnte. Einen bedeutenden Schub gab es mit dem Anschluss an das Eisenbahnnetz sowie der daraus resultierenden massiven Entwicklung der Industrie und als Hafenstadt.

Heute ist Aarhus mit 286.000 Einwohnern die **bedeutendste Stadt Jütlands**, bezeichnet sich als „kleinste Großstadt der Welt", gilt als Denkfabrik des Nordens und setzt zahlreiche selbstbewusste Zeichen, um es ausgesprochen lebenswert und zudem zu einem lohnenswerten Reiseziel für Touristen zu machen. Arbeit finden schlaue Köpfe hier genügend, unter anderem im Wissenschaftspark INCUBA, der ein Netzwerk bildet zwischen Industrie, Handel und Universitäten. Über 50.000 Studenten sind eingeschrieben, neben der Uni an Wirtschaftsfakultäten, einer Kunsthochschule, der Musikakademie, Hochschulen für Pressewesen, Ingenieurswesen, Architektur u.v.m. Das färbt natürlich auf die Kulturszene ab: Theater-, Musik- und Tanzvorführungen sowie die hiesige Filmindustrie genießen internationale Anerkennung.

Die attraktive Innenstadt, eine ausgezeichnete Gastronomie, Weltklasse-Museen wie das ARoS Kunstmuseum und das Freilichtmuseum Den Gamle By („Die alte Stadt"), Strände, ein Tivoli, das DOKK1, eine Bibliothek, unter der die Autos führerlos geparkt werden, und einiges mehr gibt es zu erleben.

Und seit einigen Jahren macht die „Kleine Schwester Kopenhagens" durch einen neu konzipierten Stadtteil auf sich aufmerksam: **Aarhus Ø**, ein ehemaliger Teil des Hafens, der zu einem modernen, architektonisch beeindruckenden und spannenden Areal umgestaltet wurde. Er bietet 7.000 Menschen Wohnraum (davon mehr als 20 % im Rahmen der Non-Profit-Vermietung), 12.000 Menschen gehen hier ihrer Arbeit nach und 10.000 Bäume sorgen für ein grünes Umfeld. Dazwischen gibt

Info

Tourist Aarhus – DOKK1: Hack Kampmanns Plads 2, Fredensgade 45, 8000 Aarhus, Tel. 8731 5010, www.visitaarhus.com.
Harbor Area Aarhus Ø: https://aarhusoe.dk

ARoS Kunstmuseet: Aros Allé 2, 8000 Aarhus, Tel. 6190 4900, www.aros.dk; Di–Fr 10–21, Sa/So 10–17 Uhr.
Den Gamle By: Viborgvej 2, 8000 Aarhus, Tel. 86 12 31 88, www.dengamleby.dk; Kernzeiten Jan.–März tgl. 10–16, April–Weihnachten tgl. 10–17, Ende Dezember tgl. 10–15 Uhr.

es Geschäfte, Parks, Lokale und Promenaden. An der Nordostspitze ragt als Wahrzeichen das 142 m hohe **Light House** (www.lighthouseaarhus.dk) heraus – samt angeschlossener Wohnungsbauten sowie im obersten Stock einem Restaurant und einer Aussichtsplattform. Auffällig ist die zackige Fassade des **Isbjerget** (Eisberg) genannten Gebäudes nahebei. Zudem lockt das Havnebadet **„Bassin 7"** mit mehreren Schwimmbecken und Liegezonen. Es wurde von den Stararchitekten der dänischen Bjarke Ingels Group (BIG) innovativ in nordischem Design gestaltet. An der Kaianlage daneben wurde der futuristische, 14 m hohe Aussichtsturm Salling Tårnet gebaut.

(*DK*)

Futuristisch anmutendes Aussichtstürmchen: Salling Tårnet

81 Bornholm – das Inseljuwel

Mit Schlagworten wie „Sonneninsel“, „Perle der Ostsee“, „dänische Riviera“ oder sogar „Capri des Nordens“ wird Bornholm schon seit Jahren beschrieben. Gute Klimadaten, viele sommerliche Sonnenstunden und Strände mit feinstem Sand machen einen Aufenthalt dort immer wieder aufs Neue reizvoll. Aufgrund ihrer Überschaubarkeit und der Randlage ist die Insel einzigartig, sie wirkt wie eine kleine in sich geschlossene Welt. Man fährt nicht nach Dänemark, sondern nach Bornholm – und das meist für mehrere Urlaubswochen. Ohne allzu großem Trubel ausgesetzt zu sein, gibt es für Besucher aber ausreichend viele natürliche und kulturelle Sehenswürdigkeiten.

Schnell nach Bornholm

Dank der Øresund-Brücke hat sich die Reisezeit nach Bornholm verkürzt. Eine zusätzliche Zeitersparnis ist die Reise mit der Katamaranfähre von Ystad. Für Zugreisende empfiehlt sich die Verbindung Kopenhagen–Rønne (ab Ystad mit der Fähre) in ca. drei Stunden (www.dsb.dk/find-produkter-og-services/dsb-standard-bornholm-vok-sen). Der Flughafen von Bornholm liegt zwischen Rønne und Amager an der Südküste (www.bornholms-lufthavn.dk). Von Kopenhagen fliegt die Gesellschaft Danish Air Transport bis zu acht Mal täglich nach Bornholm (https://dat.dk). Die Flugzeit beträgt ca. 35 Minuten. Von Ystad (Schweden, 4–6 x tgl.), Køge (Seeland, 1 x tgl.) sowie von Sassnitz (Rügen, 3–5 x wöchentl.) verkehren Autofähren der Bornholmslinjen nach Rønne (www.bornholmslinjen.de).

Nirgendwo sonst im Königreich findet man auf solch kleinem Raum ein so **abwechslungsreiches Landschaftsbild**, in dem weite Sandstrände und skurrile Klippenformationen, fruchtbare Felder und Heidegebiete, Misch- und Kiefernwälder, karge Granitflächen und Hügel – der „Ritterknecht“ stellt dabei die zweithöchste Erhebung Dänemarks dar –, Binnenseen und Moore sowie Vogelinseln aufeinander folgen. Typisch sind auch die tief eingeschnittenen „Spaltentäler“, schmale Wasserrinnen im Granituntergrund, die von der Eiszeit zu richtigen Schluchten ausgehobelt worden sind und von denen das „Echotal“ mit einer Länge von 10 km das größte und eines der schönsten ist.

Die **Vogelwelt** auf Bornholm ist wegen einer Vielzahl von Nachtigallen interessant, auf den Vogelkolonien der vorgelagerten Schäreninsel Graesholmen nisten u.a. Tordalke und Trottellummen, die außer auf Gotland in der Ostsee sonst nicht vorkommen. Die Gewässer sind fischreich. Bornholm

Durch die Dünen ans Meer

Mit Rad und Anhänger in Svaneke unterwegs

ist Dänemarks waldreichster Landesteil, es wachsen Ginster und Heidekraut, Wacholder und Schlehensträucher, im Mai blüht die seltene Bornholmer Anemone.

Auch Freunde von **Kunst und Kunsthandwerk** werden hier auf viel Schönes und Reizvolles stoßen. Es gibt zahlreiche Ateliers, Werkstätten, Galerien und Geschäfte, in denen Kunstgegenstände gefertigt, ausgestellt und verkauft werden. Natur und das Licht sind in den Kunstwerken meistens Thema, für Keramiker ist die Bornholmer Lehmerde das geeignete Material. Glasbläsereien, Silberschmiede, Bildhauer, Textil- und Schmuckdesigner etc. stellen ihre Produkte zum Verkauf aus.

Einen Besuch wert ist auch **Bornholms Mittelalterzentrum** nahe der Straße von Rønne nach Gudhjem. Das auf einem schönen Naturareal gelegene Freilichtmuseum widmet sich auf anschauliche Art der Inselgeschichte. Besonders lebhaft geht es hier während des Mittelaltermarktes in den letzten beiden Juliwochen zu.

(DK/UQ)

Zentrale Stelle für Informationen zur Insel ist **Bornholms Velkomstcenter**, Ndr. Kystvej 3, 3700 Rønne, Tel. 5695 9500, https://bornholm.info/de.
Infos zu einzelnen **Kunsthandwerkern:** www.acab.dk.
Bornholms Middelaldercenter: Stangevej 1, Østerlars, 3760 Gudhjem, Tel. 5649 8319, https://bornholmsmiddelaldercenter.dk, Öffnungszeiten variieren, siehe Website, DKK 80–150. Das Ticket gilt eine Woche lang.
Vom **Busbahnhof in Rønne** fahren regelmäßig Busse zu allen Städten und touristisch interessanten Orten. Es gibt preisgünstige Rabatt-Tickets, z.B. eine 4-Tageskarte (https://bat.dk).

82 Mit Julemanden und Julenisser – Auf geht's zu Dänemarks Weihnachtsmärkten

Alle Jahre wieder macht sich der Julemanden auf, um pünktlich zu juleaften (Heiligabend) alle Geschenke abzuliefern. Da er diese harte Arbeit kaum alleine schaffen kann, stehen ihm die Julenisser, schelmische Wichtel mit langer roter Zipfelmütze, zur Seite. Sie wachen über alles – die einen im Schlitten des Weihnachtsmannes, die anderen auf Regalen in den Wohnungen, wieder andere verstecken sich auf Dachböden.

Während das Weihnachtsteam voll beschäftigt ist in der adventstid, erfreuen sich die Kinder an gebastelten und mit Kleinigkeiten bestückten Adventskalendern. Erwachsene zünden in den Dezembertagen eine kalenderlys (Kalenderkerze) an. In 24 Querstriche aufgeteilt, werden Kerze und Wartezeit jeden Tag ein bisschen kürzer.

Zur Weihnachtszeit wird ein besonderes Bier gebraut, das würzige Julebryg. Auf jedem schmucken Julemarkeds, liegt der Duft von Julegløgg (Glühwein) und brændte mandler (geröstete Mandeln) in der Luft. Zum Gløgg wird gerne ein kugeliger Krapfen, die Æbleskiver (wörtlich: Apfelscheiben), verspeist. Natürlich bieten auch Kunsthandwerker ihre Produkte auf den traditionellen Märkten an. Sie finden statt in Innenstädten, auf Gutshöfen, in Klöstern, an Schlössern und in Freilichtmuseen. Ob Strickwaren, Buntes für den Weihnachtstisch, Kerzen, Baumschmuck, Glaskunst oder die typischen geflochtene Weihnachtsherzen (Julehjerter): Es gibt vieles zu entdecken. Wer diesbezüglich einen gelungenen Rundumschlag erleben möchte, der besucht **Tønder**, das sich nicht umsonst Juleby (Weihnachtsstadt) nennt. Dort, in Den gamle Apotek, der Alten Apotheke von 1671, gibt es Weihnachtsdeko auf drei Etagen. Und wie praktisch: das Postamt des Weihnachtsmanns befindet sich im selben Haus.

Davon gibt es auch genug beim Jul i Den Gamle By in Aarhus. Im Freilichtmuseum, das eine historische Handelsstadt darstellt, werden die Besucherinnen und Besucher auf eine Zeitreise durch die Geschichte der dänischen Weihnacht geschickt.

Bunt, herrlich beleuchtet und mit allerlei Fahrgeschäften, einer Eisbahn, Ständen aller Art und vielfältigem Programm präsentiert sich das Jul i Tivoli in **Kopenhagen**.

Der H.C. Andersen Julemarked ist ein märchenhafter Weihnachtsmarkt mit Ständen voller lokaler Spezialitäten, Musikprogramm, Elfentänzen, Weihnachtsbier und dänischem Design. Hier in den historischen Kopfsteingässchen der Altstadt von **Odense** ist der Märchenerzähler Hans Christian Andersen aufgewachsen. Garantiert kommt man bei einem Besuch in Weihnachtsstimmung.

Auf Seeland wird die Vorweihnachtszeit vor der prachtvollen Kulisse der Rokoko-Anlage des **Schlosses Gavnø** bei Næstved eingeläutet. Außergewöhnlich stilvoll übrigens, denn Baron Otto und seine Frau, Baronesse Helle Reedtz-Thott, lieben Weihnachten und unternehmen alles, um ein tolles Ambiente zu schaffen.

Am 23. Dezember ist lille juleaften, der „kleine Weihnachtsabend". Dann schmücken die Dänen den Weihnachtsbaum, und die Vorbereitungen für den Heiligabend sind bereits im vollen Gange. Am Heiligabend wird Julefrokost, ein weihnachtliches Mittagessen mit dänischen Spezialitäten wie Hering mit Currysalat, Fischfilet und Remoulade, Sülze, Leberpastete mit Speck und Pilzen, Rullepølse (Bratwurst oder Schinken im Schlafrock) sowie Kohl, abgehalten. Findet die große Mahlzeit eher abends statt, darf es gerne auch Entenbrust, Gänse- oder Schweinebraten, karamellisierte Kartoffeln, Rotkohl, Gewürzgurken und dazu ganz viel braune Soße geben. Bier und Schnaps dürfen dabei nicht fehlen. Die Kinder freuen sich auf den leckeren Ris à l'amande, einen Reispudding mit heißer Kirschsoße, denn in ihm versteckt ist eine Mandel.

Hier wohnt der Julemanden

Der Weihnachtsbaum wird von den Landesfarben dominiert und kleine Danebrogs (die Landesflagge) sowie die Julehjerter dürfen auf keinen Fall fehlen.

Na dann Glædelig Jul oder kurz: God Jul.

(DK)

Info

Tage bzw. Wochenenden variieren jedes Jahr.
Jul i Den Gamle By: Viborgvej 2, 8000 Aarhus C, www.dengamleby.dk.
Jul i Tivoli: Vesterbrogade 3, 1630 Kopenhagen V, www.tivoli.dk.
H.C. Andersen Julemarked: um das Andersen Hus und am nahen Sortebrødre Torv, Innenstadt, 5000 Odense, www.hcandersen-homepage.dk, www.visitodense.dk.
Julebyen Tønder: in der Fußgängerzone der Stadt (Storegade/Torvet), 6270 Tønder, https://tonderhallerne.dk/julebyentoender, www.visitsonderjylland.dk.
Jul på Krusmølle: Krusmøllevej 10, 6200 Aabenraa (ca. 8 km südöstl. der Stadt), https://krusmoelle.dk.
Gavnø Slot: Gavnø 2, 4700 Næstved, https://gavnoe.de/event/weihnachten.
Børglum Kloster: Børglum Klostervej 255 B, 9760 Vrå, www.boerglumkloster.dk.
Allgemeine Infos:
www.opdagdanmark.dk/de/weihnachtsmaerkte und www.visitdenmark.de.

83 Die autonomen Färöer-Inseln

Die Färöer-Inseln sind ein aus **18 Inseln** bestehender Archipel, der im Nordatlantik zwischen Schottland, Norwegen und Island liegt. Etwa 55.000 Färinger bevölkern 17 Inseln, eine Insel, Lítla Dímun (Klein-Dimun), wird nur von Schafen bewohnt, und das auch nur im Sommerhalbjahr. Durch schmale Sunde und Fjorde sind die Inseln voneinander getrennt und kein Ort ist weiter als 5 km vom Meer entfernt. Das nächstgelegene Landgebiet sind die Shetlandinseln 300 km im Südosten. Der Golfstrom sorgt für ein gemäßigtes Klima. Grüne, hügelige Weiden und Wiesen wechseln mit Kliffs und Riffs ab, Schafe begegnen den Wanderern, Anglern, Reitern oder den sich mit dem Rad fortbewegenden Reisenden. Der Urlaub findet hier vorwiegend im Freien statt.

Die wahrscheinlich seit dem 7. Jh. von wenigen keltischen Eremiten bewohnte Inselgruppe wurde um 800 n.Chr. von norwegischen Wikingern erobert, die hier eine freie Bauernrepublik errichteten. Ihr Parlament, das Lagting in Tórshavn, hat seit dieser Zeit Bestand und gilt als das älteste Parlament der Welt. Seit 1035 gerieten die Färöer in die Abhängigkeit von Norwegen und mit der Vereinigung Dänemarks mit Norwegen 1380 fielen sie an die dänische Krone. Als Dänemark und Norwegen 1814 wieder getrennt wurden, blieben die Inseln Teil Dänemarks. Zwei Jahre später bekamen sie Kreis-Status und 1821 wurde der erste Landrat ernannt.

1948 erhielten die Inseln einen **autonomen Status** und seitdem sind die Färinger im dänischen Folketing mit zwei gewählten Abgeordneten vertreten. Doch hat das Lagting die gesetzgeberischen Vollmachten für alle inneren Angelegenheiten, deren äußeres Zeichen eine eigene Flagge, eigenes Geld, eigene Nationalmannschaften (Fußball) und ein eigenes Postwesen sind. Die eigene nordgermanische Sprache ist aufgrund der Selbstverwaltungsgesetze dem Dänischen offiziell gleichgestellt, in der Schule ist Dänisch ein Pflichtfach.

Die Färinger leben hauptsächlich vom Fischfang und von damit verbundenen Wirtschaftszweigen. Sinkende Erträge im Fischfang ziehen jedoch u.a. ökonomische Probleme nach sich. Die Landwirtschaft besteht fast ausschließlich aus Schafhaltung und hat nur eine ge-

Die malerische Siedlung Bøur auf der Insel Vágar

Akraberg und sein Leuchtturm am südlichsten Punkt der Färöer-Insel Suðuroy

ringe Bedeutung. Deshalb setzt man auf eine florierende touristische Entwicklung. Das angenehme Klima und die etwas schroffe, aber schöne Natur mit Klippen und Vogelfelsen sowie die interessanten kulturellen Sehenswürdigkeiten versprechen dem Urlauber Abwechslung und gute Erholungsmöglichkeiten.

Die Natur steht im Mittelpunkt bei einem Urlaub auf den Färöern. Wanderer erschließen die faszinierende Landschaft zu Fuß und orientieren sich etwa an den kleinen Steinpyramiden am Wegesrand, wenn sie von einem Dorf zum anderen wandern. Reiter können sich auf die Trittsicherheit ihrer Pferde verlassen, wenn sie grüne Wiesen, kleine Bäche und steinige Höhen überwinden. Eine Herausforderung für Radfahrer sind natürlich die Steigungen, die es zu bezwingen gilt, um sich danach mit eindrucksvollen Ausblicken zu belohnen. Bootstouren, ob im Fischkutter, Segel-, Schnellboot oder im Kajak, bieten unvergessliche Augenblicke auf See.

(DK/UQ)

Info

Weitere Informationen zu den Inseln und Aktivitäten über das Fremdenverkehrsamt, das z. B. eine Wanderbroschüre bereithält (auch als Download): **Visit Faroe Islands/Tórshavn:** í Gongini 9, Tórshavn 100, Tel. +298-302 425, https://visitfaroeislands.com.

Anreise mit der Fähre:
Mit der Fährgesellschaft Smyril Line auf der M/S Norröna, Infos unter www.smyrilline.de.

Flüge von Kopenhagen, teilweise auch Aalborg und Billund:
Airlines, die hierher fliegen: Atlantic Airways und Scandinavian Airlines.

Island

Sjónarnípa

Island ist eine knapp unter dem Polarkreis im Nordatlantik gelegene Vulkaninsel, die nur 300 km von Grönland entfernt ist und gern als ein „Land aus Feuer und Eis" bezeichnet wird. Viele Reiseinteressierte hegen bei dem Gedanken an die Insel Erwartungen an eine wilde, ungezähmte Natur. Diejenigen, die schon dort waren, geraten ins Schwärmen und möchten wieder hin. In einer Zeit wachsender Umweltprobleme liegt ein guter Grund auf der Hand: eine herrliche, weitestgehend unberührte Natur, fernab von den Industrien Europas oder Amerikas und unbelastet von einheimischen Emissionen. Die klare Luft mit ihrer guten Fernsicht und das saubere Wasser – allein das sind schon Argumente für einen Urlaub auf der Insel.

Typische Landschaftsbilder sind riesige Gletscherflächen, tiefe Schluchten, tosende Wasserfälle, hoch aufragende Vulkane, Geysire, erstarrte Lavaströme, saftige Wiesen, ausgedehnte Sandflächen, die menschenleere Wüste im Inselinneren, vom Meer umspülte Inseln am Rand. Die Form Islands mit 5.300 km Küstenlinie lädt den Reisenden zur Inselumrundung geradezu ein. Und wegen der extrem dünnen Besiedlung der meisten Landesteile ist es für den Reisenden ideal: Überall bieten sich Möglichkeiten zu Abstechern in unberührte Gegenden, stellt sich ein Gefühl von Weite und Einsamkeit fernab der Zivilisation ein. Die faszinierende Naturlandschaft bietet zudem den Rahmen für eine alte Kulturnation, deren historische Zeugnisse und Denkmäler aufzusuchen, ein weiterer Reiseanlass ist.

Steckbrief Island

Name: Ísland (Island)
Flagge: Rotes Kreuz mit weißem Rand auf blauem Grund
Fläche: 103.125 km²
Klima: insgesamt recht kühl, durchschnittlich zwischen 0 °C im Winter und 15 °C im Sommer, aufgrund des Golfstroms an den Küsten milder, im Inselinneren teils deutlich kälter, im Süden z. T. kein Schneefall. Die wärmsten Monate sind Juni bis Ende Aug./Mitte Sept.
Nationalfeiertag: 17. Juni
Bevölkerung: 397.000 Einwohner
Sprache: Isländisch
Hauptstadt: Reykjavík
Staatsform: Parlamentarische Republik
Staatsoberhaupt: Präsident Guðni Th. Jóhannesson
Premierministerin: Katrín Jakobsdóttir (Links-Grüne Bewegung)
Wirtschaft: Fischerei und damit verbundene Industrien machen etwa 60 % des Exports aus; Ausfuhr von Ferrosilizium, Aluminiumindustrie, Energiegewinnung aus Erdwärme, Wasser, Wind, Heißwasser und Dampf.
Währung: Isländische Krone, 1 Euro = 149 ISK
Telefonvorwahl: +354
Internet-TLD: is

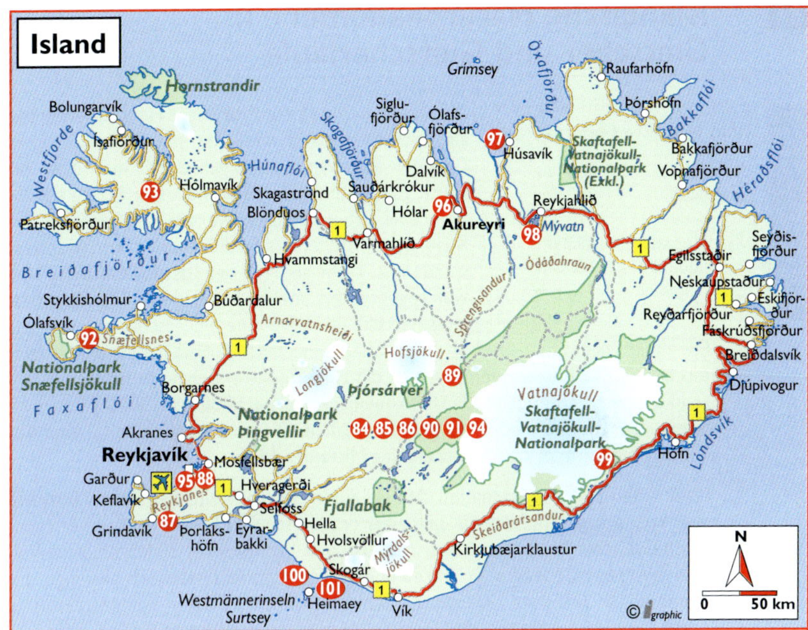

84 Isländische Naturphänomene I: Gletscher und Gletscherläufe
85 Isländische Naturphänomene II: Lawinen und Treibeis, Seen, Flüsse und Wasserfälle
86 Heiß und stinkig: Geysire
87 In der Blauen Lagune
88 Reykjavík – die nördlichste Hauptstadt der Welt
89 Mit dem Geländewagen durch das einsame Hochland
90 Mit dem Islandpony unterwegs
91 Island kulinarisch: gesengte Schafsköpfe und verrotteter Hai
92 Inselumrundung: Halbinsel Snæfellsnes
93 Die Westfjorde – das geologisch älteste Island
94 Wertvolles Handelsgut – isländische Eiderdaunen
95 Die Edda – Götter- und Heldenlieder
96 Die Metropole im Norden: Akureyri
97 Die Walbucht von Húsavík
98 Die Pseudokrater vom Mückensee (Mývatn)
99 Im Skaftafell-Vatnajökull-Nationalpark und die Südostküste entlang
100 Ausflug von Reykjavík auf die Westmännerinseln
101 Papageientaucher – die Clowns des Nordatlantiks

84 Isländische Naturphänomene I: Gletscher und Gletscherläufe

Islands größte Gletscher

Vatnajökull	7.900 km²
Langjökull	950 km²
Hofsjökull	925 km²
Mýrdalsjökull	596 km²
Drangajökull	160 km²
Eyafjallajökull	78 km²

Als sich im Jahr 865 der Norweger Flóki Vilgerðarson als Siedler auf Island versuchte und aus klimatischen Gründen aufgeben musste, gab er der Insel ihren bis heute gültigen Namen: „**Eisland**“. Der Name signalisiert eine Lebensfeindlichkeit, die zumindest an der Küste durch 1.000 Jahre Siedlungsgeschichte widerlegt worden ist. Mehr als 11 % der **Inseloberfläche** sind vom sogenannten „ewigen Eis“ bedeckt. Der Begriff ist jedoch irreführend. Bei einem Gletscher entsteht das Eis immer wieder neu, fließt ab und schmilzt schließlich. Zudem hat es seit der letzten Eiszeit Wärmeperioden gegeben, die zu vermehrter Schmelze führten: Während des nacheiszeitlichen Klimamaximums, vor etwa 3.000 bis 2.500 Jahren, dürfte die Insel keine Gletscher aufgewiesen haben. Diese entstanden durch eine Abkühlung bis zur maximalen Ausdehnung Mitte des 19. Jh.

Nach einer Zeit der Stagnation sind sie durch die weltweite **Klimaerwärmung** aber wieder auf dem Rückzug, und zwar dramatisch. 2019 erklärte Island erstmals einen Gletscher für tot, und zwar den Okjökull, der noch vor 30 Jahren einen Vulkan vollständig bedeckte. Er wurde in einer Zeremonie symbolisch beerdigt, der Name in Ok geändert. Das gleiche Schicksal könnte in naher Zukunft den (u.a. durch Jules Verne) weltberühmten Snæfellsjökull treffen, dessen Ende für das Jahr 2050 prognostiziert wird. Klimaprojektionen deuten darauf hin, dass in 150 bis 200 Jahren nahezu alle isländischen Gletscher verschwunden sein werden.

Ausflug zum größten Gletscher, dem Vatnajökull

Gletscher und Treibeis

Trotz seines Rückgangs prägen aber immer noch Massen von Inlandeis das Erscheinungsbild, das Klima und auch die Siedlungsgeschichte Islands. Sie sind Wasser- und Wetterscheiden, bilden zwischen Norden und Süden eine unüberwindliche Barriere für Kommunikation und Verkehr, prägen mit ihren unzähligen Wasserläufen und Gletscherzungen die Landschaft und bergen im Zusammenspiel mit den unter ihnen „schlummernden" Vulkanen eine äußerst zerstörerische Kraft. Kein Wunder, dass in **Volksballaden** und im **Volksglauben** die Gletscher mit übernatürlichen Wesen und Vorkommnissen in Verbindung gebracht werden.

Auf Island kommt es aufgrund der vulkanischen Zonen häufiger zu einem direkten **Aufeinandertreffen der Elemente Feuer und Wasser**. Bedrohlich wird es, wenn ein Vulkan unter einem Gletscher ausbricht. Die Folge kann ein sogenannter Gletscherlauf (isländ.: jökulhlaup) sein. Dieses nur auf der Vulkaninsel zu beobachtende Naturphänomen war in seinen Auswirkungen schon häufig von verheerender Stärke. Innerhalb kürzester Zeit stürzen dann Unmengen von geschmolzenem Eis, Schlamm und Gestein zu Tal. Der **letzte riesige Gletscherlauf** fand beim Ausbruch des Barðarbunga unter dem Eis des Vatnajökull im November 1996 statt. Bei der Eruption schmolz über den Lavakesseln eine bis zu 750 m dicke Eisschicht, daraufhin sammelten sich zunächst ca. 2 km^3 Schmelzwasser in einem alten Kratersee. Einige Tage später wuchs innerhalb weniger Stunden die Wassermenge des im Gletscher entspringenden Flusses Skeiðará von 70 auf 45.000 m^3 an, und eine gewaltige Flutwelle, vermischt mit Schlamm, Eisstücken und tonnenschweren Felsbrocken, wälzte sich auf die Südküste zu. Der größte Felsbrocken, der rund 15 km bewegt wurde, wog etwa 1.000 Tonnen. Das knapp 500 m breite Flussbett weitete sich durch den Gletscherlauf auf über 2 km. Die Spuren der Verwüstung waren noch lange sichtbar. Auch 2018 und 2019 musste die Ringstraße in der Nähe von Kirkjubæjarklaustur wegen Gletscherläufen der Skaftá zeitweise gesperrt werden, während ein Gletscherlauf am Vulkan Grimsvötn Anfang 2024 glimpflich verlief.

(UQ)

85 Isländische Naturphänomene II: Lawinen und Treibeis, Seen, Flüsse und Wasserfälle

Lawinen

Seit Beginn entsprechender Aufzeichnungen, also etwa seit dem 12. Jh., starben einige Hundert Isländer durch Lawinen, vor allem im Bereich der Ost- und der Westfjorde. Das schlimmste **Katastrophenjahr** war 1995, in dem Lawinenunglücke zwei Dörfer in den Westfjorden heimsuchten. Dabei wurde die Siedlung Súðavík geradezu ausradiert. Kurz darauf begruben die Schneemassen einen Farmer und ein norwegischer Ski-Tourist fiel einer Lawine am Bláfjöll bei Reykjavík zum Opfer. Eine Kommission wurde eingesetzt mit dem Auftrag, die mögliche Gefährdung anderer Ortschaften zu ermitteln und Schutzkonzepte zu entwickeln. Als besonders gefährdet wurde die Ortschaft Flateyri eingestuft, wo Meteorologen im

Eisberge auf dem Gletschersee Jökulsárlón

20. Jh. mehr als 30 Lawinen gezählt hatten. Auch hier war 1995 das bisher schlimmste Unglücksjahr, in dem zerstörte Häuser, unter Lawinen verschüttete Menschen und Tiere zu beklagen waren und anhaltender Sturm zu Stromausfall, völliger Dunkelheit und Schneeverwehungen führte.

Treibeis

Die kalte Meeresströmung, die vom Polargebiet kommend die nördliche und östliche Küste der Insel erreicht, bringt im Winter nicht nur Wassertemperaturen knapp über dem Gefrierpunkt, sondern auch Treibeis mit sich. Betroffen ist davon besonders die Halbinsel Melrakkaslétta, aber der Treibeis-Gürtel kann sich in strengen Wintern weit an der Ostküste nach Süden vorbewegen. Die **Treib- und Packeisgrenze** ist jeweils von den Temperaturverhältnissen der Polargebiete abhängig und stark schwankend. Die Zeiten, in denen das Eis die gesamte Insel umklammerte, die Häfen blockierte und ab und zu einen Eisbären aufs Land brachte, sind aber seit Anfang des 20. Jh. vorbei.

Seen

Das Inselinnere ist von zahl- und oft auch namenlosen Seen bedeckt, in denen sich das **Schmelzwasser der Gletscher** sammelt oder die von Flüssen in natürlichen Senken aufgestaut worden sind. Wo die Temperatur es zulässt, entfaltet sich eine reichhaltige **Flora und Fauna**, insbesondere der Bestand an Wasservögeln sowie an Forellen und Lachsen ist bemerkenswert. Nur wenige Seen sind durch warme Quellen so warm, dass man in ihnen baden kann, beispielsweise im Laugarvatn-Gebiet. Von arktischem Charakter ist eines der kleineren, aber meistfotografierten Gewässer: Im Jökulsárlón strömen zu jeder Jahreszeit Eisberge dem Meer zu. Die mit 220 m vermutlich größte Tiefe erreicht der Öskjuvatn, der allerdings mit 12 km² verhältnismäßig klein ist. Er entstand durch den Einbruch des Askja-Vulkans und bedeckt eine sogenannte Caldera.

Flüsse und Wasserfälle

Angesichts der Niederschläge und der Vergletscherung der Insel verwundern die große Anzahl und das Volumen der isländischen Wasserläufe nicht. Am längsten ist die Þjórsá mit 230 km und einem Einzugsgebiet von 7.500 km², sie entspringt dem Hofsjökull und führt durchschnittlich 400 m³ Wasser pro Sekunde (!) mit sich.

Island ist bekannt für seine **grandiosen Wasserfälle**. Gründe für ihr spektakuläres Vorkommen sind u.a. tektonische Verschiebungen und/oder Hebungen, wodurch Spalten und Absätze im Gelände entstehen, in die vorher schon vorhandene Wasserläufe hinunterstürzen. Schöne Beispiele sind der Skógafoss und der Seljalandsfoss, in unmittelbarer Nähe zur Ringstraße an der Südküste gelegen, oder die Ófærufossar, die in spektakulären Kaskaden in die Eldgjá hinabstürzen. Weitere Wasserfälle entstehen durch Gesteinsabtragungen oder sind vulkanisch bedingt.

(UQ)

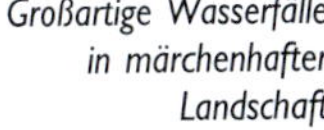

Großartige Wasserfälle in märchenhafter Landschaft

86 Heiß und stinkig: Geysire

Verantwortlich für Solfatare, Fumarolen, heiße Quellen und Geysire ist die auf Island enorme **Erdwärme**. Während diese in Mitteleuropa um 0,02 °C pro Meter Tiefe steigt, sind es auf der Vulkaninsel sage und schreibe 0,1 °C! Das in der Tiefe lagernde Grundwasser oder der durch Erdspalten bis in 2.000 m Tiefe sickernde Niederschlag wird durch die Bodentemperatur erhitzt und steigt dann als warme (laug) oder heiße (hver) Quelle wieder an die Oberfläche. An etwa 290 Stellen, die hauptsächlich außerhalb der vulkanisch aktiven Zone liegen, kommen insgesamt rund 600 größere und noch viel mehr kleinere solcher Quellen ans Tageslicht.

Am spektakulärsten sind sicherlich die freien Austritte im Gelände, das von Sinterterrassen und Bodenwällen geprägt ist. Aber auch in Seen, Flüssen und Grotten, ja selbst unter Gletschern tritt das warme Wasser aus, vermischt sich mit dem kalten und schafft teils auf natürliche Weise **Pools mit angenehmen Badetemperaturen**. Zum Beheizen der Häuser, für die Gewächshäuser, Schwimmbäder und zur Energiegewinnung ist dieses Reservoir schon längst nutzbar gemacht.

Besonders bekannt sind die kochend heißen Springquellen, die es auch in vielen anderen Regionen der Welt gibt (u. a. Neuseeland, Yellowstone/USA) und die ihren Namen alle vom isländischen **Großen Geysir** (isländ.: geysa = wild strömen) haben. Geysire sind keine heißen Quellen und auch keine bloßen Heißwasserfontä-

Der Strokkur ist einer der eindrucksvollsten Geysire Islands

Die historische Schlucht Þingvellir ist ein berühmtes Geysir-Gebiet

nen. Tatsächlich handelt es sich um eine **Explosion von Dampf**, der das über ihm liegende Wasser mit in die Höhe reißt. Während der Große Geysir nur noch sporadisch spuckt, meldet sich sein benachbarter Kollege **Strokkur** etwa alle 10 Minuten mit einer bis zu 20 m hohen Fontäne. Die rund 30 anderen isländischen Geysire sind längst nicht so eindrucksvoll.

Kommt man Geysiren nahe und badet man in den warmen Wassern, wird man allerdings von Gerüchen umgeben, die nicht so angenehm sind. Der dominierende Geruch ist **Schwefelwasserstoff**, der unangenehme Gestank von faulen Eiern.

(UQ)

Tipp

Tagesausflug zum Golden Circle

In der Schlucht von Þingvellir ist die isländische Geschichte wie nirgends sonst konzentriert, das weltberühmte Geysir-Gebiet steht für den vulkanischen Hintergrund der Insel und der Gullfoss ist mit Sicherheit einer der schönsten Wasserfälle Europas. Kein Wunder also, dass Kurzbesucher der Insel vorzugsweise den Golden Circle im Südwesten bzw. Süden des Landes abfahren, aber selbst langjährige Island-Kenner kehren immer wieder und gerne zu dessen einzelnen Stationen zurück.
Die von den Reiseagenturen angebotenen Rundreisen dauern i. d. R. rund 8 Stunden, mindestens genauso viel sollten auch Individualtouristen einkalkulieren. Die Straßenverhältnisse sind im Großen und Ganzen gut, sodass man den Zirkel auch im Winter abfahren kann. Buchungsmöglichkeiten unter: www.re.is (organisierte Busrundfahrt von Reykjavík Excursions).

87 In der Blauen Lagune

Es hat lange gebraucht, bis aus der fabrikähnlichen Anlage von **Svartsengi** der **Touristenmagnet** von heute geworden ist. Die Voraussetzungen waren auch nicht günstig: die hässliche Beton- und Stahlarchitektur des Kraftwerks, der Dampf und ein durchdringendes Zischen – die Assoziation zur „Blauen Lagune" war keinesfalls gegeben. Allein das surreal wirkende blaue Wasser und seine Wärme zogen Reykjavíker Jugendliche an, die dort unbehelligt baden konnten. Später merkte man, dass das mit Kieselerde, Mineralien, Silikaten und Salz angereicherte Wasser offenbar Schuppenflechte und andere Hautkrankheiten heilen bzw. mildern konnte. Bald waren ein Zaun um das Gelände gezogen, eine Eintrittspforte und Umkleidekabinen errichtet sowie ein künstlicher Strand angelegt.

Inzwischen sind die Sanitäranlagen großzügig erweitert worden, es gibt außer Sandstränden auch einen künstlichen Wasserfall nebst Lavahöhle, geschwungene Holzbrücken, Dampfbad und Sauna, die Möglichkeit verschiedener Anwendungen (Massagen u.Ä.), einen Shop mit einer breiten Palette von spezifischen „Blue Lagoon"-Wellness-Produkten, zwei Kurhotels sowie mehrere Restaurants mit Pa-

Badevergnügen und Wellness in der Blauen Lagune

noramablick. Icelandair bietet Passagieren, die auf dem Flug von Europa nach Amerika einige Stunden Wartezeit zu überbrücken haben, Bustransfers hierhin an. Andere Firmen offerieren Sightseeing-Fahrten oder Transfers von Reykjavík zum Flughafen Keflavík inklusive einiger Stunden Aufenthalt an der Lagune.

Die Blaue Lagune ist ein **künstlicher See**, der sich aus dem abfließenden Wasser des Kraftwerks speist. Es kommt aus etwa 2.000 m Tiefe (wo es 240 °C heiß ist) und dient dazu, die umliegenden Ortschaften mit Warmwasser und Strom zu versorgen. Dabei wird durch das heiße salzhaltige Wasser aus der Tiefe süßes Brunnenwasser erhitzt, anschließend kommt das ganz unverschmutzte geothermische Wasser in den künstlichen See. Trotz des deutlich sicht- und hörbaren Kraftwerks, der Pumpstationen und Pipelines ist der Eindruck für den Besucher überwältigend!

Tipp

Wenn der Untergrund brodelt …

Es ist klar, dass ein vulkanischer Untergrund nicht nur Touristenattraktionen wie die Blaue Lagune ermöglicht, sondern immer auch ein Risiko darstellt. Leidvoll erfahren mussten das die 3.700 Einwohner des Hafenortes Grindavík, 5 km südlich gelegen. Schon 2020 hatte es nahe dem Vulkan Þorbjörn deutliche Bodenhebungen gegeben, begleitet von einer Erdbeben-Serie (Schwarmbeben). Im November 2023 erschütterten erneut Erdbeben die Halbinsel Reykjanes und in Grindavík wurde es nun so gefährlich, dass der Ort vollständig evakuiert werden musste. Aus Sicherheitsgründen mussten Gäste und Personal ebenso die Blaue Lagune und das Svartsengi-Kraftwerk verlassen. Kurz vor Weihnachten brach dann einige Kilometer nordöstlich von Grindavík ein Vulkan entlang einer mehrere Kilometer langen Spalte aus. Und bei einem zweiten Ausbruch im Januar 2024 bewegten sich erneut Lavaflüsse auf den Ort zu und zerstörten mehrere Häuser.

Dem Wasser der Blauen Lagune wird heilende Wirkung zugeschrieben

Selbst in Schneeschauern macht es Spaß, im **37–39 °C warmen Wasser** zu baden – ein Vergnügen, das eher an eine Sauna als an ein normales Freibad erinnert. Zwischen salzverkrusteten bizarren Felsen schwimmt oder watet man umher, manchmal im dichten Dampf stehend und fast die Orientierung verlierend. Und sollte bei angenehmen sommerlichen Temperaturen die Sonne scheinen, spürt man einen Hauch von Tropik, der einen irritierenden Kontrast zur umgebenden Landschaft bildet.

(UQ)

Info

Thermalbad Blaue Lagune (Bláa Lónið): auf der Strecke zwischen Reykjavík und dem Flughafen Keflavík gelegen, etwa 45 Auto-Minuten von Reykjavík, 240 Grindavík, Tel. 420-8800, www.bluelagoon.com, Mitte Aug.–Mai tgl. 8–22, Juni–Mitte Aug. 7–24 Uhr. Sehr hoher Eintritt, Reservierung notwendig. Die Anlage wurde in der Vergangenheit immer wieder erweitert und modernisiert.

88 Reykjavík – die nördlichste Hauptstadt der Welt

Obwohl Reykjavík die nördlichste Hauptstadt der Welt ist, sind die klimatischen Bedingungen weitaus angenehmer, als man vermuten könnte. Die jährliche Durchschnittstemperatur beträgt immerhin 4,3 °C (im Januar 0,5 °C, im Juli 10,6 °C). Mit 1.268 Sonnenscheinstunden und 123 Frosttagen stellt sich die Stadt als nicht gar so feucht und eisig dar.

Tipp

Weite Sicht

Bis zur Eröffnung der Harpa war das markanteste Gebäude der Stadt die **Hallgríms-Kirche**, deren 1945 begonnener Bau erst 1986 fertiggestellt wurde. Ein Besuch wäre unvollständig, wenn man nicht mit dem Aufzug auf die Aussichtsterrasse des Turms (83 m ü.d.M.) fahren würde: Der Blick über die ganze Stadt, den Hafen und bis nach Akranes (bei klarer Sicht bis zum Snæfellsjökull, der in 95 km Luftlinie aufragt) ist einfach fantastisch! Der Turm ist tgl. 9–17, Mai–Sept. bis 21 Uhr geöffnet.

Der rasante Strukturwandel, der das Land seit seiner Unabhängigkeit erfasste, war und ist am ehesten in der Hauptstadt zu bemerken, die zunehmend ihr provinzielles Kleid abstreift und mit moderner Architektur, Galerien, Kneipen, Einkaufszentren und Restaurants der Spitzenklasse aufwartet. Hier trifft man auf ein lebenslustiges Gemeinwesen, dessen psychologisches und soziales Naturell zwischen Amerika und Europa einerseits sowie zwischen moderner Großstadt und einfachem Landleben andererseits schwankt.

Im winterlichen Gewand: die isländische Hauptstadt mit der hoch aufragenden Hallgríms-Kirche

Diese Gratwanderung macht sich im Straßenbild bemerkbar: an die USA erinnernde breite Ausfallstraßen (*braut* genannt) und demgegenüber verwinkelte Gassen und Holzhäuser vom Ende des 19. Jh. Mit den Nachbargemeinden Kópavogur, Garðabær, Mosfellsbær und Hafnarfjörður zusammengewachsen, zeigt sich die Weitläufigkeit der Stadt in der dunklen Jahreszeit als ein bis zum Horizont reichendes Lichtermeer.

Modernes Wahrzeichen: das Konzert- und Konferenzhaus Harpa

Für einen kleinen Rundgang durch die **Altstadt** benötigt man etwa zwei Stunden, die natürlich beliebig ausgedehnt werden können. Ein geeigneter Startpunkt ist der zentrale Platz und Verkehrsknotenpunkt **Lækjartorg**. Dort fallen zunächst in Blickrichtung Bankastræti einige altertümliche, vorzüglich restaurierte kleine Holzhäuser auf. Das unscheinbare weiß gestrichene Haus etwas unterhalb auf der anderen Straßenseite ist das **Regierungsgebäude**. Das Steingebäude stellt eines der ältesten der Stadt dar (18. Jh.). An die Dänenzeit erinnert die **Statue Christians IX.** zur Linken, während rechts des Eingangs Hannes Hafstein, der erste isländische Premierminister, dargestellt ist. Rechts davon verläuft die Bankastræti bergan, die **Haupteinkaufsstraße**.

Nördlich des Regierungsgebäudes erstreckt sich eine weite Grünfläche, der **Arnarhóll**, der vom berühmten Standbild Ingólfur Arnarsons bekrönt wird. Er war im 9. Jh. der erste Siedler des Landes und Begründer von Reykjavík. Man blickt von dort auf den modernen, schwarzen Block der Nationalbank. Im **Hafnarhús**, einem ehemaligen Lagerhaus, werden vor allem Werke des berühmten isländischen Malers Erró gezeigt. Es ist Teil des **Reykjavík Art Museum** und zudem Veranstaltungsort.

Der Weg führt weiter über die Hverfisgata, vorbei an der weißen **Nationalbibliothek**. Daneben finden hier verschiedene Dauer- und Wechselausstellungen statt. Benachbart ist ihr das 1928 gebaute, schwarz-graue **Nationaltheater**, sodass sich hier zwei markante und für das kulturelle Leben von Stadt und Land sehr wichtige Gebäude direkt nebeneinander erheben.

Am hellsten und auffälligsten leuchtet aber seit 2011 das **Konzert- und Konferenzhaus Harpa** – ein spektakulärer und preisgekrönter Bau. Das 43 m hohe Gebäude, das vom dänischen Architekten Henning Larsen und von dem Künstler Ólafur Elíasson gestaltet wurde, ist inzwischen das Wahrzeichen des modernen Island, in dem sich 2023 beim Gipfel des Europarates die Staats- und Regierungschefs der 46 Mitgliedstaaten trafen. Touristen können Harpa bei einem der häufigen Konzerte erleben, schließlich sind hier das nationale Symphonie-Orchester, die Isländische Oper und die Reykjavík Big Band zu Hause. Außerdem bietet das Haus u. a. zwei Restaurants, im Erdgeschoss einen Shop mit isländischem Kunsthandwerk sowie die virtuelle Show „Experience Iceland from above".

(UQ)

Info

Visit Reykjavík: City Hall, Tjarnargata 11, 101 Reykjavík, Tel. 411 1111, https://visitreykjavik.is.
Konzert- und Konferenzhaus Harpa: Austurbakki 2, 101 Reykjavík, Tel. 528 5000, Tickets: Tel. 528 5050, www.harpa.is.
Ticket-Büro: tgl. 12–18 Uhr.
Harpa: tgl. 9–22 Uhr.

89 Mit dem Geländewagen durch das einsame Hochland

Das isländische Hochland ist eine ganz eigene Welt, in der schroffer noch als sonst auf der Insel Gegensätze aufeinanderprallen. Aus schwarzen Einöden erheben sich unvermittelt hohe Horstvulkane mit einer weißen Kappe, anderswo ragen Gletscherzungen und -höhlen bis an die Pisten heran. Inmitten der Wüsten setzen Liparitberge vielfarbige Akzente und laden heiße Pools in grünen Oasen zum Baden ein.

Nur wenige Kilometer entfernt treiben Eisberge in Gletscherseen und erstrecken sich unendliche Lava- und Sandflächen. Und über allem spannt sich ein weiter Himmel, der in Minutenschnelle in alle Farbnuancen zwischen strahlendem Blau und beängstigendem Schwarz wechseln kann. Das Hochland war stets Barriere und Herausforderung zugleich; schon in der Landnahmezeit wurde es auf den heute noch gültigen Pässen mit zotteligen Pferden bezwungen, wurde der Kontakt zwischen Nord und Süd gesucht und gefunden. Menschen konnten hier nie leben – die wenigen „Bewohner" waren Verbrecher, die man in die „Wüste der Missetäter" hinausjagte, wohl wissend, dass sie damit der Gesellschaft auf schreckliche Weise entzogen wurden.

Die **Sprengisandur-Route** ist die berühmteste aller Hochlandstrecken. Die rund 210 km lange **Piste F 26** beginnt im Süden am Þórisvatn, windet sich zwischen den

Askja-Caldera mit den Kratern Víti und Öskjuvatn im isländischen Hochland

Geländegängig: der Bus für eine Fahrt ins Hochland

Gletscherriesen Hofsjökull und Vatnajökull entlang und splittet sich nördlich des Tungnafellsjökull in drei Varianten auf. Wie im Norden gibt es auch im Süden mehrere Anfahrtswege. Eine beliebte Strecke von **Reykjavík/Keflavík** aus sind zunächst die „klassischen Ziele" **Þingvellir**, **Geysir**, **Gullfoss** und **Skálholt**, dann die gut ausgebaute S 32 am Ufer der Þjórsá entlang, am Wikingerhof Stöng und dem Wasserkraftwerk Búrfell vorbei zum Wasserkraftwerk Sigalda.

Mit rund 190 km (ohne Abstecher) stellt die **Kjölur-Route (Straße 35)** die kürzeste Verbindung zwischen Norden und Süden, von **Blönduós** bis zum **Gulfoss**, dar. Die heutige weitgehend gut geschotterte Strecke beginnt im Norden auf dem Ringweg etwa in der Mitte zwischen Blönduós (26 km) und Varmahlíð (23 km). Im Sommer wird die Strecke sogar von Linienbussen befahren, trotzdem ist wegen einiger Furten vom Versuch abzuraten, sie mit einem normalen Pkw bewältigen zu wollen.

Die **Herðubreið** und die **Askja**, zweifellos zwei Hauptattraktionen des Hochlandes, liegen im Schnittpunkt mehrerer Pisten. Der einfachste Weg, der im Sommer auch von geländegängigen Touristenbussen genutzt wird, ist die **F 88**, die von der nördlichen Ringstraße 7 km westlich von **Grímsstaðir** abzweigt. Die Piste ist bis zur Herðubreið 60 km und bis zur Askja-Hütte 95 km lang. Alle, die mit einem Geländewagen oder einem Allradwagen mit viel Bodenfreiheit ausgestattet sind, können die genannten Ziele zu einer Rundfahrt kombinieren, die ihren Ausgangs- oder Zielpunkt an der Ringstraße bei **Möðrudalur (S 901)** oder an der **S 923** weiter östlich hat.

(UQ)

Info

Öffnungszeiten: Aus klimatischen und Umweltschutzgründen sind die Hochlandpisten nur für einen kurzen Zeitraum im Sommer geöffnet. Die genauen Zeiten wechseln von Jahr zu Jahr. Auch kann es vorkommen, dass während der offiziell geöffneten Periode eine Piste wegen Sandsturms oder anderer Natureinflüsse kurzzeitig geschlossen wird. Die Karte für die jeweils freigegebenen Pisten wird jeden Donnerstag aktualisiert und hängt an allen Campingplätzen, am Hafen in Seyðisfjörður und bei den Rangern der Naturschutzgebiete aus.

Infos über den aktuellen Straßenzustand und wetterbedingte Schließungen auch über **IRCA** (Icelandic Road and Coastal Administration), Tel. 1777 bzw. 522-1100, www.road.is.

90 Mit dem Islandpony unterwegs

Island ist ein wahres **Eldorado für Pferdeliebhaber**, in dem man mit Ausnahme der Wintersaison hervorragend einen Reiturlaub verbringen kann. Die entsprechenden Angebote reichen von einstündigen Ausritten in Gehöften entlang der Fahrtroute bis zu Pauschalferien, die völlig auf das Reiten abgestimmt sind. Wenn man die nötige Zeit mitbringt, kann man Island auf perfekte Weise kennenlernen, indem man die Insel auf der Ringstraße umrundet und dann das Hochland auf dem Pferderücken erobert. Island-Durchquerungen, z. B. auf der Kjölur-Route, dauern mindestens 8 Tage und können bereits in Deutschland gebucht werden.

Reittouren sind auf Island kein elitäres, sondern ein eher bodenständiges Vergnügen. Obwohl vor **mehrtägigen Exkursionen** immer genügend Zeit bleibt, das Reittier kennenzulernen und gegebe-

Genügsam, geschickt, trittsicher ...

Das **Islandpferd** – auch Isländer oder Islandpony – stammt von jenen Tieren ab, die die ersten norwegischen Siedler im 9.–10. Jh. aus ihrer Heimat mitbrachten. Tausend Jahre Anwesenheit auf der Insel mit ihren Vulkanausbrüchen, Stürmen, strengen Wintern und Kälte haben aus den ohnehin schon robusten Pferden eine noch genügsamere Rasse werden lassen, deren Markenzeichen Widerstandsfähigkeit, Vorwärtsdrang, Mut, Geschicklichkeit, Trittsicherheit, ein zuverlässiger Charakter und der „Fünf-Gang" sind. Um die Rasse zu schützen, wurde schon im Jahr 930 ein Importverbot für Pferde erlassen (nachweislich ist seit 1100 n. Chr. kein Pferd mehr auf die Insel gebracht worden), sodass heute das Islandpferd neben dem arabischen Vollblut als das am reinsten gezüchtete gilt.

Islandpferde auf der Insel sind reinrassig

nenfalls auch Erfahrungen aufzufrischen, sollten Anfänger und ungeübte Reiter strapaziöse Hochlanddurchquerungen oder die Teilnahme beim Pferdeabtrieb nicht in Angriff nehmen. Die Reittouren gehen meist durch wegloses Gelände, über Bergpässe, durch Wüsten, an Sandstränden vorbei und auch durch Flüsse hindurch. Große Komfortansprüche dürfen nicht gestellt werden, übernachtet wird meist in einfachen Gästehäusern und Pensionen, z. T. auch in Zelten. Bei längeren Touren werden immer Pferde zum Wechseln mitgenommen sowie Packpferde, die manchmal frei mitlaufen, oft aber auch als Handpferde geführt werden müssen; die Teilnehmer müssen bereit sein, ein Handpferd zu führen und beim Treiben zu helfen. Auch sonst wird Mithilfe bei anfallenden Arbeiten erwartet.

Isländer zeigen ihr Land

Bei mehrtägigen Exkursionen sind Ruhetage für die Pferde eingeplant, die je nach Veranstalter und Route zu Ausflügen per Jeep genutzt werden. Häufig übernehmen Geländewagen den Gepäcktransport von Standort zu Standort.

(UQ)

Info

Reitferien auf Island können von zu Hause aus gebucht werden:
Pferd & Reiter – Internationale Reiterreisen, Auf dem Kamp 12, 22889 Tangstedt, Tel. 040-6076 6931, www.pferdreiter.de.
Katla Travel, Seitzstr. 19, 80538 München, Tel. 089-242 1120, www.katla-travel.is.
Island ProTravel, Theodorstr. 41a, 22761 Hamburg, Tel. 040-286 6872 00, www.islandprotravel.de. Stellt Reiserouten mit Geheimtipps und maßgeschneiderte Touren nach individuellem Geschmack zusammen.
Isländische Gestüte, die deutsch- oder englischsprachige Mitarbeiter haben:
Arinbjörn Jóhannsson, Brekkulækur, 531 Hvammstangi, Tel. 451-2938, www.abbi-island.is. Arinbjörn bietet Erlebnistouren an, die von seinem Hof (3 Häuser mit insgesamt 34 Betten, Restaurant) am Miðfjörður, im Nordwesten des Landes, ausgehen.
Hestasport, Magnœs Sigmundsson, Vegamót, 561 Varmahlíð, Tel. 453-8383, https://riding.is. Unter dem Motto „Touren für kleine Gruppen von großer Qualität" bietet das Unternehmen für jeden etwas – von einstündigen Ausritten bis zu längeren Hochlandtouren. Außerdem stehen Unterkünfte in Cottages und Apartments zur Verfügung.

91 Island kulinarisch: gesengte Schafsköpfe und verrotteter Hai

Über Jahrhunderte hinweg war Island ein armes Land, dessen Bewohner unter Hunger zu leiden hatten. Meist gingen in den harten Wintermonaten der konservierte Fisch und das Lammfleisch zur Neige, und im Januar/Februar wurden die letzten Vorräte gegessen. Ein Bestreben der Bauern und Fischer war es, Lebensmittel länger haltbar zu machen, wobei man auf das teure Salz wegen des dänischen Monopols nur begrenzt zurückgreifen konnte. Für die traditionellen Landesgerichte (Þorramatur) bedeutet dies eine eingeschränkte Auswahl, eine teilweise merkwürdige Konservierung und eine bäuerliche, um nicht zu sagen: überaus schlichte Esskultur. Dazu einige Beispiele:

Fermentierter Haifisch (hákarl), in den Verwesungszustand übergegangener Hai, gehört zu jenen kulinarischen Erfahrungen, auf die die meisten Besucher vermutlich gut verzichten können. Traditionell werden dabei Haie mit in Rum getränkten Ködern geangelt, anschließend in lange Streifen geschnitten, in Säcken verpackt und im nassen Sand vergraben. Wie lange die Tierkadaver dort bleiben, ist das Geheimrezept eines jeden Fischers – die Angaben schwanken von vier Wochen bis zu drei Monaten. Das in dieser Zeit vergorene Fleisch kommt anschließend für mehrere Wochen an die frische Luft, wo es zu einer außen braunen, innen weißen Farbe „reift". Die Isländer schneiden die Streifen in kleine Würfel, die in Einmachgläsern verwahrt werden. Bei besonderen Anlässen serviert man sie dann ahnungslosen Besuchern. Während diese bereits vom fürchterlichen Gestank abgeschreckt werden, scheint es den Einheimischen – selbst Kindern – zu schmecken. Der zum hákarl gereichte eiskalte Schnaps (brennivín) ist tatsächlich zwingend notwendig, um die salzigen Haifischstückchen hinunterzubekommen.

Der Schwerpunkt isländischer Fleischgerichte liegt natürlich auf

Zum Trocknen aufgehängter Stockfisch

Lamm, das in allen Variationen zubereitet wird. Während der Schlachtzeit der Schafe im September/Oktober werden **Schafswürste** hergestellt, die man drei Stunden kocht und mit Kartoffelpüree isst. Schafswürste gibt es in zwei Varianten: Die Blutwurst (blóðmör) besteht aus in Magenhaut eingenähtem Schafsblut, vermischt mit Mehl, Nierenfett und Gewürzen. Anstelle des Schafsblutes wird bei der Leberwurst (lifrarpylsa) gehackte Lammleber genommen.

Auch die „**gesengten Lammköpfe**" sind, zumindest optisch, stark gewöhnungsbedürftig. Die abgetrennten, gesengten und halbierten Schafsköpfe werden dabei gesäubert, ein bis zwei Stunden in Salzwasser gekocht und anschließend im Ofen gebräunt. Gegessen werden sie kalt oder warm, oft zusammen mit Kartoffel- oder Kohlrübenpüree. Das als Reiseproviant beliebte Gericht gibt es auch in Dosen oder als Lammkopfsülze zu kaufen.

(UQ)

Isländische Spezialitäten

Tipp

Die Chance, bestimmte isländische Gerichte wenigstens einmal zu probieren, bekommt man seltener im Restaurant als in Privathaushalten (Ferien auf dem Bauernhof) oder im Supermarkt geboten. Beim traditionellen **Þorrablót-Fest** im Januar/Februar werden ausschließlich isländische Speisen gereicht. Dazu gehören Widderhoden, gekochter Pumpernickel (seytt rúgbrauð), Fladenbrot bzw. Roggenpfannkuchen (flatkökur/flatbrauð) und sogenannte Sauerspeisen, verschiedene gekochte Fleischsorten, die drei bis vier Monate in Milchsäure eingelegt wurden.

Trockengestell für Stockfisch: eine traditionelle Methode der Haltbarmachung

92 Inselumrundung: Halbinsel Snæfellsnes

Die sich wie ein langer Finger in den Nordatlantik erstreckende Halbinsel, die den Breiðafjörður im Norden von der Faxaflói im Süden trennt, ist in den letzten Jahren immer populärer geworden. Denn die landschaftlichen Schönheiten sind vielfältig, man findet hier Sandstrände mit Muschelkalk, Basaltformationen, schilfbestandene Seen, heiße Quellen, bizarre Lava- und Vulkanformen und natürlich, alles überragend, den perfekten, 1.446 m hohen **Zentralvulkan des Snæfellsjökull**.

Daneben existiert ein außerordentlich reiches Vogelleben mit Schwänen, Enten, Kormoranen, Gerfalken und Seeadlern. Kein Wunder also, dass ein 167 km² großes Gebiet rund um den Vulkan zum **Nationalpark** erklärt wurde (dem nach Þingvellir, Skaftafell-Vatnajökull-Nationalpark und Jökulsárgljúfur vierten Nationalpark des Landes).

Die Rundfahrt um die Halbinsel ist ab/bis Stykkishólmur bequem an einem Tag zu schaffen. Jedoch reizen – erst recht bei gutem Wetter – Sandstrände, Vogelklippen, Lavafelder, Vulkankrater und der beherrschende Gletscher Snæfellsjökull zu ausgedehnten Wanderungen und anderen Aktivitäten: So erscheinen zwei Tage eher realistisch, wenn man die Schönheiten der Snæfellsnes wirklich kennenlernen möchte.

Der Hauptort der Snæfellsnes, **Stykkishólmur**, liegt auf der Landzunge Þórsnes, die sich ca. 10 km nach Norden in den Breiðafjörður schiebt. Auf dem Weg passiert man den Hausberg Helgafell (heiliger Felsen), einen nur 78 m hohen Hügel. In dem Ort gibt es ein Krankenhaus, Banken, eine Post sowie das geothermal beheizte Schwimmbad (Austurgata). Kommerzielle Lebensader ist die Aðalgata am Hafen mit Tankstelle, Supermarkt, Restaurant, Gästehaus, Reisebüro und Touristeninformation. Wer länger bleiben möchte, kann von hier aus Wanderungen unterneh-

Der verlassene Fischerort Dritvík auf der Halbinsel war einst ein wichtiger Anlandeplatz

Am sagenumwobenen Snæfellsjökull beginnt bei Jules Verne die „Reise zum Mittelpunkt der Erde"

men, die Inseln im Fjord mit dem Schnellboot kennenlernen oder zu Touren mit dem Pferd aufbrechen.

Der 1.446 m hohe, kegelförmige Schichtvulkan **Snæfellsjökull** kann mit Fug und Recht als König jener Halbinsel bezeichnet werden, die seinen Namen trägt. Der Gletscher selbst, der in der Vergangenheit immer mehr abnahm, ist mit einer Fläche von knapp 11 km² nicht besonders groß, wegen der exponierten Lage aber weithin (bis nach Reykjavík) sichtbar. Der unter ihm schlummernde Vulkan gilt heute als erloschen. Erstmals wurde der Snæfellsjökull 1753 von isländischen Naturforschern bestiegen und hat immer wieder in- und ausländische Gäste zu einer Bergwanderung bis zum Gipfel gereizt. Diese ist relativ einfach und von Arnarstapi in gut vier Stunden durchführbar, allerdings muss man sich im Sommer vor Schmelzwasser und Spalten in Acht nehmen.

Der übliche Weg geht nördlich von der S 574 ab, am Stapafell (528 m) vorbei und über die Passstrecke Kýrskarð bis auf rund 800 m. Diese Piste ist mit einem Geländewagen zu schaffen. Andere Anfahrtswege gibt es durch das Tal Móð weiter im Westen oder von Ólafsvík im Norden aus. Daneben werden auch Fahrten mit dem Schneemobil angeboten sowie mit einem 40-Personen-Schlitten, der von einem Schneemobil gezogen wird (beides ab Arnarstapi und Ólafsvík). Ólafsvík ist neben Arnarstapi der wichtigste Startpunkt zu Touren in den Snæfellsjökull-Nationalpark.

(UQ)

Gute Infrastruktur

Wer dieses **Island en miniature** kennenlernen möchte, profitiert von einem breiten **Angebot** an Unterkünften, Bootsausflügen, Pferdeverleih, Mietwagen und Leihfahrrädern bis hin zu Schneescooter-Trips.
Die **Straßenbedingungen** sind weitgehend gut, vor allem auf der südlichen S 54. Die von den Einwohnern im Sommer nur selten benutzte S 574 um den Snæfellsjökull herum ist bis auf ein kleines Stück im Süden asphaltiert und recht gut zu meistern.
Infos zu Aktivitäten, Unterkünften, Events, Buchungsadressen: www.islandprotravel.de (S. 207), www.visiticeland.com.

93. Die Westfjorde – das geologisch älteste Island

Die **Nordwesthalbinsel**, meistens einfach als „**Westfjorde**“ (Vestfirðir) bezeichnet, stellt den geologisch ältesten Teil Islands dar. Vorwiegend aus Basalt aufgebaut, ohne die sonst so typischen Lavafelder, wird ihr Landschaftsbild von plateauartigen, z. T. steil in die Grönländische See abfallenden Bergen, von Gletschern und tiefen Fjorden bestimmt.

Mit gut 10.000 km² ist die Halbinsel Vestfirðir von enormer Dimension und umfasst alleine 12 % der Gesamtfläche Islands. Neben der majestätischen Natur mit ihrer subarktischen Vegetation sind die größten **Vogelfelsen** des Nordatlantiks, die **Fischgründe**, die zu den ertragreichsten der Welt zählen, und dichte **Robbenbestände** die unbestrittenen Highlights der Region.

Im Gegensatz zur Größe der Fläche steht die geringe Bevölkerungszahl (10.000 Einwohner). Immer wieder wird man auf verlassene Farmen oder Dörfer stoßen. Nirgendwo sonst auf der Insel stellt sich deshalb an den Westfjorden so sehr das Gefühl der **menschenleeren Weite und Wildnis** ein, das ein Hauptgrund für deren Besuch sein kann. Dazu treten die landschaftlichen Schönheiten und das reiche Vogelleben, die in der Summe dafür verantwortlich sind, dass die Westfjorde zusammen mit der Snæfellsnes-Halbinsel in den vergangenen Jahren stark vom Anstieg des Fremdenverkehrs profitiert haben.

Besonders Naturliebhaber, ornithologisch Interessierte und Wanderer ohne große Kom-

Tipp

Zum westlichsten Punkt Europas

Rund 15 km hinter Breiðavík enden am Leuchtturm **Bjargtangar** alle Wege – man steht am **westlichsten Punkt Europas** und ist weniger als 300 km von der grönländischen Ostküste entfernt. Ein solcher geografischer Rekord allein hätte die lange Anfahrt sicher nicht gelohnt, doch das eigentliche Highlight liegt nur wenige Wanderminuten entfernt. Gemeint ist der **Látrabjarg**, mit 14 km Länge und maximal 444 m Höhe weniger ein Vogelfelsen als vielmehr ein regelrechtes Steilküsten-Massiv. In, auf, über und vor den Klippen herrscht ein unbeschreibliches Gewimmel an startenden, landenden und auf Beutefang befindlichen Seevögeln. Die **weltweit größte Kolonie an Tordalken** ist hier beheimatet, daneben nisten aber auch Millionen von Papageientauchern, Eissturmvögeln, Dreizehenmöwen, Trottellummen, Dickschnabellummen, Kormoranen, Gryllteisten und anderen Seevögeln.

Fischereimuseum Ósvör

Malerisch: die Westfjorde am Hornstrandir

fortansprüche zieht diese Region an. Zwar gibt es inzwischen eine auf Besucher abgestimmte Infrastruktur, die in Orten wie Bolungarvík, Holmavík und vor allem Ísafjörður luxuriöse Hotels oder Pensionen hat entstehen lassen, doch wird das Übernachtungsangebot weitgehend von Jugendherbergen und Gästefarmen bestimmt.

(UQ)

Info

Informationen zu Reisen, Touren an den Westfjorden:
West Tours (Vesturferdir), Aðalstræti 7, 400 Ísafjörður, Tel. 456-5111, https://westtours.is, Öffnungszeiten variieren, siehe Website. Im selben Gebäude befindet sich das **Ísafjörður Tourist Information Centre**.
Die **Straßenbedingungen** sind sehr unterschiedlich, oft herrschen noch ungeschotterte, schmale Pisten vor, die sich an den Fjorden entlangschlängeln. Für die etwa 700 km lange Ringstraße sollte man etwa drei Tage einplanen. Die gesamte nördliche Landzunge ist wie das hochgelegene Inland nicht durch Straßen erschlossen. Mit dem **Bus** kann man nur im Sommer von Reykjavík aus Reisen auf die Nordwesthalbinsel unternehmen. Zur Halbinsel Snæfellsnes setzt auch eine **Fähre** über. Wer gern einen **Bootsausflug** machen und die isländischen Naturschönheiten vom Schiff aus kennenlernen möchte, bekommt Informationen bei www.seatours.is. Von Juni bis August werden ab **Ísafjörður** mehrmals wöchentlich Ausflüge zu den Inseln und Küsten der Jökulfirðir mit Personenbooten angeboten, dabei sieht man vielleicht sogar **Wale**. Infos bei https://westtours.is.

94 Wertvolles Handelsgut – isländische Eiderdaunen

Eiderenten gehören in Island auf Inseln, in Fjorden, flachen Küstengewässern und im direkten Hinterland gewissermaßen zum Landschaftsbild. Traditionell haben sie eine große wirtschaftliche Bedeutung für Island. Während man früher die Nester der Eiderenten erbarmungslos plünderte, geht man heute sorgsamer mit den Tieren um; immerhin gehören Eiderdaunen zu den wertvollsten Handelsgütern des Landes. Von den 3,5 Mio. Eiderenten weltweit brüten etwa 500.000 auf Island. Die Eiderdaune ist bräunlich gefärbt sowie größer und stärker verästelt als die Daunen anderer Enten. Dadurch ist sie sehr wärmend und für Deckenfüllungen geradezu ideal.

Kein Wunder also, dass Bauern bei der Frage nach ihren Tieren Eiderenten mit angeben (z. B.: „Wir haben 30 Pferde, 10 Rinder, 300 Schafe und 200 Eiderenten"). Diese Bauern verstehen es auch, durch bestimmte Methoden die eigentlich wilden Vögel an ihren Hof zu binden und sie zu schützen. Dabei entfernt man zunächst in den Brutgebieten der Eiderenten die Eier der dazwischen lebenden Raubmöwen, um das Gelege der Enten zu schützen. Die Raubmöwen verlassen dann i. d. R. die unmittelbare Umgebung, außerdem sind die Möweneier sehr schmackhaft und werden als Delikatesse verkauft.

Der sehr zutrauliche **Charakter der Eiderenten** ermöglicht es, gefahrlos zu den Nestern zu gelangen und die Daunen zu entfernen. Ein Entennest kann dreimal „geerntet" werden: zu Beginn, in der Mitte und am Ende der Brutzeit, die ca. 25 Tage dauert. Dabei werden zunächst nicht alle Daunen fortgenommen, sondern nur etwa ein Drittel; die Enten „produzieren" daraufhin neue, auf die sie ihre Eier legen. Erst wenn die Küken die Nester verlassen haben, kann der gesamte Rest der

Hübsches Tier mit wertvollem Gefieder: Eiderente beim Brüten

Der Großteil der Eiderdaunen wird von verlassenen Nestern eingesammelt

Daunen eingesammelt werden. Ein Kilo Eiderdaunen, die Ausbeute von ca. 60 Nestern, bringt auf dem Markt etwa 500 €. Es gibt rund 200.000 „bewirtschaftete" Eiderenten-Nester, und die **Gesamtmenge** gereinigter Eiderdaunen beträgt pro Jahr rund 3.000 kg.

Ist das „Ernten" schon schwierig, so bereitet das **Reinigen** der Daunen noch mehr Mühe. Über Jahrhunderte hinweg war dies eine schwere Handarbeit; heute geschieht ein Teil der Reinigung maschinell. Dazu haben die Isländer eine Apparatur entwickelt, bei der die Daunen in Bottichen bei 100 °C sterilisiert werden, durch verschiedene Schüttelgänge wird der Schmutz herausgeschleudert. Je feuchter ein Sommer war, desto verschmutzter sind die Nester. Die abschließende Kontrolle und Feinarbeit muss aber immer noch per Hand ausgeführt werden. Die zahlungskräftige Kundschaft – eine echte Eiderdaunendecke kostet immerhin bis zu 11.000 € – kommt vor allem aus Deutschland, den USA, Japan und Taiwan.

Wer sich bei einer Inselrundfahrt über die Eiderente (isländ.: Æðarfugl) und die Methoden der Eiderdaunen-Bauern informieren möchte, kann das im kleinen Spezialmuseum **Æðarsetur Íslands** (Icelandic Eider Center) in Stykkishólmur tun, das einer Verkaufsstelle für Eiderdaunen angeschlossen ist.

(UQ)

Info

Information: Infos bei der Vereinigung der isländischen Eiderenten-Farmer (Æðarræktarfélag Íslands) unter https://icelandeider.is.

Museum: Æðarsetur Íslands, Frúarstígur 6, 340 Stykkishólmur, Tel. 899-8369, www.west.is/en/service/aedarsetur-islands, im Sommer tgl. 13–17 Uhr, sonst nach Vereinbarung.

95 Die Edda – Götter- und Heldenlieder

Ob germanische Helden, wikingische Entdeckungsfahrten oder die altnordische Götterwelt – einen Großteil unseres Wissens darüber verdanken wir der Edda, den Sagas und den skaldischen Strophen. Zweifellos gehören sie zum Erstaunlichsten, was die Kultur der kargen Insel im Nordatlantik hervorgebracht hat.

Zu den **großen Werken der Weltliteratur** zählen vor allem die gereimten Götter- und Heldenlieder der Edda, die auf den sogenannten Codex regius eines anonymen Verfassers zurückgehen, geschrieben um 1270. Die direkte Vorlage stammt aus der Zeit um 1220–1230, doch sind einige (oder auch alle) Strophen noch älter (10.–11. Jh., einige ggf. 9. Jh.). So ist der germanisch-heidnische Charakter der Lieder zu erklären, denen kaum etwas von abendländisch-christlicher Gesinnung anhaftet. Die Edda ist also ein in christlicher Zeit aufgeschriebenes Dokument einer vorchristlichen Epoche, deren Spuren andernorts schon längst verblasst waren.

Alte isländische Handschrift

Allgemein werden die Eddatexte in **Götter- und in Heldenlieder** unterschieden. Dem Kreis der Heldenlieder sind jene Texte zuzurechnen, die dem germanischen Sagenkreis von den Hunnenkämpfen mit den Ostgoten und der Nibelungensage mit Sigurd (Siegfried), Gunnar (Gunther) und Atli (Etzel) angehören. Die Götterlieder besingen den gesamten nordischen Pantheon: die Göttergeschlechter der Asen und Wanen, u.a. die Götter Odin, Thor, Frigg, Freya, Baldr, Loki sowie Riesen und Zwerge. Sie alle bevölkern einen Kosmos, der in seiner Vielschichtigkeit und in seinen Details durchaus mit dem der altgriechischen Mythologie vergleichbar ist. Das berühmteste aller Götterlieder ist wohl die „**Weissagung der Seherin**". Es werden die Entstehung der Welt, aber auch der Endkampf der Götter gegen die Riesen und schließlich der Weltuntergang beschrieben. Die *Hávamál* wiederum widmet sich dem Obergott Odin, setzt sich auf der anderen Seite aber auch ganz diesseitig mit Verhaltensregeln im Alltagsleben auseinander.

Einer der wenigen namentlich bekannten Saga-Autoren und zugleich einer der größten Gelehrten des (nicht nur isländischen) Mittelalters war **Snorri Sturluson** (1179–1241). Seine nach ihrem ersten Wort *Heimskringla* („Weltenkreis") benannte Sammlung von Sagas bildet den Höhepunkt der Gattung. Sie stellt im Wesentlichen eine **Monumentalgeschichte der norwegischen Könige** dar – von den sagenhaften und mythischen Anfängen bis zum Jahr 1177. In diesem Glanzstück seiner Erzählkunst berichtet er von etwa 1.300 Einzelpersonen, von denen die wichtigsten mit ihren Genealogien und Taten in Episoden vorgestellt werden. Die *Heimskringla*

Isländische Weltkarte mit Darstellung Vinlands

ist nicht nur eines der größten Geschichtsbücher der Welt, sondern durch ihre gestrafften Dialoge und dramaturgischen Steigerungen auch ein Werk der **Weltliteratur**. Darüber hinaus schrieb Snorri ein Skalden-Lehrbuch, dem er ebenfalls den Namen „Edda" gab. Während sonst im Mittelalter hauptsächlich für einen nur sehr kleinen lesekundigen Kreis in Latein und auf Pergament geschrieben wurde, nutzten die isländischen Dichter ihre eigene Sprache für ihre Werke und schrieben die Manuskripte mit Tinte auf Kalbshäute.

Viele der erhaltenen Texte wurden jahrhundertelang in Kopenhagen aufbewahrt. 1971 begannen dann die Dänen mit der Rückgabe der alten Manuskripte an Island. Die wichtigsten und meisten gehören heute dem sogenannten Arnamagnäanischen Institut der Universität in Reykjavík. Für die Handschriftensammlung, die 2009 in das UNESCO-Dokumentenerbe aufgenommen worden war, plante man erst relativ spät ein eigenes, repräsentatives Forschungs- und Ausstellungsgebäude. Dieses konnte endlich nach mehreren Verzögerungen 2023 eingeweiht werden: ein Rundbau des Reykjavíker Architekturbüros Hornsteinar, der sofort mehrere Design-Preise erhielt. In der Außenfassade aus perforiertem Metall sind Zitate mittelalterlicher Texte abgebildet. Bei der Frage, welchen Namen der Bau tragen sollte, votierte eine große Mehrheit für die naheliegende Lösung: **EDDA.**

(UQ)

Info

EDDA: Arngrímsgata 5, 107 Reykjavík, www.arnastofnun.is/is, Tel: 525-4010, Mo–Do 9–12 und 13–15, Fr 10–12 Uhr.

Ausstellung von Handschriften auch im **Isländischen Nationalmuseum**, Suðurgata 41, 102 Reykjavík, Tel. 530-2200, www.thjodminjasafn.is, tgl. 10–17 Uhr, ISK 2500, unter 18 Jahren frei.

96 Die Metropole im Norden: Akureyri

Akureyri ist mit knapp 20.000 Einwohnern deutlich kleiner als Reykjavík. Trotzdem ist der Beiname „**Hauptstadt des Nordens**" berechtigt, da der Ort in puncto Wirtschaft, Administration, Ausbildung und als Verkehrsknotenpunkt eine ähnliche Funktion besitzt wie Reykjavík für den Süden. Der Ort erfuhr erst ab 1786 als dänischer Handelsposten einen Aufschwung. Dänische Händler (aus Helsingør) waren auch die ersten Bewohner.

Die ältesten Gebäude der Stadt

Südlich des Botanischen Gartens stößt man auf das Viertel, in dem die ältesten Gebäude dieser Region lange Zeit abrissgefährdet waren. Es ist den Bürgerinitiativen jüngerer Leute zu verdanken, dass ein Großteil der noch aus dänischer Zeit stammenden Bauwerke (die natürlich allen heute geltenden Bauvorschriften zur Erdbebensicherheit zuwiderlaufen) gerettet werden konnte. Den Anfang macht dort das **Laxdalshús** (Hafnarstræti 11), 1795 errichtet und damit das älteste Haus der Stadt. Im Inneren ist eine historische Ausstellung zu sehen, außerdem beherbergt das Gebäude heute ein spanisches Restaurant und Café.

Aufgrund ihrer naturschönen Lage und Mittelpunktfunktion für den Norden ist die Stadt ein beliebtes Reiseziel. Nur knapp 100 km vom Polarkreis entfernt, überrascht Akureyri im Sommer durch angenehm warme Temperaturen und ein sehr grünes Gepräge. Es herrscht eine beinahe „**urbane Atmosphäre**" mit verlockenden Freizeitmöglichkeiten in der Nähe. Im Sommer profitiert der Ort von seiner traditionellen Rolle als „**Tor zum Norden**"; Wandertouren, Exkursionen zum Goðafoss und Mývatn, Schiffsausflüge sowie Rundfahrten über die Halbinseln Skagi und Tröllaskagi sind mögliche Aktivitäten. Golffreunden sind die Arctic Open der nördlichsten 18-Loch-Anlage der Welt ein Begriff.

Die Sehenswürdigkeiten des Zentrums liegen nahe beieinander und können bequem auf einem halbtägigen Rundgang erkundet werden. Ein geeigneter Startpunkt dazu ist der **Rathausplatz**. Von dort schlendert man über die Hafnarstræti (Hafenstraße) und erkennt an einigen alten Häusern ein Charakteristikum der hiesigen Architektur: eine in Quaderform gepresste Blechverkleidung der Holzgebäude, die offensichtlich Ziegelsteine nachahmen will.

Schöne Architektur in Akureyri

Den Botanischen Garten legten im Jahr 1912 dänische Frauen an

Neben den pittoresken Holzhäusern aus dänischer Zeit ist das hübsche, 1902 erbaute **Sigurhæðir** sehenswert, in dem der Pastor und Dichter der Nationalhymne, Matthías Jochumsson, bis zu seinem Tod 1920 lebte.

Mit ihrer Doppelturmfassade ist die lutherische **Stadtkirche** (Akureyrarkirkja) das Wahrzeichen Akureyris. Das kühle spitztonnengewölbte Innere erhält im Chorbereich Licht durch Glasmalereien, die Persönlichkeiten der isländischen Kirche zeigen. Das mittlere Chorfenster stammt von der englischen Kathedrale in Coventry, das im Zuge des Zweiten Weltkriegs nach Island gelangte. Ganz in der Nähe befindet sich die **katholische Kirche** in einem weißen Haus mit rotem Dach. Von der Stadtkirche südwärts steht das **Denkmal des Geächteten** oder des Vogelfreien, eine der bekanntesten Statuen von Einar Jónsson, die den Sagahelden Gísli darstellt.

Der **Botanische Garten** (Lystigarðurinn) war 1912 von dänischen Frauen angelegt worden, die beweisen wollten, dass auch Bäume im nordisländischen Klima wachsen können. Heute umfasst der Garten die vollständigste Sammlung der auf Island vorkommenden Pflanzen mit insgesamt 430 Arten, dazu rund 3.500 Beispiele der ausländischen Flora, die hier ebenfalls gedeiht.

Direkt am Hafen und nahe dem Kreuzfahrtterminal steht das Kultur- und Konferenzzentrum **HOF** als neues Wahrzeichen für Akureyris moderne Architektur. In dem 2010 eingeweihten kreisrunden Haus befindet sich u. a. auch die Touristeninformation; seine Fassade ist mit isländischem Basalt verkleidet.

(UQ)

Tourist Information Centre:
HOF Culture House, Strandgata 12, 600 Akureyri, Tel. 460-1000, www.visitakureyri.is, Juni–Aug. tgl. 8–16, sonst tgl. 10–15 Uhr.

Info

97 Die Walbucht von Húsavík

Húsavík ist weit über die isländischen Grenzen hinaus bekannt, denn der Ort gilt als „**Walhauptstadt des Landes**". Dabei profitiert Húsavík von den ausgezeichneten Bedingungen, die die Bucht Skjálfandi Buckelwalen und anderen Meeressäugern bietet. Die angebotenen Walbeobachtungstouren werden von fachkundigen Seeleuten geführt und dabei legt man Wert darauf, dass die Wale in ihren Gewohnheiten nicht gestört werden. Zwischen Mai und Oktober finden in den Sommermonaten Juli und August mehrmals täglich Touren statt. Da 85 % der Whale Watchers aus dem Ausland kommen, hat sich inzwischen eine entsprechende Infrastruktur im Ort gebildet.

Wer seine Eindrücke von der praktischen Walbeobachtung vertiefen möchte, kann dies im **Walmuseum** tun: Das einzige Museum in ganz Island zu diesem Thema ist in einem alten Schlachthaus untergebracht. Auf 1.200 m² werden Skelette von verschiedenen Walarten gezeigt, darüber hinaus erfährt man in Einzelausstellungen viel zu den Lebens- und Verhaltensweisen der Wal- und Delfingattungen sowie zu den Themen Walbeobachtung, Wal-Strandungen und Walfang.

Die Verbindung von Baudenkmälern vergangener Zeiten und einer guten Infrastruktur macht Húsavík zu einem schönen Beispiel einer intakten **Fischergemeinde**. Die **Kirche** ist ein prächtiges 1907 aus norwegischem Holz errichtetes Gebäude auf kreuzförmigem Grundriss, dominiert vom 22 m hohen Turm. Mit seinen vielfältigen Einrichtungen bietet sich Húsavík als Standort an, um die Schönhei-

In Húsavík stehen Schiffe zum Auslaufen für Walbeobachter bereit

Ein häufiger Anblick: Wale vor Húsavík

ten der Umgebung einschließlich Tjörnes-Halbinsel, Jökulsárgljúfur-Nationalpark und Mývatn-Gebiet kennenzulernen. Die beste Sicht über Húsavík, die Bucht und – bei gutem Wetter – bis zur Polarkreisinsel Grímsey bietet der 417 m hohe Hausberg **Húsavíkurfjall**, auf dessen Gipfel eine Straße hinaufführt.

Bei genügend Zeit kann man auch an **Boots- und Angeltrips** in die Bucht Skjálfandi teilnehmen. Ziele sind dort zwei Inseln: einmal die recht große und flache Insel **Flatey**, die noch 1942 von 120 Menschen bewohnt war, heute aber verlassen ist. Und zum anderen das Eiland **Lundey** mit interessanten Klippen und Tausenden von Papageientauchern.

(UQ)

Informationen zur Walbeobachtung:
Die mindestens dreistündigen Touren finden zwischen Mai und Oktober statt. Es werden auch Hochseeangeltouren oder kombinierte Touren mit Landausflügen angeboten:
North Sailing, Garðarsbraut, 640 Húsavík, Tel. 464-7272, www.northsailing.is.
Gentle Giants, Tel. 464-1500, www.gentlegiants.is.

Weitere Infos zu den Meeressäugetieren in den Gewässern um Island und zum Whalewatching unter https://icewhale.is.
Húsavík Whale Museum, Hafnarstétt 1, 640 Húsavík, Tel. 414-2800, www.hvalasafn.is, April–Okt. tgl. 9–18, Nov.–März tgl. 10–16 Uhr, ISK 2500, bis 17 Jahre frei.

98 Die Pseudokrater vom Mückensee (Mývatn)

Gute Gründe für einen Besuch

Der naturschöne flache See ist mit seinen **Wasservögeln**, vor allem Enten, ein wahres Mekka für Ornithologen. In der bedrohlichen und gleichzeitig faszinierenden Umgebung sind **alle Formen jungvulkanischer Aktivität** zu sehen, manchmal auch zu spüren. Die Region ist **klimatisch bevorzugt**; es ist hier trockener, sonniger und wärmer als im Landesdurchschnitt.

Der buchtenreiche, von etlichen Inseln besetzte „Mückensee“ ist mit 38 km^2 der viertgrößte See Islands. Die geringe Wassertiefe von 1–5 m hat zur Folge, dass er sich im Sommer bis auf über 20 °C erwärmen kann und das Wachstum der Algen angeregt wird. Dort legen die Mücken ihre Larven ab, die wiederum Forellen und Vögeln ideale Nahrungsbedingungen bieten. Der Vogelreichtum des Mývatn ist weithin berühmt. Gut 10.000 Paare brüten hier im Sommer, u.a. Stock-, Eider-, Tafel-, Eis-, Trauer-, Krick-, Löffel- und Spatelenten, aber auch Graugänse und Singschwäne. Sie ernähren sich von den Fischen, Wasserpflanzen und besonders Insekten, sodass die „Mückenplagen“ die Grundlage für das reiche Tierleben am Mývatn bilden.

Die **Mücken** sind hier bei warmem Wetter und Windstille äußerst lästig, Einwohner und Ornithologen sieht man oft nur mit engmaschigen Netzen über dem Kopf. Dabei sind die Stech- oder Kriebelmücken fast ausschließlich am Fluss Laxá, die Staub- oder Zuckmücken hingegen überall am See anzutreffen. Sie stechen zwar nicht, kommen dafür aber in äußerst dichten Beständen vor.

Das ganze Gebiet steht unter **Naturschutz**, d.h. Baden, Surfen oder Motorbootfahren ist im Mývatn verboten. Das Hauptbrutgebiet befindet sich an der Nordseite des Sees. Touristen dürfen hier in der Brutzeit (Mai–Juli) nur hindurchfahren, nicht aber anhalten oder aussteigen.

In jedem Fall einen Besuch wert: der viertgrößte See Islands

Wanderungen

Das Umfeld des Mývatn hält einige der schönsten und spannendsten Wanderwege Islands bereit:

- Im **Krafla-Gebiet** geht oberhalb des Kraftwerks ein Pfad zur vulkanisch aktiven **Leirhnjkúkur-Spalte**. Zu sehen sind Solfatare, Schlammpfuhle, Blütenwiesen und Spalten (ca. 1 Std.).
- Außer dem Weg durch die Solfatare und Fumarolen am **Hveraröndd** kann man dort den Hang hinauf bis zum **Námafjall** wandern (ca. 30 Minuten, 200 Höhenmeter).
- Ein markierter Weg führt von Reykjahlíð aus auf die Spitze des 771 m hohen kegelförmigen **Hlíðarfjall** mit prächtiger Aussicht (gut 2 Std.).
- Lohnend ist der Weg von **Reykjahlíð** bis zur stillgelegten Kieselgurfabrik, dann zur **Grjótagjá** und durch den Birkenhain zum Seeufer, schließlich an diesem entlang zurück nach Reykjahlíð (gut 3 Std.).
- Vom Parkplatz am Fuß des Explosionskraters **Hverfjall** aus geht ein ausgetretener Zick-Zack-Weg zum Kraterrand hinauf und um diesen herum; anschließend sollte man zum Krater des **Lúdent** und zur Kraterreihe der **Lúdentsborgir** wandern (insgesamt ca. 5 Std.).
- Die **Pseudokrater von Skútustaðir** erlebt man auf einem 3-km-Spaziergang (ca. 1 Std.).

Der Mückensee: Mývatn

Gerade dieses faszinierende Naturphänomen, das nur auf Island vorkommt, sollte man sich nicht entgehen lassen: Vereinfacht gesagt, entstehen Pseudokrater, wenn sich heiße Lava über ein wasserhaltiges Gelände schiebt und den Wasserdampf explosionsartig nach oben entweichen lässt. Dabei reißt die Lava mit Schlackenrändern auf und hinterlässt Krater, die deshalb „pseudo“ sind, weil sie niemals Auswurfmaterial freigesetzt haben.

Achtung: Viele Wanderwege führen durch ein Terrain, dessen **vulkanische Aktivität** niemand voraussagen kann. Warnschilder „Auf eigene Gefahr!“ haben durchaus ihre Berechtigung. Bei Solfatarenfeldern kann man leicht einbrechen und sich verbrühen. Auf lockeren Aschenschichten (Hverfjall) ist die Gefahr des Abrutschens gegeben.

(UQ)

Mývatn Tourist Information Center: Mývatnsstofa, Hraunvegi 8, 660 Mývatn, Tel. 470-7110, www.visitmyvatn.is, im Sommer tgl. 8–18 Uhr. Ausstellungen über Geologie, Vulkanologie, Flora und Fauna.

Unterkunft: Icelandair Hotel Myvatn, 660 Reykjahlid, Tel. 594-2000, www.icelandairhotels.com. 2018 eröffnete, modern eingerichtete Unterkunft mit gutem Restaurant und preiswerteren Zimmern im Guesthouse Reykjahlíð.

Hlíð Ferðaþjónusta, Tel. 899-6203, https://myvatnaccommodation.is. Am Nordufer gelegener Campingplatz mit Hütten und Fahrradverleih.

99 Im Skaftafell-Vatnajökull-Nationalpark und die Südostküste entlang

Die 131 km lange Etappe über die Ringstraße von **Skaftafell nach Höfn** ist in höchstem Maß vom **Vatnajökull** und seinen Gletscherzungen geprägt. Zunächst verläuft die Ringstraße direkt unterhalb der höchsten isländischen Gipfel, wobei die Gletscherzungen **Skaftafellsjökull** und **Svínafellsjökull** zum Greifen nah erscheinen. Hinter dem Svínafell (Gästefarm, Tankstelle) kommt man 20 km südöstlich von Skaftafell zu einigen Bauernhöfen mit dem Sammelnamen Hof, in denen Schlafsackunterkünfte und Leihpferde angeboten werden. Auf einem der hübschen Anwesen ist noch eine sehenswerte Torfkirche aus dem Jahr 1883 erhalten.

Die auf dem Weg passierten Farmen sind nur ein spärlicher Überrest einer einst blühenden Ackerbaugesellschaft. Der Ort **Fagurhólsmýri** hatte wegen seines 1955 eingerichteten Flughafens große Bedeutung für die Region. Doch die launische Natur mit ihren Vulkanausbrüchen und Gletscherläufen zwang die Bauern nach und nach zur Aufgabe, weshalb die Gegend den Namen **Öræfasveit** (Ödland) trägt.

Weiter geht es auf einem engen Landstreifen zwischen der Gletscherzunge Kvíarjökull und dem Ozean entlang, an der Farm Kvísker vorbei und auf die Fläche des **Breiðamerkursandur**, das größte Brutgebiet der Großen Arktischen Raubmöwe (Skua) im Norden.

Gletscher am Skaftafell

Die zwei **Gletscherseen**, die man nun zur Linken passiert, gehören zu den merkwürdigsten Eindrücken, die man auf einer Islandumrundung erleben kann. Auf den beiden Seen, **Breiðárlón** und **Jökulsárlón** treiben zu jeder Jahreszeit Eisberge und Eisbrocken von mitunter beachtlicher Größe zum nur 1–2 km entfernten Meer. Wer dieser Wunderwelt am Fuß des Breiðamerkurjökull ganz nahe kommen möchte, kann am Rand der Seen entlangwandern (ca. 15 km). Eine andere Möglichkeit besteht in einer sommerlichen Bootsfahrt, die man unmittelbar hinter der Hängebrücke über die Jökulsá (Cafeteria) auf dem Jökulsárlón unternehmen kann.

Von den Gletscherseen aus geht es in nordöstliche Richtung weiter und immer in Sichtweite der tief in die Talungen hinabreichenden **Gletscherzungen**. Die wichtigsten heißen **Skálafellsjökull** (Zentrum des Gletschertourismus mit Schneekatzenverleih, Berghütte und Busverbindung), **Heinabergsjökull**, **Fláajökull** und **Hoffellsjökull**, zu dem eine auch für normale Pkw befahrbare Piste bis nahe an den Rand geht. Fast alle der wenigen Höfe, die man passiert, bieten Reisenden Kost und Logis, viele davon organisieren auch Ausflüge bzw. Ausritte mit Reitpferden.

Tipp

Wandern im Nationalpark

Ein wahres Eldorado ist der **Skaftafell-Nationalpark** für Wanderer. Ein gutes System von markierten Wegen und Holzbrücken ermöglicht die eingehende Erkundung des Geländes (Broschüre mit den eingezeichneten Pfaden im Service Center). Die Wanderungen dauern unterschiedlich lang:

Eine der kürzeren, aber beliebtesten Touren geht zum „schwarzen Wasserfall“ **Svartifoss**, der weniger durch Volumen oder Fallhöhe als vielmehr durch seine herrlichen, wie Orgelpfeifen angeordneten Basaltsäulen beeindruckt (etwa 1,5 Stunden).

Eine Wanderung zu den Gletscherflüssen am **Kjósarbotn** in rund 1.200 m Höhe dauert mindestens 10 Stunden, noch längere Touren – mit Guide und Übernachtungen – sind in die Eiswüste des **Vatnajökull** möglich. (Alle Zeitangaben gelten für den Hin- und Rückweg.)

Entlang der Ringstraße gibt es auf mehreren **Gästefarmen** Betten, Schlafsackplätze sowie Pferdeverleih, u.a. in Hrollaugsstaðir, Smyrlabjörg, Flatey, Brúnnhóll und Hólabrekka. Wenige Fahrminuten danach zweigt von der Ringstraße nach rechts die S 99 ab, die einen nach 4 km zum Hafenort **Höfn** am Ende der Landzunge bringt.

(UQ)

Info

Skaftafell Tourist Information und Auskünfte zu Touren jeglicher Art bei **Nordic Adventure Travel**, https://nat.is.
Skaftafell Visitor Centre: Vatnajökull National Park, Skaftafell, 785 Öræfi, Tel. 470-8300, www.vatnajokulsthjodgardur.is.
Höfn Visitor Centre: Gamlabúð, Vatnajökull National Park, Heppuvegur 1, 780 Höfn, Tel. 470-8330.

Rundfahrten mit Amphibienbooten und Zodiacs auf dem Gletschersee **Jökulsárlón** (Mai–Mitte Nov.), Juni–Aug. mind. alle 30 Minuten. Die Ausflüge dauern ca. 30–40 Minuten, Buchung in der Cafeteria vor Ort, Tel. 478-2222, oder online.
Infos im Internet unter https://icelagoon.is

100 Ausflug von Reykjavík auf die Westmännerinseln

Die Westmännerinseln nehmen eine **Sonderstellung** innerhalb Islands ein. Die bedeutende Fischerei und die Vogelkolonien, vor allem aber spektakuläre **Vulkanausbrüche** haben den Namen des Archipels in aller Welt bekannt gemacht. Dies, zusammen mit einer faszinierenden Natur und einer guten Verkehrsanbindung zum „Festland" (Fähre, Flüge), sorgte für die Popularität der Inseln. Die Reisenden erreichen Heimaey per halbstündigem Flug ab Reykjavík oder per Schiff und bleiben nur für einen Tag. Doch die Inseln bieten durchaus genug, um wenigstens eine Übernachtung einzuplanen.

Der Archipel der Westmännerinseln liegt 10–30 km vor der isländischen Südküste. Ihm gehören neben zahllosen Klippen 15 Inseln an. Besiedelt und touristisch erschlossen ist allein die **Insel Heimaey**, die mit 14,5 km² die größte ist. Es folgt das erst 1963 entstandene Eiland Surtsey mit 2,5 km². Weiter erwähnenswert sind die Inselchen Elliðaey und Bjarnarey im Norden von Heimaey, Suðurey und Hellisey im Süden sowie Álfsey im Südwesten.

In der Klimatabelle weist der Archipel die ganzjährig mildesten Temperaturen des Landes auf, ist allerdings auch mit Niederschlag reich gesegnet und häufig von orkanartigen Stürmen betroffen.

Surtsey – Geburt einer Insel

Als am 14. November 1963 einige Seeleute ca. 20 km südwestlich von Heimaey aufsteigenden Rauch an einer Stelle bemerkten, die vorher 130 m Wassertiefe aufwies, war klar, dass ein **unterseeischer Vulkanausbruch** im Gange war.

Nach dieser moderaten Einleitung wandelte sich das Erscheinungsbild kurz darauf dramatisch: bis zu 10 km Höhe erreichte die Säule von schwarzer Asche und wei-

Blick auf die Stadt Heimaey auf der gleichnamigen Insel

ßem Dampf, begleitet von einem rot glühenden Kuchen, der brodelnd und zischend aus dem kalten Ozean aufstieg. Beobachtet von Fernsehzuschauern in aller Welt türmten sich immer neue Lavamassen zunächst 50, dann 100 m und schließlich noch höher auf. Drei Inseln wurden so geboren, wobei zwei allerdings in den folgenden Jahren den Naturkräften nicht standhielten und wieder versanken. Die dritte jedoch, benannt nach dem Feuerriesen Surt der nordischen Mythologie, erreichte innerhalb von dreieinhalb Jahren eine Größe von 2,5 km² und eine Höhe von 169 m.

Die Westmännerinseln: ein vulkanisch aktives Gebiet

Bereits während der Eruptionen wurde das neue Eiland **unter Naturschutz** gestellt, da sich hier die einzigartige Gelegenheit bot, die Entstehung neuen Lebens zu beobachten. Denn mit einer Oberflächentemperatur von 1.000 °C bot Surtsey zunächst keiner Existenzform Raum.

Das änderte sich überraschend schnell. Die ersten „Siedler" waren Bakterien, die man bereits 1964 in der Asche am Strand fand. Im Mai desselben Jahres besuchten Fliegen und Möwen das ungewohnte Terrain. 1965 eroberte sich eine **Pflanze** *(cakile arctica)* als Pionier die Vulkaninsel. Und 1970 zog als erster **Vogel** bereits der Eissturmvogel seine Jungen in der Lava groß. Gleichzeitig hatten sich schon mehrere Fischarten den immer noch warmen Küstengewässern genähert, gefolgt von Seehunden und Robben. Bis 1987 fand man 25 verschiedene Pflanzenarten, die durch Meeresströmung, Wind oder Seevögel hierhin gelangt waren. Inzwischen brüten außer dem Eissturmvogel auch Mantel- und Silbermöwen, Gryllteisten und Dreizehenmöwen ihre Eier aus. Für Tausende von Zugvögeln dient Surtsey als Rastplatz auf dem Weg von und nach Europa.

Wegen ihres Wertes als **Freiluft-Labor** darf Surtsey nur von Wissenschaftlern besucht werden. Touristen haben aber die Möglichkeit, auf einem Rundflug oder einer Bootstour die Insel aus der Distanz zu betrachten.

(UQ)

Tipp

Panoramablick

Wer gut zu Fuß ist, kann von **Heimaey** aus einige **Wanderungen** zu hoch gelegenen Punkten mit vorzüglichen Panoramablicken unternehmen. Eine Etappe führt nach Há oberhalb des Herjólfsdalur, dann über das Dalfjall bis zum Vogelfelsen von Stafnsnes im Nordwesten der Insel, eine andere zur Nordküste mit der „kleinen" und „großen Klippe" (litla klif und stóra klif). Auch der höchste Berg des Archipels, der **Heimaklettur** (283 m) ist durchaus besteigbar. Man sollte sich vorher in der Touristeninformation über die Begehbarkeit und Gefährlichkeit der jeweiligen Etappe erkundigen.

101 Papageientaucher – die Clowns des Nordatlantiks

Dem Papageientaucher (isl.: *lundi*, lat.: *fratercula arctica*) haben sein vielfarbiger Schnabel, die „geschminkten" Augen und das frackartige Gefieder den Beinamen eines Clowns eingebracht. Isländer bezeichnen ihn etwas klerikaler als „Probst" *(prófastur)*.

Sicherlich gehört das kleine Tier zu den lustigsten und interessantesten der Nordmeere und ist überall, wo es auftaucht (außer in Island besonders auf den Lofoten, Shetland- und Färöer-Inseln), ein sehr begehrtes Fotoobjekt. Nirgendwo aber gibt es so viele Exemplare wie auf Island (etwa 3–4 Millionen) und hier wiederum nirgendwo so viele wie auf den Westmännerinseln (etwa 700.000).

Den Winter über verbringen die Vögel auf dem Wasser des Nordatlantiks und kommen erst zur Brutzeit – Mitte Mai – an Land. Dort nisten sie bevorzugt in der obersten Region eines Vogelfelsens und graben in die Grasnarbe ein tiefes Loch (teils mehr als 1 m tief!), in das jedes Pärchen ein einziges Ei legt. Das mit viel Mühe gegrabene Nest wird von den Papageientauchern jedes Jahr aufs Neue belegt.

Im Flugverhalten wirken die Vögel durch ihren Körper plump und scheinen ihn nur durch hektisches Flügelschlagen in der Luft halten zu können. Umso eleganter präsentieren sie dem Betrachter manchmal ihre gefangenen Fische, wenn ein silbern glänzender Hering neben dem anderen aus dem Schnabel hängt. Interessant sind die **Farbabweichungen**, die man bei Papageientauchern recht häufig antrifft. Aufgrund dieser Nuancen genießen einige Tiere bei den Vogelfängern besondere Namen wie „Papageientaucher-König", „Prinz", „Kohlenjunge" etc. Ein Albino wird „Papageientaucher-Königin" genannt.

Auf den Westmännerinseln sind die Papageientaucher besonders zahlreich vertreten

Papageientaucher sind ein beliebtes Fotomotiv

Für die Inselbevölkerung der Westmännerinseln spielen die Vögel eine besondere Rolle. Mehr noch als Trottellumme und Eissturmvogel ist der Papageientaucher als Leckerbissen begehrt – ob frisch gebraten, gesalzen oder geräuchert. Die Federn wurden früher für das Bettzeug genutzt. Zum Fangen entwickelte man ein besonderes Instrument: einen 2–3 m langen Stab, an dessen Ende zwei kleinere Stäbe mit einem Netz dazwischen angebracht sind. Damit fängt man die Papageientaucher im Flug, allerdings nie – so will es ein alter Brauch – wenn der Vogel Futter im Schnabel hat.

Doch auch vor den Papageientauchern hat der **Klimawandel** nicht haltgemacht. Mit der Erwärmung des Meerwassers ziehen die Beutefische der Papageientaucher weiter nach Norden, sodass es für die Elterntiere immer schwieriger wird, ausreichend Nahrung für ihre Jungen zu finden. Seit einigen Jahren ist die Zahl der brütenden Tiere derart rückläufig, dass die isländischen Behörden die Jagd von bisher 55 auf fünf Tage reduziert haben. Statt sonst 100.000 dürfen nur noch 3.000 Vögel gefangen werden.

In den letzten beiden Augustwochen, wenn die **jungen Papageientaucher die Nester verlassen**, spielt sich das größte Ereignis für die Kinder ab. Denn die von ihren Eltern nicht mehr gefütterten Jungtiere fliegen in der Nacht **zu Tausenden auf die Lichter der Stadt zu** und landen unsanft auf dem harten Asphalt. Ungeübt in der Kunst des Startens, würden sie so eine leichte Beute für Katzen, doch die Kinder, die in diesen Tagen die ganze Nacht aufbleiben dürfen, sammeln die Vögel in kleinen Kästchen oder Kartons ein. Nachdem diese den Rest der Nacht im Kinderzimmer verbracht haben, wird ihnen am nächsten Morgen die Freiheit wieder geschenkt.

(UQ)

Anhang

Reiseformen

Die skandinavischen Länder sind für Reisende von ihren Heimatorten alle gut erreichbar. Es gibt reichlich Flug- und Fährverbindungen, Brücken, gut ausgebaute Straßen für Autos oder Busse sowie Bahnlinien. Das Reisen im jeweiligen Land und auf den Inseln selbst ist auf vielfältigste Art und Weise möglich, abhängig davon, wie viel Zeit man mitbringt, ob man viel „Strecke" zurücklegen oder lieber eine Standortreise machen möchte, ob man es vorzieht, von Insel zu Insel zu hoppen, und ob man dafür das eigene Fahrrad oder Boot benötigt.

Anreise mit dem Flugzeug

Der schnellste Weg in eines der skandinavischen Länder ist natürlich die Anreise mit dem Flugzeug. Die Hauptstädte verfügen über moderne internationale Großflughäfen. Direktflüge z. B. nach Oslo, Stockholm, Helsinki, Kopenhagen, Reykjavík oder Nuuk gibt es u. a. aus Berlin, Düsseldorf, Köln/Bonn, Frankfurt/M., Hamburg, München, Wien, Zürich und aus vielen anderen Städten im deutschsprachigen Raum. Neben den skandinavischen Fluggesellschaften (s. u.) bieten u. a. www.lufthansa.com, www.eurowings.com, www.ryanair.com, www.austrian.com, www.swiss.com Flüge aus Deutschland, Österreich und der Schweiz nach Skandinavien an.

Norwegen: weitere Infos u. a. unter www.norwegian.com
Flughäfen: Oslo-Gardermoen (für Charter oder Low-Cost-Airlines Torp/Sandefjor und Moss-Rygge), Bergen, Stavanger, Kirkenes (mit Anschluss zur Hurtigruten), Kristiansand, Trondheim, Lakselv und Tromsø.

Schweden: weitere Infos u. a. unter www.flysas.com, www.fly-car.de
Flughäfen: Stockholm-Arlanda, Stockholm-Skavsta (100 km südwestlich Stockholm), Stockholm-Västerås, Göteborg/Landvetter, Malmö.

Finnland: Infos u. a. unter www.finnair.com
Flughäfen: Helsinki-Vantaa, Kuopio, Oulu, Rovaniemi, Tampere-Pirkalla, Turku, Vaasa.

Dänemark: weitere Infos u. a. unter www.flysas.com, www.lufthansa.com
Flughäfen: Kopenhagen-Kastrup, mit der Möglichkeit weiterzufliegen nach Odense, Esbjerg, Billund, Ålborg, Århus. Von Roskilde aus fliegen Air-Taxis auf die Inseln Anholt und Læsø.

Island: Infos u. a. unter www.icelandair.com
Flughäfen: Reykjavík über Leifur Eiríksson in Keflavík (ca. 50 km südwestlich).
Das **Inlandsflugnetz** ist gut ausgebaut und wird von kleinen Gesellschaften bedient: Akureyri, Egilsstaðir, Ísafjörður, Vopnafjörður, Grímsey, Þórshöfn zu den Vestmannaeyar (Heimaey) und nach Grönland (Ilulissat, Nuuk, Kulusuk, Narsarsuaq). Ab Akureyri gibt es außerdem Verbindungen nach Grímsey, Þórshöfn, Vopnaförður und Ísafjörður.

Als Autofahrer mit der Fähre

Wer sich als Autofahrer entschieden hat, mit der Fähre nach Skandinavien überzusetzen, kann unter verschiedenen Möglichkeiten und Tarifen auswählen. Wer zur **Hauptreisezeit** per Fähre reisen möchte, sollte in jedem Fall rechtzeitig buchen, um Wartezeiten und Enttäuschungen zu vermeiden.

Norwegen: Direktverbindung: Kiel–Oslo (Dauer ca. 20 Std. und über Nacht, www.colorline.de)

Von Kopenhagen nach Oslo: Infos unter www.dfds.com/de-de/passagierfaeh ren (Dauer etwa 17 Std. über Nacht). Anreise von Deutschland über die Belt-Brücken oder mit Scandlines über Puttgarden–Rødby oder Rostock–Gedser.

Schweden: Direktverbindung Kiel–Göteborg (Dauer 14,5 Std.) oder Rostock–Trelleborg (Dauer 7–8 Std. über Nacht; Tagfahrten etwa 6 Std.), Travemünde-Malmö (etwa 9 Std.).

Über Dänemark: Puttgarden–Rødby und von Helsingør nach Helsingborg.
Von Jütland aus an die schwedische Westküste: Grenå–Varberg, Frederikshavn – Göteborg.

Zeitweilig gibt es **Tagesfahrten** für Erwachsene von Stockholm nach Mariehamn auf den Åland-Inseln bei Vikingline, www.vikingline.de.

Mit der Fähre unterwegs

Finnland: Direktverbindung: Rostock–Hanko, Travemünde–Helsinki
Über Schweden: Travemünde/ Rostock–Trelleborg und Stockholm–Turku.
Über Dänemark: Grenå–Varberg, Stockholm–Helsinki/Turku.

Island: Informationen unter www.smyrilline.de.
Verbindung von Dänemark über die Färöer-Inseln: Hirtshals–Torshavn (Färöer)–Seyðisfjörður (Ostisland).

Fährgesellschaften

Aktuelle Fahrpläne, Tarife und Paket- oder Sonderangebote finden Sie u.a. bei folgenden Fährgesellschaften, Online-Buchungen sind häufig preiswerter.
Color Line: www.colorline.de; **DFDS**: www.dfds.com/de-de/passagierfaehren; **Direct Ferries**: www.directferries.de; Fjord Line: www.fjordline.com/de; **Nordic Ferrycenter**: www.ferrycenter.fi; **Stena Line**: www.stenaline.de; **Scandlines**: www.scandlines.com; **Tallink Silja Line**: https://de.tallink.com/faehrreisen; **TT-Line**: www.ttline.com/de; **Viking Line**: www.vikingline.de.

Wie bei den Flügen gilt auch bei den Fährgesellschaften: Wer früh bucht, fährt am günstigsten.

Anreise mit dem Auto über die Brücken

Es ist möglich, z. B. Norwegen ohne eine einzige Fährstrecke mit dem Auto zu erreichen. Die Großer-Belt-Brücke zwischen Fünen und Seeland kostet 2024 für die einfache Fahrt ab 36 € für Pkw und 55 € für Pkw mit Wohnwagen, die Øresund-Brücke zwischen Seeland und Malmö 61 € für Pkw und 122 € für Pkw mit Wohnwagen. Weitere Infos, Sparmöglichkeiten mit „Durchgangstarifen" oder Kombitickets mit einer Fähre findet man unter www.oeresund-bruecke.de bzw. www.oresundsbron.com/en/private. Mit einer Online-Buchung spart man ebenso etwas Geld.

Mit der Bahn

Mit der Bahn gelangt man üblicherweise **über die Vogelfluglinie**, d.h. auf der Strecke Puttgarden–Kopenhagen–Helsingborg und weiter über Göteborg nach Oslo. Ab Hamburg gibt es tägliche ICE-Verbindungen nach Kopenhagen, ab dort dann mehrere Intercity-Verbindungen tgl. nach Oslo mit Umsteigen in Göteborg. Einen durchgehenden Zug von Deutschland nach Norwegen gibt es nicht, die Fahrtdauer beträgt ab Hamburg insgesamt 17–22 Stunden (Infos unter www.bahn.de oder www.vy.no).

Mit dem Bus

Auch mit Langstrecken- und Expressbussen kommt man von Deutschland nach Skandinavien. Fernbusse von Flixbus z. B. fahren mehrmals wöchentlich von Berlin (ca. 20 Stunden) und ab Köln, Dortmund, Hamburg (15 Stunden) sowie weiteren deutschen Städten nach Oslo (ab 50 €); Busfahrten nach Schweden und günstige Busreisen von Dänemark und Schweden nach Oslo kann man ebenfalls bei Flixbus buchen; Online-Buchung unter https://shop.flixbus.de, www.flixbus.se).

Unterwegs in Skandinavien

Mit dem Auto oder Wohnmobil

Die Qualität der Straßen auch in abseits gelegenen Gegenden ist in den letzten Jahren immer besser geworden. Teilweise sind selbst kleinere Schleichwege asphaltiert. Wo es Berge gibt, werden Tunnel fertiggestellt, aufwendige Brückenkonstruktionen sorgen für kürzere Wege. Auto- und Personenfähren verbinden bewohnte Inseln und Inselchen mit dem jeweiligen Festland oder ergänzen über die Fjorde hinweg das Straßennetz. Wer hier mit dem Auto, Wohnmobil oder Zweirad unterwegs ist, sollte jedoch Zeit mitbringen. Mautgebühren fallen bei Brücken, Tunneln und Fähren an.

Zu beachten ist, dass Autos und Motorräder in den skandinavischen Ländern mit Abblendlicht gefahren werden. Auf einsamen Strecken sollte mit rasant fahrendem Gegenverkehr gerechnet werden. In Finnland und Schweden sind die Giga-Lkw unterwegs, ca. 25 m lange Lkw-Gespanne mit Anhänger.

Autos können bei den bekannten internationalen **Mietwagenfirmen** meist an Flughäfen bzw. in größeren Städten gemietet werden: www.avis.de, www.budget.de, www.europcar.de-de, www.hertz.de/rentacar/reservation und www.sixt.de. Informationen zu lokalen Anbietern bekommt man in den örtlichen Touristenbüros.

Mit der Bahn

Interrail ist insbesondere für diejenigen interessant, die mehrere skandinavische Länder per Bahn bereisen möchten. Infos zum InterRail Global Pass unter www.interrail.eu/de.

Norwegen: Bahnreisende finden ein gut ausgebautes Streckennetz vor, Komfort, z.T. günstige Preise und interessante Strecken. Deren kurvenreicher Verlauf geht über Flüsse und durch die Berge, zahlreiche Brücken werden überquert und Tunnel durchfahren.

Besonders reizvolle Strecken: Bergenbahn von Oslo nach Bergen (etwa 6,5–7,5 Std.); **Nordlandbahn** von Trondheim nach Bodø, eine Strecke, die den Polarkreis überquert (etwa 10 Std.); **Sørlandbahn** von Oslo über Kristiansand nach Stavanger parallel zur Küste (etwa 8 Std.).

Schweden: Das Schienennetz ist gut ausgebaut, die Abteile sind komfortabel. Am schnellsten geht es mit dem Hochgeschwindigkeitszug X 2000, der Strecken wie Stockholm–Kopenhagen (über die Øresund-Brücke) mit 200 km/h zurücklegt. Liege- und Schlafwagen gibt es für die Strecke Göteborg nach Östersund/Storlien.

Finnland: Die finnischen Hochgeschwindigkeitszüge fahren mit ca. 200 km/h auf den Hauptstrecken zwischen Helsinki, Oulu, Turku, Tampere oder auch nach St. Petersburg. Auf den anderen Strecken verkehren IC- und Regionalzüge. Autoreisezüge, z.B. nach Rovaniemi, sind interessant, wenn man im Norden mit dem Auto weiterreisen möchte. Mit dem **Finland Rail Pass** (für 3, 5 oder 10 Tage) kann innerhalb eines Monats unbegrenzt im Land herumgefahren werden. Infos unter www.eurail.com/en.

Dänemark: Zwischen allen größeren Städten fahren regelmäßig (meist stündlich) Intercitys. Die Strecke Esbjerg–Kopenhagen dauert etwa 3 Std. Das weiterführende Regionalbahn- und S-Bahn-Netz ist ebenfalls gut ausgebaut.

Mit dem Bus

Norwegen: Auf rund 18.000 km kann man in Norwegen mit dem Bus unterwegs sein. Eine Fahrt in den meist komfortabel ausgestatteten Bussen muss nicht reserviert werden (Platzgarantie). Die Preise sind recht günstig, wer online bucht, fährt in der Regel noch preiswerter. Weitere Informationen unter www.nor-way.no.

Schweden: Ein dichtes Netz von Überlandbussen ergänzt das Eisenbahnnetz oder bietet Alternativen zur Fahrt mit dem Zug. Mit dem Marktführer **Flixbus** kommt man nicht nur von Deutschland, Dänemark oder Norwegen nach Schweden, sondern auch zu rund 150 Destinationen *innerhalb* des Königreichs, darunter alle größeren Orte in Süd- und Mittelschweden. Nach Norden verkehren die Busse deutlich seltener, nördlich von Umeå überhaupt nicht mehr (Infos: www.flixbus.se). Die Unternehmen **Vy bus4you** and **Vy express** unterhalten 17 Buslinien in Norwegen, Dänemark und Schweden mit rund 1.400 Haltestellen. Auch die Flughäfen Stockholm-Arlanda, Göteborg und Kopenhagen stehen dabei auf dem Fahrplan (Infos: www.vybus.com).

Finnland: Auch kleine Orte in Lappland oder Karelien sind per Bus erreichbar. Auf 90 % der finnischen Straßen gibt es regelmäßig Busverkehr. Mit dem Überlandbus können größere Entfernungen bequem zurückgelegt werden, z.B. von Helsinki nach Lahti. Infos unter https://matkahuolto.fi.

Dänemark: Zwischen den großen Orten nimmt man am besten die Expressbusse, wird es ländlicher, fahren zu den kleinsten Orten Linienbusse. Nachdem die Bus- und Bahnfahrpläne aufeinander abgestimmt worden sind, gibt es kaum Wartezeiten. Fahrräder können i. d. R. mitgenommen werden. Infos unter www.rejseplanen.dk.

Island: Das Land ist mit Überlandbussen, aber auch innerstädtisch sehr gut zu bereisen. Abseits der Ringstraße werden auch Tages-Sightseeing-Touren angeboten. Infos unter Reykjavik Excursions, www.re.is. Es gibt verschiedene Bus-Pässe mit unterschiedlicher Gültigkeitsdauer, etwa zu den Sehenswürdigkeiten in Island (erhältlich für 7–15 Tage).

Mit dem Fahrrad

Norwegen: In Norwegen gibt es zahlreiche Möglichkeiten, sich die Gegend mit dem Fahrrad zu erschließen, und dabei geht es gar nicht nur bergauf und bergab. Am Wegesrand weisen Schilder zu Unterkünften für Radfahrer: „Syklist velkommen".
Schweden: Weite Teile des Landes bieten ideale Bedingungen für Radfahrer. Eine beliebte und besonders schöne Strecke führt am Göta-Kanal entlang.

Finnland: Wer sein Rad nach Finnland nicht mitgebracht hat, kann sich u.a. bei Touristenbüros Touren- oder Mountainbikes ausleihen. Die Åland-Inseln gelten als besonders geeignet für Radtouren; die Fähren dorthin sind auf Reisende mit Rad eingestellt.

Dänemark: Dänemark gilt als Radlernation, die Infrastruktur für Radfahrer ist geradezu ideal: Das rund 3.000 km lange Streckennetz ist bestens ausgeschildert, auch in größeren Städten geraten Radfahrer nicht in Stress-Situationen. Juli und August sind die besten Monate für längere Touren. Bei den örtlichen Touristeninformationen können Räder ausgeliehen werden. Kartenmaterial kann man dort oder u.a. über den ADFC bekommen: www.adfc.de.

Island: Hier finden besonders Mountainbiker noch weniger ausgebaute Strecken und Pisten vor. Räder können per Schiff, Flugzeug oder Bus gut mitgenommen werden. Von Reykjavík und Akureyri aus werden auch Rad-Wandertouren angeboten.

Segeln oder mit dem Boot

Schweden, Finnland und Dänemark sprechen Segler und Bootstouristen direkt an. Mit den Fjorden, seichten Küstengewässern, Schären, Seen sowie Hochseegebieten ist hier für große wassersportliche Vielfalt und Abwechslung gesorgt. In reizvollen Buchten sowie idyllisch gelegenen Ankerplätzen und Häfen kann man verweilen. Segler von Jollen bis zu Hochseejachten kommen hier auf ihre Kosten, aber auch Motorboot- oder Kanufahrer werden ihre Freude an ihrem Wassersport haben.

(DK/UQ)

Das Jedermannsrecht

Einer der Hauptgründe für eine Skandinavienreise ist es, sich an der Natur zu erfreuen, sie zu genießen und sich frei in ihr zu bewegen. Besonders in den nordischen Ländern regelt ein altes Gewohnheitsrecht – das Jedermannsrecht – mit Rechten und Pflichten die Nutzung der freien Natur. Traditionell legen die Skandinavier in ihren Ländern großen Wert auf den pfleglichen Umgang mit der Umwelt. So heißt die **Grundregel** in Schweden: „Nicht stören – nicht zerstören."

Zu den Pflichten gehört, dass man auf andere Menschen sowie auf die Flora und Fauna **Rücksicht** zu nehmen hat. Man darf wilde Blumen und Beeren pflücken, Pilze suchen und herabgefallene Zweige und Reisig sammeln. Bestimmte seltene Pflanzen dürfen jedoch nicht gepflückt werden! Informationen zu den gefährdeten Pflanzen geben die Touristenbüros.

Bei **Wanderungen** sollten keine Privatgrundstücke, Schonungen und Felder betreten, keine Bäume oder Sträucher abgesägt oder Zweige bzw. Rinde abgerissen werden. Nestern und Jungtieren sollte man sich nicht zu sehr nähern und natürlich keinen Müll in der Natur hinterlassen. Die Abfalltüte darf niemals neben einen vollen Abfallbehälter gestellt werden.

Gerade das sensible ökologische System Lapplands verträgt keine allzu große Beanspruchung. Hier dauert es um ein Vielfaches länger als bei uns, bis Konservendosen oder Zigarettenkippen verrotten.

Auto-, Motorrad- oder Mopedfahren im Gelände ist prinzipiell untersagt. Solche Straßen sind durch entsprechende Schilder gekennzeichnet. Das Parken an Straßenrändern ist generell erlaubt, wenn niemand behindert oder gefährdet wird. Reiter sollten gekennzeichnete Trimm-Dich-Pfade und Wanderwege meiden. Gleiches gilt für Radfahrer, insbesondere für Mountainbiker.

Dass ein **Waldbrand** verheerende Folgen haben kann, versteht sich von selbst. Deshalb sind Lagerfeuer schon bei der geringsten Brandgefahr verboten. Vor einem Outdoor-Aufenthalt sollte man sich unbedingt im nächstgelegenen Touristenbüro danach erkundigen. Bevor man seinen Lagerplatz verlässt, muss man sein Feuer sorgfältig löschen. Wenn sich das Feuer ausbreitet, wird man für Schäden haftbar gemacht! Niemals darf man ein Feuer auf Felsen oder Klippen entfachen. Die Hitze lässt diese bersten, es entstehen nicht wieder gutzumachende Schäden.

Für jedermann geregelt: Schutz seltener Pflanzen und das Verhalten in der Natur

Eingefriedetes Gelände darf nur überquert werden, wenn sichergestellt ist, dass die Umzäunung nicht beschädigt wird. **Tore und Gatter** dürfen zum Passieren geöffnet, müssen jedoch stets sorgfältig wieder geschlossen werden. Zäune von Hausgrundstücken dürfen keinesfalls überklettert werden!

Es ist allen gestattet, sich über nicht eingezäunten Grund und Boden zu bewegen und dort zu übernachten. In unmittelbarer Nähe von Wohnhäusern sollte man jedoch **nicht zelten**. Möchte man als Individualtourist oder als Gruppe mehrere Nächte am selben Platz übernachten, muss der Grundeigentümer um Erlaubnis gefragt werden.

Alle Gewässer sind frei zugänglich, dürfen also zum **Wassersport** genutzt werden. Mit dem Boot anzulegen und an Land zu gehen ist aber nur außerhalb von Privatgrundstücken erlaubt. Die freie Zugänglichkeit der Natur gilt nicht in Nationalparks, Naturreservaten sowie Vogelschutz- und Militärgebieten. Im Einzelfall können aber z. B. Geschwindigkeitsbegrenzungen, Zutrittsverbote oder Verbote gegen Wasserskifahren gelten, die man unbedingt beachten sollte. Von Motorbootfahrern wird besondere Rücksichtnahme erwartet.

Das Recht zum Gemeingebrauch schließt das **Angeln** nicht ein. Man darf jedoch mit üblichem Handangelgerät an den meisten Meeresküsten und in Seen kostenlos angeln. Für alle anderen Gewässer ist ein Angelschein nötig. Keinesfalls darf man Angelleinen oder -haken in der Natur zurücklassen. Das Recht zum Gemeingebrauch berechtigt auch nicht zur Jagd.

(DK/UQ)

Besondere Lichtverhältnisse: Mitternachtssonne, Nord- oder Polarlicht

Nördlich des Polarkreises bestimmen Lichtflut und Lichtarmut den Lebensrhythmus. Der Faszination der „**Mitternachtssonne**" kann sich kaum jemand entziehen: Die Sonne steht noch um Mitternacht über dem Horizont, geht nicht unter, sondern steigt langsam wieder höher.

Am Polarkreis, also auf 66,56 ° nördlicher Breite, dauert der Polartag 24 Stunden und fällt mit dem 21. Juni zusammen, während weiter nördlich in Bodø die Mitternachtssonne vom 7. Juni bis zum 8. Juli zu sehen ist. Am Nordkap ist dieses Naturphänomen zweieinhalb Monate lang zu beobachten, sofern Wolken die Sonne nicht verbergen. Selbst im Süden des Landes ist es dann um 23 Uhr noch hell und die Sonne geht um 3 Uhr schon wieder auf.

Der Wechsel von **Polartag und Polarnacht** hat die gleiche Ursache wie die Jahreszeiten: Die Erdachse steht nicht senkrecht zur Ebene der Umlaufbahn, sondern ist geneigt. Diese Schrägstellung behält die Achse bei, wenn die Erde die Sonne innerhalb eines Jahres umläuft. Im nördlichen Sommer kann das Sonnenlicht die Nordhalbkugel beleuchten, da aufgrund der Kugelgestalt der Erde die Sonne immer die ihr zugeneigte Erdseite erreicht.

Das gesamte Nordpolargebiet ist im Sommer der Sonne zugewandt, während das Südpolargebiet kein Licht erhält, was sich im Winter umkehrt. Vielen Menschen macht die „mørketid", die Zeit der Dunkelheit, zu

Tipp

Wann und wo am besten?

Die Monate, in denen das **Nordlicht** am ehesten zu sehen ist, sind Oktober, Februar und März. Am besten begibt man sich an möglichst unbeleuchtete Standorte, denn beleuchtete Städte oder auch nur der Mond am wolkenlosen Himmel nehmen viel von dem eindrucksvollen Himmelsschauspiel.

In Norwegen sind beispielsweise die Region **Finnmark** oder die Stadt Tromsø im äußersten Norden für einen Nordlichtabend geeignet. Für Kurzentschlossene oder allzu Ungeduldige ist es jedoch nichts. Um das Nordlicht zu sehen, muss der Betrachter warten, bis die Natur ihm das besondere Licht am wolkenlosen Himmel schenkt. Und das kann schon mal ein paar Tage dauern.

Das Polarlicht beflügelt seit Urzeiten die Fantasie der Menschen

schaffen, sie leiden unter Schlafstörungen oder Depressionen. Norwegische Verhaltensforscher stellten andererseits fest, dass bei vielen Menschen in der langen Winterzeit die Bereitschaft höher ist, mehr zu arbeiten, was in Tarifverträgen häufig berücksichtigt wird.

Zu den Phänomenen, die schon immer die Fantasie der Menschen angeregt haben, gehört auch das **Nordlicht** oder besser das **Polarlicht**, da die Naturerscheinung ja nicht auf die nördliche Polarzone allein beschränkt ist. Das himmliche Spektakel hat einen **Platz in vielen altnordischen Mythen und Märchen**: Man sah in den schimmernden Bögen des Polarlichts die blinkenden Schilde, auf denen die Seelen der im Kampf gefallenen Krieger nach Walhall gelangten.

Das Polarlicht hat etwas von einem elektrischen Feuerwerk. Mal erinnert seine Form an flatternde Bänder, an kunstvoll gefaltete Vorhänge oder an Strahlenbündel. Der ruhende Bogen, der sich oft über mehrere Stunden mit geringer Lichtintensität über das Himmelsgewölbe ausbreitet, kommt am häufigsten vor. Dabei dominiert die gelbgrüne Farbe, während bei stärkeren Lichtausbrüchen rote Ränder oder völlig rote Bögen vorkommen.

Durch Beobachtung und Messung der Polarlichtformen weiß man, dass die untere Grenze der Lichtphänomene in der Regel in etwa 100 km Höhe liegt. Das **farbenprächtige Schauspiel** eines Lichtausbruchs dauert oft 10 bis 30 Minuten und kann sich in einer Nacht mehrmals wiederholen. Die wissenschaftliche Erklärung dafür ist eher nüchtern: Die Sonne schickt elektrisch geladene atomare Teilchen Richtung Erde, die durch unser Magnetfeld zu den (elektrischen) Polen geleitet werden. Wenn die kleinen Materieteilchen millionenfach in die Atmosphäre eintreten, treffen sie mit den Atomen unserer Luft zusammen. Das Ergebnis solcher Kollisionen ist das Polarlicht.

Das Nordlicht kann eine Ursache dafür sein, dass die Menschen im Norden Schwedens oder Norwegens öfter unter Herz-Kreislauf-Erkrankungen leiden als im Süden. So berichtete die norwegische Zeitung „Verdens Gang" über Beobachtungen norwegischer und schwedischer Mediziner, dass sich an Tagen mit hoher geomagnetischer Aktivität der Herzrhythmus bei allen Versuchspersonen verschlechterte.

(DK/UQ)

Die Ureinwohner Skandinaviens: die Samen

Der **Siedlungsraum der Samen** reicht von der arktischen Region Skandinaviens entlang der norwegisch-schwedischen Gebirgskette bis zu den nördlichen Teilen der schwedischen Provinz Dalarna. Die Angehörigen dieser ethnischen Minderheit nennen sich selbst **Sámi** („Menschen, die im Sumpf leben"), z.T. wurden sie auch als finner bezeichnet; den früher verbreiteten Begriff „Lappe" empfinden die Samen als kränkend. Rund 80–90.000 Samen leben in Russland, Finnland, Schweden und Norwegen, davon allein 50.000 in Norwegen. In Schweden geht man von rund 20.000 Samen aus, von denen etwa 2.000 primär von der Rentierzucht leben. In Finnland wird die Zahl der Samen auf knapp 10.000 geschätzt, in Russland auf ca. 2.000.

Umstritten ist, wer als Same anzusehen ist. Während in Norwegen als Same gilt, wer sich selbst der Minorität zurechnet und Samisch als Muttersprache spricht oder zumindest Eltern oder Großeltern hat, die Samisch sprechen, sind nach schwedischen Gesetzen zur Rentierwirtschaft nur diejenigen als Samen anzusehen, die **Rentierzucht** betreiben. Die schwedischen Samen haben sich dieser Definition widersetzt und gehen davon aus, dass ein Same auch ohne Rentierbesitz ein Same sein kann.

Zur **Herkunft und ethnischen Einordnung der Samen** sind noch nicht alle Fragen beantwortet. Man vermutet, dass sie als alteuropide Bevölkerung vor rund 12.000 Jahren in Nordeurasien zwischen Nordskandinavien und Ostsibirien lebten. Als Rentierjäger folgten sie den Renherden in verschiedenen Etappen von Osten her nach Finnland, an die Eismeerküste und ins fennoskandische Inland. Archäologische Funde aus der Bronzezeit (1500–500 v.Chr.), die dem Küstenbereich von Finnmark und Kola entstammen, werden den Samen zugeordnet. In Schweden fanden die Archäologen 2.000 Jahre alte samische Wohnplätze am Stora Lulevatten. Die Samen lebten keineswegs nur im hohen Norden, sondern trafen in Süd- und

Mittelfinnland mit dort einwandernden finno-ugrischen und nordgermanischen Stämmen zusammen.

Die **Sprache der Samen** gehört zum finnisch-ugrischen Zweig und ist mit dem Finnischen, Estnischen und Ungarischen verwandt. Genau genommen gibt es nicht nur eine samische Sprache, sondern mindestens drei verschiedene, nämlich Süd-, Ost- und Zentralsamisch, die an keine Staatsgrenze gebunden sind. Zentralsamisch lässt sich wiederum in ein Nord-, Lule- und Pitesamisch untergliedern. Reich sind die Sprachen der Samen an Wörtern aus der Natur, Jagd, Fischerei und Rentierwirtschaft. Die Übernahme des Finnischen soll bis etwa 600 n. Chr. erfolgt sein.

Eine **samische Schriftsprache** wurde zu Beginn des 17. Jh. von Priestern und Missionaren entwickelt. Obwohl es in Schweden einige Schulen gibt, in denen der Unterricht ganz in samischer Sprache erfolgt oder wo das Samische als Muttersprache angeboten wird, verringert sich die Zahl der Samisch Sprechenden stetig. Die Sprache droht auszusterben.

Schon früh gerieten die Samen in ein **Abhängigkeitsverhältnis zu ihren nordischen Nachbarn**, die besser bewaffnet und organisiert waren. Aus dem Tauschhandel mit Pelzen entwickelte sich eine erpresserische Besteuerung der Samen, indem Steuereintreiber die einzelnen Gebiete unter sich aufteilten. Da die Staatsgrenzen im Norden nicht festgelegt waren, hatten die Samen bisweilen an drei verschiedene Länder Steuern zu entrichten. Mit der Besteuerung wuchsen auch die territorialen Ansprüche gegenüber den Samengruppen.

Auch noch im 18. und 19. Jh. interessierte sich der schwedische Staat mehr für die Steuereinnahmen der zahlreicher gewordenen Neusiedler als für die Gewohnheitsrechte der Samen, die aus ihren angestammten Jagd-, Fischfang- und Weidegebieten vertrieben wurden.

Schon im Mittelalter entwickelte sich allmählich aus der Rentierjagd die Rentierhaltung. Als die Samen Wildrene mit dem Gewehr erlegten, führte dies zum Aussterben der Tiere in ihrem Siedlungsraum. Daraufhin hat sich in vielen Gebieten des Nordens die **Rentierhaltung als Haupterwerbszweig** durchgesetzt. Nachdem im 16./17. Jh. christliche Missionare vehement die Naturreligion der Samen, in der Schamanismus und Bärenkult eine bedeutende Rolle spielten, bekämpften, kam der Rentierzucht als **Hauptträger samischer Kulturtradition** eine besondere Bedeutung zu. So besinnen sich die heute 2.000 von der Rentierwirtschaft abhängigen Samen in Schweden auf die alten Traditionen und gehen gegen den eigenen Identitätsverlust engagiert an.

Die Samen und das Ren

Leben, Wirtschaftsweise und Kultur der Samen wurden über Jahrtausende von den Lebensgewohnheiten des Rens bestimmt. Die Bergsamen folgten noch bis vor wenigen Jahrzehnten als **Nomaden** dem natürlichen Wandertrieb der Bergrene, die bis zu 800 km jährlich zurücklegen. Die Wanderung von Weideplatz zu Weide-

Frau in samischer Tracht mit ihrem Rentier

platz folgt einem festen Rhythmus, der vom Futterbedarf des Rens zu verschiedenen Jahreszeiten abhängig ist. Für die Samen ist neben dem Bergren das ortstreue Waldren bedeutsam.

Im 16. Jh. gingen die Samen allmählich von der Jagd auf wilde Rene zur Rentierhaltung über. Die Haltung des Rens erfordert einen nur geringen Kostenaufwand, da es in idealer Weise die Pflanzen und Flechten im arktischen und subarktischen Raum nutzt. So halten sich die Tiere im Winter dort auf, wo sie sich durch die Schneedecke an die Flechten herangraben können. Eine verharschte Schneedecke kann einen reichen Rentierbesitzer innerhalb weniger Tage zu einem armen Mann machen.

Bis zu 8 kg **Futter** (Trockengewicht) benötigt ein ausgewachsenes Tier am Tag. Da die Flechten extrem langsam wachsen, müssen die Weidegebiete der Rene flächenmäßig groß sein. Einst lieferte das Ren den Samen Fleisch und Milch, das Fell wurde zu Kleidungsstücken verarbeitet, aus Sehnen, Horn und Knochen gewann man z. B. Nähfäden, Lassoringe, Löffel und Ahlen, sodass das Ren mit Haut, Huf und Haar genutzt wurde und einer Familie fast alles gab, was sie zum Leben benötigte. Kräftige Tiere zogen im Winter den Schlitten, im Sommer wurden sie als Lasttiere eingesetzt.

Heute hat die Rentierzucht nur noch einen Zweck: die **Fleischproduktion**. In vielen Gemeinden Nordschwedens ist die Rentierzucht, die etwa ein Drittel der Landesfläche beansprucht, von recht großer Bedeutung, da Transport, Handel und Verarbeitung eine Reihe von Arbeitsplätzen schaffen. Auf schwedischem Gebiet gibt es rund 250.000 der insgesamt etwa 750.000 Rentiere im Norden.

Die meisten Samen arbeiten außerhalb der Rentierzucht in vielen verschiedenen Berufen. Ihre **Verbundenheit mit der eigenen Kultur** ist unterschiedlich ausgeprägt und reicht von völliger Identifikation mit der ethnischen Minderheit bis zur vollständigen Anpassung an die schwedische Bevölkerungsmehrheit.

Rentiere haben eine besondere Bedeutung für die Samen

In den letzten Jahren hat der **Modernisierungsdruck die Rentierhaltung** grundlegend verändert, sodass möglicherweise ihre führende Rolle bedroht ist, wenn es gilt, samische Kultur und Identität zu wahren. Heute ist die extensiv betriebene Rentierzucht ein kapitalintensiver Wirtschaftszweig, in dem es ausschließlich um Fleischproduktion geht. Moderne Technologie macht es möglich, dass die Tiere in großen Herden ohne ständige Aufsicht gehalten werden können. Oft schließen sich Rentierhalter zusammen, um sich technischer Hilfsmittel wie Hubschrauber, Geländewagen, Schneemobile oder Funk und Datenverarbeitung zu bedienen. Statt in Stangenbogenzelten wohnen die Bergsamen den überwiegenden Teil des Jahres in modernen Wohnsiedlungen.

Der **Druck auf den Lebens- und Wirtschaftsraum** der Samen hat deutlich zugenommen, denn neben der Überweidung lassen andere Nutzungen wie Tourismus, Straßenbau, Land- und Forstwirtschaft sowie der Ausbau der Wasserkraft zur Energiegewinnung die Weideflächen schrumpfen.

In einem auf schwedischer Seite 1966–1981 geführten Musterprozess, in dem die Samen ein Eigentumsrecht für ihre alten Siedlungsgebiete auf einer Fläche von 16.000 Quadratkilometern beanspruchten, bestätigte man den Renhirten zwar **Nutzungsrechte, aber kein privates Eigentum an Land und Wasser**.

Nach Jahrhunderten der Unterdrückung, die aus den für unzivilisiert gehaltenen Samen „gute“ Skandinavier machen sollten, fördern die nordischen Staaten seit drei Jahrzehnten eine Politik, die die samische Kultur als Bestandteil eines gemeinsamen Kulturerbes versteht. Ohne ihr neues Selbstbewusstsein, ohne ihr politisches Engagement – auch auf internationaler Ebene – hätte die samische Bevölkerung wohl nicht erreicht, dass ihr in Norwegen, Finnland und Kiruna/Schweden ein gewähltes, Rat gebendes Organ der Samen des jeweiligen Landes zugestanden worden wäre. Das „Sameting“ ist als Institution allerdings der öffentlichen Verwaltung unterstellt und kann nur Empfehlungen aussprechen.

(DK/UQ)

Abbildungsverzeichnis

Gerhard Austrup: S. 16, 63, 233
Lutz Berger/Guido Kratz: S. 190/191, 196, 197, 199, 200, 204, 210, 213, 218, 219, 222, 224, 226, 227, 229
Blaa Planet/Adam Mørk: S. 151
Marita Bromberg: S. 6, 39, 44, 45, 64 o., 53, 77, 173, 205, 228, 244
City of Lahti, www.lahti.fi: S. 128, 129
Destinasjon Molde & Romsdal, Øivind Leren: S. 42, 43
www.fjordnorway.com, Sverre Hjornevik: S. 34
Historiska Museet: S. 64 u., 65
Joakim Höggren/Lulea.nu: S. 93
Hurtigruten:
Stian Klo / Hurtigruten: S. 24
Inlandsbanan AB: S. 82
istockphoto.com: andreusK: S. 8/9, davthy: S. 78, erikwkolstad: S. 28, fotoVoyager: S. 211, fredrikarnell: S. 21, GibasDigiPhoto: S. 50, Ildi Papp: S. 40, j-wildman: S. 36 u., kolbjorn: S. 49, klug-photo: S. 127, leopardi: S. 71, majordomo: S. 54, Morozov67: S. 48, naumoid: S. 230/231, philip100: S. 41, Rolf Aasa: S. 73, scanrail: S. 62, searagen: S. 130, spumador: S. 189, ssiltane: S. 117, sunnycircle: S. 55, thomaslusth: S. 38, thomland: S. 33, tiglat: S. 131, TT: S. 179, ValerijaP: S. 136, vbrwood01: S. 32, vichie81: S. 17, VitalyRomanovich: S. 29, Xseon: S. 26
B. Janicke: S. 92, 188
Kakslauttanen Artic Resort (Hotel & Igloo Village): S. 142, 143 o., 143 u.
Katja Kristoferson/Folio/imagebank.sweden.se: S. 99
Lillehammer.com/Jørgen Skaug: S. 30
Nobel Media AB: S. 60
Nobel Media/Alexander Mahmoud: S. 61
www.nordnorge.com, Hadsel: S. 51
Jørgen Skaug / FjellNorway: S. 31
https://stock.adobe.com: Hans-Martin Goede: S. 215, Carola Vahldiek: S. 214
Statens vegvesen, Jarle Wæhler: S. 23, Steinar Skaar: S. 46
Streichholzmuseum Jönköping: S. 86 o., 86 u., 87
Strömma/TUI Wolters: S. 70
Maike Stünkel: S. 195, 201, 206, 207, 208, 209
Visit Aalborg/Steen Lee Christensen: S. 181
Visit Denmark: S. 144/145, 148, 149, 150, 152, 153, 154, 156, 160, 161, 162, 163, 164, 165, 166, 167, 168, 169, 172, 174, 175, 176, 177, 178, 184, 185
Visit Denmark/Niclas Jessen: S. 157
Visit Denmark/Kim Wyon: S. 155, 171
Visit Finland: S. 104, 105, 106, 107, 109, 110 o., 110 u., 111, 115, 116, 120, 122, 126, 132, 133, 135, 138, 139, 140, 141, 240, 243
Visit Finland/Flatlight Films: S. 124 o., 124 u., 125
Visit Finland/Jussi Hellstén: S. 108, 114, 123
Visit Finland/Pekka Luukkola: S. 100/101
Visit Finland/Jaako Salo: S. 137
Visit Helsinki/Tuomas Uusiheimo: S. 113
Visit Iceland: S. 194, 198, 212, 216, 220, 221, 223
Visit Norway:
Jens Henrik Nybo – Visitnorway.com: S. 36 o.
VisitOSLO: Tord Baklund: S. 14, Didrick Stenersen: S. 13
Visit Reykjavík:
Ragnar Th. Sigurðsson: S. 202, 203
Visit Sweden: S. 80, 81, 90, 91, 238
Lola Akinmade Åkerström/imagebank.sweden.se: S. 95 l.
Jerker Andersson/imagebank.sweden.se: S. 89
Emelie Asplund/imagebank.sweden.se: S. 88
Göran Assner/imagebank.sweden.se: S. 72
Fredrik Broman/imagebank.sweden.se: S. 96 o.
Ola Ericson/imagebank.sweden.se: S. 74
Conny Fridh/imagebank.sweden.se: S. 75
Peter Grant/imagebank.sweden.se: S. 95 r.
Michael Jönsson/Scandinav Bildbyrå/imagebank.sweden.se: S. 96 u.
Mattias Leppäniemi/imagebank.sweden.se: S. 76
Silvia Man/Visit Sweden: S. 159
Simon Paulin/imagebank.sweden.se: S. 85
Carolina Romare/imagebank.sweden.se: S. 79
Terje Rakke, Nordic Life 2011: S. 18
Lauri Rotko/Folio/imagebank.sweden.se: S. 97
Sofia Sabel/Visit Sweden: S. 69
Henrik Trygg/Visit Sweden: S. 56/57, 66, 67
Visit Turku/Anna Gradistanac: S. 119
Visit Turku/Maria Kokljuschkin: S. 118
Wikipedia, www.wikipedia.de: S. 217

Stichwortverzeichnis

Die Autoren

Ulrich Quack (UQ) ist als Studienreiseleiter in Dänemark, Finnland, Schweden und Island unterwegs. Als Reisejournalist hat er an kulturgeschichtlichen Publikationen sowie Filmen mitgearbeitet. Für Iwanowski's Reisebuchverlag verfasste er u.a. die Titel Norwegen, Island, Schweden und 101 Stockholm sowie zusammen mit Dirk Kruse-Etzbach den Band 101 Kopenhagen.

Dirk Kruse-Etzbach (DK) ist als Geograf neben den USA und Afrika auf die skandinavischen Länder spezialisiert. Für Iwanowski's Reisebuchverlag verfasste er u.a. den Band zu Finnland.